湛庐CHEERS

与最聪明的人共同进化

HERE COMES EVERYBODY

马拉松训练宝典

THE RUNNER'S WORLD BIG BOOK OF MARATHON AND HALF-MARATHON TRAINING

Winning Strategies, Inspiring Stories, and the Ultimate Training Tools

[美] 詹妮弗·范·艾伦 Jennifer Van Allen　巴特·亚索 Bart Yasso　安比·伯富特 Amby Burfoot　帕梅拉·尼塞维奇·比德 Pamela Nisevich Bede / 著

张　宝 / 译

浙江科学技术出版社

测一测

你了解如何科学地备战马拉松吗?

扫码激活这本书
获取你的专属福利

扫码获取全部测试题及答案，
一起科学跑马

- 为了顺利完成全程或半程马拉松的训练科目，要先打好基础，在开始阶段形成（　）的定期锻炼的习惯。

  A. 每周 1 次、坚持跑 2 个月左右

  B. 每周 3 次、坚持跑 6 个月左右

  C. 每周 4 次、坚持跑 6 个月左右

  D. 每周 5 次、坚持跑 1 个月左右

- 马拉松比赛中带 iPod 或音乐播放器违反规则吗？（　）

  A. 违反

  B. 不违反

- 在增加跑量的同时，如何改善饮食才更为科学?

  A. 尽量少吃含脂肪的食物

  B. 补充蛋白粉

  C. 杜绝在餐馆吃饭

  D. 多吃蔬菜、水果、高纤维食品和全谷物食品

扫描左侧二维码查看本书更多测试题

PRAISE

各方赞誉

每个人都对自己的命运有无穷的期盼，试图创造生命的意义。跑步是一个完整的体验，一个学会参与、磨砺韧性、尊重生命、把握自己的过程。在湛庐跑步书系中，众多世界顶级跑者将自己丰富的经验跟大家分享，而这些都将为拥有不同能力和不同经验的跑者开启一个可以提高成就的新视野。

王　石　万科集团董事会名誉主席

每个人都能成为跑者，但要想成为一名真正的马拉松跑者，必须有勇有谋。湛庐跑步书系以其系统性、专业性、权威性，如师亦友般陪伴我们站到起跑线上！

毛大庆　优客工场创始人

跑步是让身心焕发活力的运动，可如果错用方法，便会带来不同程度的损伤。湛庐跑步书系引进了世界范围内最受认可且经过实践验证的科学跑法，并将它们系统、全面地呈现给大家，以帮助我们健康、高效、不受伤害地跑步。借助这套书系，我们可以根据科学的方法完善自己的训练方式。更重要的是，跑步会促使我们重新思考人生和世界，并且不断地在身体中建立起专注与活力。我们要在这个过程中更多地了解自己，发现自己的潜能，培养自己的心智与精神，进而超越自己。

李小白　新丝路时尚集团创始人，
2016 年中国马拉松十大跑步人物，中国马拉松大满贯形象大使

湛庐跑步书系一直是我最喜欢的跑步书籍。这套书系不仅仅是我学习跑步的启蒙者和引路者，也在我遇到技术问题时为我提供了许多解决方案。最重要的是，书中的一些理论和理念已经变成我生活方式的一部分。比如，正是《耐力》让我走出伤病误区，走上了科学、健

康、快乐的马拉松之路……

卞大巍　合众厚生创始人

我接触的第一本跑步图书是《太极跑》。从那时起，我开始执迷于提升跑步技术，在跑步教学的路上越走越远。迄今为止，我将这本书推荐给了很多人。曾经，我也尝试使用了多种训练方法，来提升我的马拉松成绩。2017 年，我有幸参加了《耐力》一书的发售会，它改变了我的训练理念。从此，我的马拉松成绩有了一次又一次的突破。湛庐跑步书系旨在全面解决跑者可能遇到的各类问题。为此，它全方位聚合了最值得信任的科学跑法方面的图书，组成了一套完整的书系。每一个跑在路上的人都值得拥有这套图书，它会为你打开科学跑步训练的大门。

石春健　春见慢跑俱乐部创始人，“小低高”跑法提出者，
自媒体栏目“石春健－跑步你问我答”主理人

无论是疯狂喜欢跑步却不知如何提高运动水平的初跑“菜鸟”，还是已创高峰仍想精益求精的跑界高手，都希望拥有能切实帮助自己提高运动水平的理论依据。湛庐跑步书系也许会是最好的选择，无论你属于哪个群体，都能从中找到适合自己的那一本书。只凭自己实践总结，花费时间长，心里没底；有了这套书，也许就能事半功倍。相信我，这是一套对中国跑步事业有着革命意义的书籍。

于　嘉　中央电视台体育评论员、主持人

今天，马拉松成为普通人难以攀登的“珠穆朗玛”。湛庐跑步书系中讲述了一些面对生命里的最大挑战而怀有希望、毅力和耐力的人的感人故事。作者通过自己的实际经历告诉我们，无论年龄多大，只要怀有自我信念和积极的态度，就能取得伟大的成绩。我相信，读过这套书，你会迫不及待地盼望着下一次跑步！

金飞豹　著名探险家，《绝地撒哈拉》作者

你是不是还在为没有时间接受专业的跑步训练而苦恼？在湛庐跑步书系中，你会收获诸多教练和良师益友。这些作者是最慷慨、最有天赋的教练。如果你无法亲自接受他们的训练，那么这套书就是最好的选择，它们将会送给你开启精彩跑步旅程的钥匙。

谭　杰　《篮球报》总编辑

跑步是最简单的运动，然而把最简单的事情做至完美，则是最难的。湛庐跑步书系体系完整，既有历久弥新的经典之作，又有源自著名跑者的切身体验和科学总结，几乎涵盖了跑步的方方面面。读完这些书，你对跑步的认识和你的跑步生涯，必将上升到一个全新的高度。

晏　懿　《跑者世界》（中文版）副总编

INTRODUCTION

前　言
马拉松，每个人都能跑

每个人都能跑马拉松。奥普拉·温弗瑞（Oprah Winfrey）便是其中一员；参议员、总统、电影明星更是比比皆是。热播的真人秀节目《超级减肥王》（*The Biggest Loser*），其最后环节竟然是让减肥最多的选手参加马拉松比赛。这正说明：只要有足够的勇气和决心，每个人——即使是病态的肥胖患者，都可以成为一名马拉松跑者。

据说，马拉松已成为普通人的"珠穆朗玛"。它的头上笼罩着一层神秘的光环，但即使是不跑步的人也知道什么是马拉松。他们也许不清楚马拉松具体有多少公里，但每个人都知道那是一段相当长的路程，而且需要数月的准备。

的确，马拉松训练是一项"只经风雨"却"难见彩虹"的事情。它常常搭载着膝盖疼痛、汗流浃背、皮肤擦伤、脚底起硬币大小的水泡等等。即使天气坏到别人连车都不愿开，你也得天一亮就出发；你还要忍受孤独，独自一人跑上几小时；别人会说你疯了，更不用说你也会时常怀疑——为什么要这样折磨自己……这一切你都得克服。

这正是我们的用武之地。

在《跑者世界》，谈到备战马拉松，我们是专家并引以为豪，毕竟，40 年来我们一直在告诉人们怎么去做。

2009 年，我们打算做些新的尝试。与其只靠写文章来维护那些经受时间检验的长跑原则，不如穿鞋上路、亲身检验一番。于是，《跑者世界》的十几个编辑决定组织一场马拉松，并为此集体展开训练，还邀请读者参与其中。

被誉为"首席跑步官"的巴特·亚索（Bart Yasso）为这些编辑制订了一套 16 周的训练计划。之后，我们向读者提供了这套计划以及完成比赛所需的全套工具。我们在网站 runnersworld.com 上建立了一个在线社区，并且随时接听读者来电，回答有关训练、营养、激励和预防损伤等方面的所有问题。"《跑者世界》挑战赛"由此诞生。

说实话，我们不知道会发生什么。记得开放注册那天，我一直盯着电脑屏幕，等着第一个报名的人。"行行好，"我对着电脑祈求，"来一个人就行。"

谢天谢地，终于，一名50岁的邮政人员报了名，跟着又有其他人报名。在此之后，全世界有超过3 000人报名参加《跑者世界》挑战赛，为全程和半程（后来增加的）马拉松备战。在这些人中，有超过1 600人随我们一起在里士满、辛辛那提、旧金山、多伦多、大苏尔以及费城进行马拉松比赛。从威斯康星州到危地马拉，他们来自全球50多个地区；有第一次参加的，也有用时2小时40分的种子选手；有在校学生，也有老大爷和老太太。他们有的要争取刷新个人最好成绩；有的是为了庆祝生日或周年纪念；还有的则是到了“打退堂鼓”的阶段，正需要这项挑战赛作为行动的号角，来彻底改变他们的生活。此外，还有一部分人在接受化疗，他们正试图渡过生命中最大的难关。

在《跑者世界》的在线社区，挑战者们形成了一个全球性的跑步俱乐部。在数百个训练日里，他们经历了各种突破以及达到生理极限的时刻，相互之间的关系变得紧密起来。他们曾一起去看野生动物，曾在凌晨两点半进行长距离跑，也曾无数次地拉伤过大腿或膝盖。你能听到各种各样的声音：痛苦的“哎哟”声、懊恼的“唉”声、发力的“啊”声……这里还至少发生过一次跑步机意外事故。一路走来，挑战者们变成了朋友、彼此间的依靠。

“在线社区成了我的家，成了我的啦啦队，”来自加州默塞德的会计师、60岁的南希·基萨克（Nancy Kissak）说，“我只需要有人鼓励我、说我行。《跑者世界》给了我想要的。”

挑战者们的成绩远远超出了他们的想象，甚至超出我们所允诺的。乔纳森·斯特克尔（Jonathan Steckel）首场马拉松便以2小时57分完成。克里斯托弗·桑福德（Christopher Sanford）是弗吉尼亚州纽波特纽斯人，他先完成了一个4小时51分，17个月后又接着跑了一个4小时零8分。丹·科瓦切维奇（Dan Kovacevic）是一名41岁的住宅建筑商，来自俄亥俄州的克利夫兰市。他身高1.83米，后来减掉了36公斤，跑出了3小时57分的马拉松个人成绩，而且成为鼓舞和指导别人的榜样。

“以前，我总是觉得懒洋洋的，”他说，“现在，我感觉自己像个运动员。”

最终，挑战者们意识到：马拉松所带来的最持久的好处，要远远超过终点线上所能记录下的任何成绩。

“熬过训练并完成比赛给了我很大的信心，这是前所未有的，”来自弗吉尼亚州奥克顿、28岁的斯蒂芬妮·拉塞尔（Stephanie Russell）说，“而且，这让我想到，也许我一直以来都没有意识到自己原本坚强得多。”

戴维·琼斯（David Jones），58岁，是一名小学校长，来自华盛顿州的埃德蒙兹市。他参加了2009年的里士满马拉松赛，在距离终点5公里处找到了精神力量。那会儿他已经迈不动步，体力骤然下降，就在这时，他遇到了一位和他一样也穿着《跑者世界》T恤衫的选手。他们一起奋力向前，互相鼓励，迈着疲惫不堪的步伐，直到终点。

“他的鼓励让我松了口气，让我变得坚强起来。要是只有自己一个人，我可能就完了。”

琼斯说。直到拿到了属于他们的奖牌，琼斯才知道那个人是《跑者世界》的总编大卫·威利（David Willey）。

“最后的几公里正说明了我在挑战赛中的体会，”琼斯说，“那就是，和好伙伴们一起学习、努力，可以做成一些比单打独斗更大的事情。”

在本书中，我们会和你分享《跑者世界》挑战赛中的这些体会。

我们将提供一系列的方法，帮你完成你的首场马拉松，或跑出个人最好成绩。我们还会提供一些全程或半程马拉松的训练方案，挑战者们按照这些方案达成了比赛目标；还有高手们推荐的20多项不同的锻炼方法。对于挑战者们常问的、关于训练和预防损伤的大多数问题，我们在这里也会给予解答。很多问题都是先在《跑者世界》杂志上、论坛里、通过电子邮件以及在周末比赛现场被提出来的。运动营养师帕梅拉·尼塞维奇·比德（Pamela Nisevich Bede）负责回答所有关于营养和减肥的热门（以及棘手的）问题，这些问题可能在挑战赛期间出现过。书后有词汇表，会帮你整理所有令人困惑的跑步术语；外加一些给跑者的建议：怎样做出既有营养又简单上手的饭菜和零食。此外，我们的编辑们还会给你讲述一些最有价值的（好吧，也有尴尬的）经验教训——都是他们在训练中的亲身经历。

除此之外，你还能看到很多参加挑战赛的选手们的动人故事。他们让《跑者世界》的所有同仁懂得了，坚持到底真正靠的是什么。如果你曾认为自己不能跑马拉松是因为太老了、太忙了或太胖了，那这些人会让你改变想法。

——詹妮弗·范·艾伦

ABOUT THE RUNNER'S WORLD CHALLENGE

关于《跑者世界》挑战赛

《跑者世界》挑战赛是本杂志在线的马拉松（全程和半程）训练项目。自从 2009 年启动以来，全世界超过 3 300 名跑者（从新手到经验丰富的老手）参加了该项目，完成了他们的第一场比赛，或跑出了个人最好成绩。

《跑者世界》挑战赛包括以下内容：

- 训练计划。
- 在线咨询《跑者世界》的专家关于训练、营养以及预防损伤等方面的问题。
- 4 个月免费试用《跑者世界》优质的互动式训练日志。
- 每日邮件提醒相关训练。
- 每周来自《跑者世界》首席跑步官巴特·亚索的激励邮件。
- 一本《跑者世界》编写的书。
- 一件《跑者世界》挑战赛专业 T 恤衫。
- 在线访问《跑者世界》挑战赛社区，在那里，你可以联系到备战马拉松的其他跑者。

跑者还可选择在某个我们指定的日子里来和巴特·亚索以及其他编辑一起跑步。这样他们不仅可以享受以上好处，还可以在有比赛的周末享受 VIP 待遇，包括：

- 参赛资格。
- 私人号码布挑选。
- 和巴特·亚索以及其他编辑一起参与专属的跑步训练和策略会议。
- 起跑线福利，包括私人浴室和物品存放。
- 赛后按摩。
- 赛后的专属派对。

CONTENTS

目 录

PART I

TRAINING

训练

跑完 21 公里或 42 公里当然不是件轻松的事。可每个跑过的人都会告诉你：最难的不是跑到终点，而是设法站在起跑线上。

对于比赛来说，大部分情况下每隔几公里就会有补给站（aid station）来提供食品和饮料，有很多热心的观众加油助威，还有成百上千的跑伴们的关怀。到了最后，每个人都会为自己的努力得到一块奖牌。

唉……要是训练也有这么“奢华”就好了！

实际上，准备比赛的过程才是最大的挑战。你要研究如何让自己的身心达到从未有过的高度，而又不能把自己累垮；要逼着自己在路上煎熬几小时，可常常又是独自一人，只能靠自己的决心和意志支撑下去；要明白身体的哪些不舒服是可以咬紧牙关挺过去的，而面对哪些痛苦则需要放弃；还要致力于达成每日的目标，要这样坚持几百个日日夜夜直到比赛——即使生活中遇到了烦心事或怀疑自己，也不能放弃。

诚然，正是在这条充满汗水的、通往起跑线的漫漫征途上，自身的蜕变才真正发生。在这里，在装备、训练和创伤的陪伴下，普通人转变成运动健将；在这里，梦想家变成了实践家。

在这一部分中，我们将提供你所需要的一切知识，让你的训练迈出正确的一步，直到顺利地站在起跑线前。你将学到如何寻找适合自己的比赛，如何设定一个现实的目标，以及如何为实现目标而制定最佳的策略。你还将学到训练的基本原则、如何着装，并会得到一些小窍门来兼顾训练、工作、家庭和日常社会交往的需要。

掌握了这些方法，比赛本身也就成了一场庆祝的仪式——为了跑过的几百公里，为了做过的无数牺牲，为了一路上身心的转变。

GETTING STARTED

01

开始训练

准备好了吗？在你一头扎进马拉松训练之前，客观地评估一下自己的准备状况很重要。如果你以前从来没跑过或刚开始跑，猛地投入每周40公里的训练，那百分之百最后会受伤并弄得精疲力竭。

这样说并不意味着你只能等待——等体重降到理想水平、等来一个绝好的天气，或4个多月的时间里工作上一点压力都没有、孩子不需要照顾、随时可以训练、想跑多少就跑多少的空闲日子。那一天可能永远都不会到来。

不过，在开始为大赛训练之前，通过采取一些关键步骤，你能在路上节省大量时间、少受很多伤痛。下面是开始前需要注意的事项。

打好基础。只要每周 4 次、坚持跑 6 个月左右、形成定期锻炼的习惯，你就能顺利完成全程或半程马拉松的训练科目。很多训练计划开头都是：每周至少 4 天，总共约 40 公里（全马）或约 24 公里（半马）的跑量。假如你只是零星跑跑，并且必须彻底打乱周计划才能开始训练，那么想坚持下去将会很难。并且，这样下去最后肯定会因运动过度、过快而导致过劳性损伤（overuse injuries），如髂胫束综合征或足底筋膜炎。不能持续训练也不要着急，你还是可以在不久的将来参加全马或半马比赛的——选个一年以后的日子吧，然后朝着那天努力奋斗。

算好时间。毫无疑问，全马和半马训练很耗时间。按最少的算：工作日，每天需要 30 分钟到 1 小时；周末，则需要多达 3 小时做长距离跑。这还不算冷身（cool down）、拉伸和补充能量的额外时间，更不用说还要有时间和家人、朋友讲一讲你的事迹：你克服种种困难做了不少事，而他们还在睡大觉。长距离跑和每周跑量峰值训练（peak）则需要更多时间——比赛前 3 ～ 6 周每周要花 10 多小时。所以，你要仔细查看 16 周的全马或 10 周的半马训练计划，再权衡自己的生活和工作安排，研究一下目前是否可行。要是总感到匆忙、有压力，或因别的什么事情没做而感到愧疚，那你也不能好好地享受跑步。一定要事先计划好任何可能发生冲突的事情；看看哪些训练需要重新安排，哪些日常事项需要调整。把幼托安排好再去长跑，轮到你开车就跟人换一下，如果有需要，就跟公司请假晚到 1 小时……这些事情都要提前安排好。这样，即使跑得越来越远、比赛迫在眉睫，你也不会有额外的压力来琢磨怎么处理这些麻烦。

评估压力。虽说跑步可以用来减压，可在有重大生活变化（如孩子出生或异地搬家）的情况下，想要备赛训练，特别是准备首场比赛，那可能会有点太吃力。有的人对此持欢迎态度，因为跑步分散了他们的注意力，给他们原本混乱的生活带来了秩序；但有的人会觉得手足无措。训练到底是减少还是增加你的压力，只有你自己最清楚。

看医生。最好在开始训练前进行一次全面体检，特别是如果你还在和伤痛做斗争，或有心脏病、糖尿病以及其他慢性病的家族史。年龄超过 40 岁或医生提出建议的跑者，还可以做个压力测试。训练时，如果遇到胸痛、压力大、气短或其他异常感，要立即去看医生。

挑选比赛

如果觉得自己可以开始马拉松训练了，那最好选择一项赛事尽快报名。大部分赛事对报名早的选手都有折扣，而且早点报名也不怕到时候名额满了报不上。除此之外，还有其他好处。一旦付了报名费——如今并不便宜，你便不再是单纯地跑步，而是在备赛。训练也不能像以前那样随意了，因为你有了要达成的目标，而且还有相应的计划。要想着你已经报了名，有了这种想法，即使是大冷天，你也能爬出被窝，否则你会忍不住按下闹铃，继续睡觉。但问题是：选择什么样的比赛呢？在这个问题上挑剔一点是不会吃亏的。下面是我们需要考虑的一些因素。

Amby's Advice 安比的建议

大多数专家都认为，应该缓慢、逐步地进行全马和半马训练。先跑 5 公里（5K），再跑 10 公里（10K），诸如此类。在正常情况下，我也认为应当这样做。除非这种情况：马拉松的魅力太令跑者着迷，让他们迫不及待地想投入其中——不管会发生什么。要是马拉松这么吸引你，要我说，管它呢，去吧！但要记住：你的期望必须非常现实。除非你年轻健康，否则大部分训练必须按照跑走结合（run-walk）的方式进行。跑走比例得保守点，按跑 2 分钟、走 1 分钟来，这样的话，跑完全马可能要 5 小时或更长时间，半马可能要 3 小时——这两项赛事都是可以完成的。别害怕，只要你有个合理的期望。还有，要按照一个可靠的训练计划，逐渐积累跑量。可以慢慢地积累，但关键是你得去跑。

提前计划。大部分全马训练会持续 4 个月之久，很多半马训练则持续两个半月。因此，要是你才刚开始训练，那最好选择至少 6 个月以后的比赛。这样的话，你就有额外的时间来打好身体基础、养成持续的训练习惯，或者即使有点小意外、受伤或没开好头，你也有挽回的余地。另外，还要对照你的工作和生活安排，确保强度最大的训练以及比赛本身不会和其他生活大事相冲突。

地点，地点，还是地点。参加比赛可以作为通往“冒险国”的通行证，也可以让你有理由去一个从未去过的地方。但另一方面，旅行可能给你的比赛经历增加一道新的压力。在当地比赛和去外地比赛各有好处，也各有坏处。第一次参赛的人可能希望在当地比赛。这样，在比赛的那些天，你能够吃到训练时吃的东西，能够在跑了无数次的赛道上比赛，而且跑前准备套路也和训练时一样，这些都有助于你在起跑线前保持冷静。此外，不用担心赶飞机，也不用操心带没带鞋子或最喜欢的某个牌子的能量胶，这样你也可以放下肩头上的一副重担。不过话说回来，在一个新的地方做一次 21 公里或 42 公里的观光——而且看的是在旅游大巴或汽车上看不到的风景，也许反而能很好地分散比赛本身所带来的压力。要是把周末比赛当成是一次远离家人、朋友的出走，你会感觉那像是在度假，只不过最后招待你的是一次跑步“大餐”。

天气条件。谁都希望训练时的条件最好接近比赛时候的。安排在春天的比赛听起来不错，但这意味着你可能要冒着大雪、踏着冰、在深邃的冬夜里训练。如果是初秋的比赛，那你就要在炎热的夏季、冒着 32℃的高温进行长距离跑训练。最理想的是在晚秋时节，这样的话，可以在 7 月末、8 月初开始训练。那时天还长、亮得早，可以早起。跑着跑着，天气会越来越凉爽，越来越适合做数小时的长距离跑。更重要的是，在比赛那天，各项天气条件很有可能都是极佳的。研究表明：10 ～ 12℃是进行全马运动的理想温度区间；超过此区间，温度每升高 4℃，成绩便会下降 3%；跑得越慢，越容易受到高温的影响。该研究的合著者马修 · 埃利（Matthew Ely）并没有检验半马选手的情况，但他认为上述结论同样适用于跑 21 公里的人，因为很多人的半马完成时间在 2 小时 15 分到 3 小时之间。当然了，这些都没算上来一场反常风暴或热浪的状况——谁都不会料到：2004 年波士顿马拉松比赛，4 月份的温度竟然能达到 30℃；或是 3 年后美国的那场东北风暴，风速达到 64 公里每小时。不过，在大部分情况下，赛事网站上都会报告比赛日的“平均气温”。如果他们没有发布天气信息，你可以查询天气网站。

BART SAYS...
巴特如是说

我认为，如果你是为创造个人最好成绩或是想全力以赴地奔跑，那么一场全马或半马比赛的最佳规模应是 5 000 人左右。这样的规模足够大，可以让你和很多人一起跑；同时又足够小，能确保你可以马上跟上节奏，并有足够的跑步空间。

合适的规模。是和 30 000 人肩并肩比赛——成千上万的观众站在边线外为你加油，还是参加一场小型赛事——几公里的路上也看不到一个参赛者或观众？这两者的差别很大。

有的人觉得边线上尖叫的观众以及其他选手的陪伴给了他们力量；而有的人会觉得在人群中很有压力——他们不喜欢在水站和别人抢水，而且他们喜欢小型比赛的简单。

参加为人熟知的比赛。创立之初的赛事，要参加也没什么不可以，但若是你的首场比赛，那最好还是选择发展比较完备的赛事。要找有经验的赛事总监、赞助商或跑步俱乐部。要问问当地跑步用品商店里的人，征求他们的意见。要是遇上赛道标示不清或救护站太少的比赛，那你的一整天可能就给毁了。你需要确信救护站会出现在你期望的地方：至少每3～5公里就有一个。若有疑问，要给赛事总监发邮件弄清楚。

注意地形。查看比赛官网上发布的路线图和海拔高度图。你是想要一条可以跑得快、平坦的赛道——即使经过一些不怎么样的街区，还是为了沿途都是美景而宁愿爬些山路？如果你意在创造个人最好成绩或想获得波士顿马拉松报名资格，那就找个宣称能跑得快的赛

赛事清单

用下表比较不同的比赛。综合考量每个因素，找到适合自己的全马或半马比赛。

赛事	比赛日期	训练周数	地点	参赛人数	典型天气条件（比赛日平均气温）	山路或平地	比赛时间限制	听歌限制
1								
2								
3								

What it takes to... / 我是怎样……
在64岁成为一名马拉松跑者

鲍恩·塔克（Bowen Tucker），73岁，芝加哥人
退休律师，有两个儿女、6个孙子
比赛经历：3场全马；个人纪录：4小时30分
“挑战赛”经历：2010年芝加哥马拉松赛

我退休后就开始跑步。从事着既能旅行又吃得好的职业确实令人愉快，但后果是腰上堆积了23公斤左右的肥肉。后来我意识到，减少体重可能会让我的退休生活过得更长、更好。那个时候，我的体重为88.5公斤，而高中时我才 65.8公斤。我坚持节食，6周内体重降得差不多了。我知道光节食还不够，还需要锻炼，于是开始跑步。每天跑步的时候我都试着跑得更快。我还在一家运动俱乐部训练，开始在跑步机上跑。一天，教练给我计时，让我在室内

事（见“当今速度最快的赛事”，第 8 页）。提醒一句：有些赛事吹嘘说赛道是“一马平川”或“一路下坡”，其实这样的路看似简单，跑起来会很难。在平坦的赛道上，同一部位的肌肉不断受到冲击，这会严重消耗你的体力；而与平坦或上坡的赛道相比，一路下坡的赛道更会让你的腿部肌肉吃力。最好是地形有所变化——在有起伏的山路跑步可以活动不同的肌肉群，而且不会让你感到无聊。最为关键的是，在训练中能够模拟比赛路段的高低变化。假如比赛是在科罗拉多州，而你住在印第安纳州，那么你必须抽空找个合适的地方进行山地练习。（具体方法请参考第 3 章）

关门时间。很多赛事有严格的时间限制，而有一些赛事的时间大大延长，并且宣称欢迎步行者。如果你步行参赛或担心赛事结束前到不了终点，那最好挑个时间限制更宽松的比赛。这样，比赛那天你就不用担心是不是得离开赛道、终点还有没有剩下什么喝的或还有没有奖牌拿而徒增自己的压力了。在大多数情况下，关门时间是指补给站运转、道路交通管制的持续时间。

听歌限制。马拉松比赛中带 iPod 或音乐播放器已不再算违反规则。负责监管跑步运动的美国田径协会曾在 2007 年短暂禁止过比赛中带音乐播放器，但该禁令已于 2009 年解除。也就是说，有些比赛确实禁止佩戴耳机，而有些比赛则打出“iPod 友好型”的旗号。如果你在训练时习惯听音乐，而且离了音乐没法比赛，那么要确认一下你所选的比赛是否允许听音乐。即使允许，跑步时最好只戴一只耳塞，或者把音量调低，这样你可以听到其他选手靠近的声音或者赛道工作人员的指令。你绝对不会想在取水时跟别人撞到一块，或因为没听到其他选手的提醒，而被地上的坑或路牙石绊一跤吧。

跑道上进行 1.6 公里跑，最后用时 6 分 30 秒。于是她建议我参加“三叶草曳步 8 公里”比赛。结果，在同年龄组的 91 人中，我排名第 16，每公里配速 5 分零 3 秒。我深受鼓舞，继续跑了 2002 年的芝加哥马拉松赛。虽然跑在后面，但我发现身后还有好几千人。训练很轻松，而且跟一群同样节奏的人跑步也很有意思。观众们给我加油，小孩子想摸我的手——只因为我是名马拉松跑者。我的速度慢，但跑步仍给了我无比的成就感。

跑了马拉松之后，我感觉身体更健康了，而且体型也是高中毕业以后最好的。我的身体变得更加强壮，而且没什么毛病。人家都说 60 多岁的人不可能做到这些，而我坚信能做到。跑步的感觉真是棒极了。有些人只是坐在沙发里“生锈”，但我不想像那样活着。要想活得长，必须身体好。只要能收获更多，我就愿意去做。

挑选训练方案

对于备战全马或半马，你有很多种不同风格的训练方案可供选择："每周4天"方案、"跑走结合"方案、"突破3小时"方案等。每种方案都有人成功，有人失败。没有正确的方案，只有当前最适合你的方案。

最为重要的是，你的方案是否可行。最初的几周应该与你正在坚持的跑步习惯自然衔接。如果方案适合，那么大部分的训练内容你都能完成，你会既感到有挑战性，又感到兴奋——就像是"一分耕耘，一分收获"。但是如果方案难度太大，身体适应不了，那么你会感觉沮丧，甚至有可能感觉身体受损。另外，如果分不出那么多时间来进行训练，你会一直感到愧疚、有压力，有一种忽视了某人某事的感觉。"最后你会感觉像是在背叛马拉松。"哈佛心理学家、《成功者的大脑》(*The Winner's Brain*)一书的作者杰夫·布朗(Jeff Brown)说道。

当今速度最快的赛事

2011年，下面的各项马拉松赛事拥有最快的平均完成时间。毫无疑问，它们都被列为速度最快的马拉松赛事之一——但是，对于点对点的赛道来说，因为顺风或逆风，每年都会有不同的影响。有些赛事(如波士顿马拉松赛)之所以上榜仅仅是因为能吸引高水平选手。不过可以肯定的是，下面所列的每项赛事都不慢。

波士顿马拉松	3:44:58
尤金马拉松	3:59:17
林肯国民警卫队马拉松	4:01:44
温格拉斯马拉松	4:04:05
蒸汽镇马拉松	4:05:27

数据来源：RunningUSA.org。
注：只统计了超过1 000人完成的赛事。

每个跑者的身体都有一个独特的门槛——门槛以下，他或她都可以承受且不受伤。这个门槛由遗传、伤病史以及身体状况决定。有些人一周跑过80公里才会受伤，而有些人仅仅跑一个晚上，就可能几周都缓不过来。

作为一位新手，你要选择既安排了休息日又有跑步日的训练计划。这样的话，你能有最大的机会练习跑步、培养耐力，同时将受伤的风险降到最低。如果撑过了首场比赛，感觉还不错，想来第二场，这时你便可以把精力放在怎样跑得更快上，可以在训练中增加速度练习以及各种其他训练内容。

下面是挑选训练方案时需要考虑的一些因素。仔细阅读每一项，然后从我们所提供的训练方案(见附录D)中选出一个。

每周跑量。你过去6周平均每周跑多少公里？别想着一开始就在跑量上有个飞跃。刚开始那几周的训练不应该在前6周的基础上增加超过10%。

跑步日的安排。理想的状态是一周能有4～6天用来跑步。即便如此，每周有3天来做全马或半马的相关训练也是可以的——只要你在其他几天做交叉训练以保持心血管健康。每周至少要预留一天完全用来休息，不做交叉训练也不慢跑，从而让身体完全恢复。这一天的休息可以让你的身体远离伤病，同时也让你能有时间照顾一下日常生活的方方面面，比如打扫卫生、跑跑腿这些训练时没时间做的事情。

给其他活动留有余地。马拉松的最佳训练方式就是跑步。但是，交叉训练以及力量训练也很重要，它们可以让你保持健康，也可以让你从心理上保持对训练的新鲜感。如果你想在日程安排中加入力量练习或瑜伽、普拉提等课程，那么要选择一个跑量较低的训练方案，这样才有进行那些活动的余地。

灵活地设定比赛目标

和很多跑者一样，《跑者世界》挑战赛选手皮特·吉森斯（Pete Githens）在报名参加他的首场马拉松比赛时，心里有个时间目标。他听人说过，作为新手，只要好好享受跑步、努力去完成比赛就行了。但是，这位来自宾夕法尼亚州雷丁市、45 岁的电脑分析员曾于 2009 年 8 月跑过一次 5 公里，后来又以 1 小时 38 分完成了 2010 年理海谷半程马拉松赛——每公里 4 分 40 秒的配速，这相当不错了。他看了一些别人的故事，又和其他选手交流了一下，于是把这场马拉松的目标设定为 3 小时 30 分——这样他就有资格报名参加波士顿马拉松赛。虽然以前从没跑过 42 公里这么长，他说，“我跑过一些稍短的比赛，而且我的目标还从没落空过。根据这些经验，我觉得我不光能完成比赛，还能取得不错的成绩”。

在比赛那天，吉森斯猛然意识到事情有些不对。经过补给站他没取递过来的能量胶，跑了 27 公里就只用了一份能量胶和水。到了 28.2 公里处，他的腿开始抽筋，他感到头晕、无法抑制地想退出比赛。“我撞‘墙’（wall）了，”吉森斯说，“这面‘墙’压在我头上。在比赛的后半程，大部分时间我都在为自己感到遗憾，觉得要输了。直到接近终点，我才重新有了点成就感。”他的最终成绩为 3 小时 53 分，不过他依然为称自己为一名马拉松跑者而感到兴奋。

“我觉得首场马拉松可以跑得很好，事实证明，这种想法是相当自负的。”他说，“对于跑马拉松的人来说，‘循序渐进’是必须遵循的准则。我没有遵循，于是现实扇了我一巴掌。”

跑者们倾向于用时间来衡量成功与否。但是，如果眼睛只盯着时间，那你可能会陷入失败的境地。一旦付出了那么多的努力却没达到目标，你也许便会从此退出。这多令人沮丧！倒不是说首次参赛不可能达到波士顿马拉

Amby's Advice 安比的建议

对于新手来说，最难的往往不是对付训练量或长距离跑，而是夏季炎热的天气以及普遍存在的不自信。有两件事我可以保证：第一，如果你能熬过训练，而且身体保持相对健康，那么你就能完成比赛；第二，也更令人难以置信的是，比赛不会像你现在想象的那样糟糕。

松的标准，或不可能突破4小时，只是说，设定多样化目标——而且要确保至少有一项跟时间无关，可以让你在比赛日找到某种成就感（不管发生什么）。“假如设定多样化的目标，而且有一些是你有把握能实现的，”帕蒂·芬克（Patti Finke）说，“那么你总会成功，并且渴望下一个挑战。”芬克是一位运动生理学家，他还是俄勒冈州队的教练。

下面的内容将指导你如何设定好的比赛目标：

坚持到底就是胜利。不管你已经跑了多久、基因有多好或者训练时有多专注，只要是第一次参赛，我们强烈建议，你只需集中精力做到以下几点即可：健康地站在起跑线前、坚强平安地抵达终点、享受过程以期再来。这听起来简单，但大部分人直到跑了32公里，或像吉森斯那样跑到一半，才意识到这是个多么艰巨的任务。跑完全程就是主要目标——尤其是那些刚尝试跑这么远的人，还有那些停过一段时间又重返赛道的老手。即使成绩离个人纪录（Personal Record，PR）还差很远，你仍然做成了一件大事——跑完21（或42）公里的路程。你应该为之感到高兴。

你的比赛你做主。大多数跑者说自己没那么好胜，只不过想超越自己以前的成绩。不过，那种想和别人比较的诱惑还是很强烈。当涉及成绩、外表以及财富时，我们总是习惯于与他人比较。在跑步方面，年龄组排名和完成次序只会鼓励人们相互比较。试着忘掉别人

What it takes to... / 我是怎样……
一边接受癌症治疗，一边备战全马

杰里米·多布里克（Jeremy Dobrick），38岁，纽约人
金融IT从业者，有个两岁的女儿
比赛经历：两场全马；个人纪录：5小时10分
“挑战赛”经历：2010年多伦多半程马拉松赛

2009年末，我被诊断患有淋巴癌。一接受化疗，我便听从医生的告诫，开始节食、认真锻炼。当然，这没什么新鲜的。在化疗的第4周，我开始进行8周的“从零到5公里”训练计划。第一天，我只跑了1.6公里左右，却边跑边走地花了20分钟。等到做放疗的时候，我完全认真起来，并且报名参加了我的首场半程马拉松赛——“好生活好健康”多伦多半程马拉松赛。

我很幸运：癌症发现得早，病情预测很乐观，然而事实仍是：没有任何保证。我不知道会发生什么事情，我只知道我想陪在女儿身边、看着她长大。治疗过程有点令人压抑。每周一次的化疗、知道自己要受苦的想法以及每天早上6点坐火车去接受放疗的奔波，这些事情

吧！每个人在比赛日表现会怎样，这取决于他或她的训练水平、身体状况、伤病史、身体的生物力学特性、遗传、心理状态以及天气。事实上，你和其他选手之间唯一的共同点就是比赛日要跑的距离，还有当天的各项条件。“拿自己和别人比较，真的会造成过多的压力，而且还浪费时间。”布朗说，“不要用某些跟你个人生活无关的因素来定义所谓的‘成功’，而放弃自己的体验。你的目标应该非常个人化，只和你自己以及脚下的路有关。”

保持弹性。训练 10 ～ 16 周是一段很长的时间，其间会发生很多事情。如果你错过了大段的训练，或者打个比方，比赛那天温度高达 32℃，那改变一下目标也没什么可怕的。布朗认为，参加比赛有 3 种令人满意的结果：一种是“至少我跑完了”，一种是“成绩还不错”，还有一种是“哇，创纪录了”。要是你很担心自己的表现，就不要告诉别人你的目标时间，因为一旦没实现，只会增加你的压力。

训练也要有目标。你不需要非得等到完成比赛、拿到奖牌才算作对自己努力付出的回馈。不妨给训练设定目标，例如完成长距离跑、完成训练计划，或坚持每周三跑步等。在训练日志里写下你的目标，完成后做个标记。如果某天你觉得训练太难了，或怀疑自己能否跑完比赛，便拿出这张单子——上面列着你所完成的所有事项，它会告诉你：“你行的！”

把我累坏了。得了癌症很难受，但并不意味着我便无能为力了，也不意味着我必须听天由命。对我来说，与命运一搏的最好的一种方式便是，出门跑一场。

尽管经常会感到疲倦，但我还是跑，这样便充满了活力。尽管有时会感到沮丧，但我还是跑，这样便有时间思考未来、思考人生的意义。当然也有不想跑的时候，但无论如何，出门跑步都是我强大的动力，并且给了我衡量进步的方法，而不只是闷坐着去数剩下的放疗周数。更不用说还有很多个早晨，我感觉自己似乎可以永远跑下去，感觉自己是这美好世界的一部分。

从身体上来说，出门跑步并不像你想的那样困难。很多成功都是精神上的，正是跑步所带来的精神益处让我度过了那些艰难的日子。我们所能做的要比自己设想的多得多。我的妻子塔玛拉（Tamara），完成了 30 场马拉松。她总让我明白，拥有一个正确的心态是多么重要。每次我回家宣布最近又取得了什么成就——不管那个成就有多小，她总会让我有个好心情。

一天，我去见一位肿瘤专家，他的办公室在公园附近。我穿着跑步服去，之后又跑了会儿步。那天雨下得挺大，但我还是跑了。当我对妻子说，我在雨中跑步了，她说道：“要是我，我也那么做。淋个雨是不会把你淋化的。”那个时刻，我真的觉得自己像个跑者。那种感觉好极了。

你能跑多快

你可以用较短距离跑的完成时间来预测较长距离跑的速度。

5公里	10公里	半程马拉松	全程马拉松
17:13	35:54	1:19:00	2:45:00
17:44	36:59	1:21:00	2:50:00
18:16	38:04	1:24:00	2:55:00
18:47	39:10	1:26:00	3:00:00
19:18	40:15	1:28:00	3:05:00
19:50	41:20	1:31:00	3:10:00
20:21	42:25	1:33:00	3:15:00
20:52	43:31	1:36:00	3:20:00
21:23	44:36	1:38:00	3:25:00
21:55	45:41	1:40:00	3:30:00
22:26	46:46	1:43:00	3:35:00
22:57	47:52	1:45:00	3:40:00
23:29	48:57	1:48:00	3:45:00
24:31	51:08	1:52:00	3:55:00
25:03	52:13	1:55:00	4:00:00
26:05	54:23	2:00:00	4:10:00
26:37	55:29	2:02:00	4:15:00
27:39	57:39	2:07:00	4:25:00
28:10	58:44	2:09:00	4:30:00
29:13	1:01:00	2:14:00	4:40:00
29:44	1:02:00	2:16:00	4:45:00
30:47	1:04:00	2:21:00	4:55:00
31:18	1:05:00	2:24:00	5:00:00
32:32	1:07:00	2:28:00	5:10:00
32:52	1:08:00	2:31:00	5:15:00
33:55	1:10:00	2:35:00	5:25:00
34:26	1:11:00	2:38:00	5:30:00

资料来源：Runnersworld.com。

设定成果目标。你不可能每次比赛都创造个人最好成绩，而且一旦跑过了某段距离，你就知道自己能够完成。这时，你便需要设定不与时间挂钩的目标，这些目标反映的是你在当前环境下所能付出的最大努力。“要确保你的成果目标是可衡量的，这样你可以判断目标是否达成。”布朗说道。容易受伤的人可以将目标设定为健康地站在起跑线前；新手的目标可能就是努力跑过、而不是走过一段山路。

设定切合实际的时间目标。你可能想力争创造个人纪录或全年最好成绩，不过这些目标都需要持续的训练、理想的天气条件，再加上绝佳的身体状况。

想要设定一个可达成的时间目标，可以参照速度换算表（见第 12 页），用你较短距离的跑步成绩推算一下。它可以反映目标比赛的实际完成状况——根据你当前的健康状况。此换算表仅供参考，不能把它作为绝对真理。要知道，换算表并没算上你的压力水平、训练时间、伤病史，或训练途中的一场暴风雪这样的恶劣天气。上面的每个因素都可能严重影响你在训练和比赛日的表现。

如何着装

跑步的一大好处是它不需要什么豪华装备。不过，要是你大热天穿着棉 T 恤衫跑过步，你就会明白一件好衣服能带来多么大的差别。在几件必需品上花些钱，来保持舒适感、避免损伤，这样做一定会给你带来好处，可以让你开心地跑上几百公里。

鞋类

并不一定非得要一双新跑鞋，但是，一双合适的跑鞋有助于预防损伤。最好每跑 480 ～ 800 公里更换一双。如果你较胖或习惯脚后跟着地，那么你的更换频率可能要更勤。最好去跑步用品专卖店，那里的销售人员可以根据你的步态帮你挑选一双能提供足够支撑的跑鞋。在一双鞋上花 90 ～ 140 美元你可能觉得有点多，不过要是受了伤，去医院或上班请假的成本可要比这高多了。买鞋前，请一定要上《跑者世界》网站，用“跑鞋查找器”查查什么样的鞋最适合你。

下面是一些买鞋的小贴士：

- **量尺寸。**每次去买新鞋前一定要量量脚的尺寸。双脚会随时间而变化，穿这双合适，穿那双可能就不合适。另外，要在一天当中晚些时候量，那时候脚最大。很多人最后选的鞋要比平时穿的大半码，这样可以在跑步时给脚部弯曲和趾头前移提供足够的空间。两脚

[WHAT WORKS 成功案例]

购物疗法

玛丽·帕特·科米尔（Mary-Pat Cormier），40 岁；有 4 个孩子；两场全马；个人纪录：3 小时 59 分

研究、购买一双新鞋也可为跑步提供强大的动力（更不用说还有乐趣）。一旦花 90 ～ 140 美元买了双鞋，你就会想穿上它们，一刻都不想离脚。我一年至少要添置一件新装备。这个圣诞节，婆婆给我买了一件乐斯菲斯的运动夹克。我从来不敢给自己买这么贵的夹克。我太喜欢了。虽然那个月的天气不适合穿夹克，但我还是每个周末都出去跑步，一次没落——只为能穿上我的夹克。

穿鞋站立时，一定要确保鞋尖和最长的脚趾头顶端之间有一拇指甲宽的间隙。试穿时两只脚都要试，而且要试跑一下——绕着商店、在跑步机上或在人行道上都行。

· **带上还在穿的东西。**去买鞋时，随身带上你还在用的鞋、袜子和鞋垫。这样可以真实地评价一双新鞋有多合脚。

· **换着穿。**和跑步的人一样，跑完步后鞋也需要恢复；在理想情况下，它们需要休息24小时。如果你跑了一晚上，第二天中午又跑，鞋子的缓冲效果虽然没什么损失，但它们所提供的保护已不像恢复一整天之后的鞋子那样多了。生活已经够复杂了，就别在担心鞋子是否完全恢复上费心了，所以你还是考虑换另一双吧。这样你可以随时有鞋穿。

· **要磨合。**买到一双新鞋之后，要穿上它进行一些短距离、轻松的试跑，以确认合脚度；然后才能穿着它们上跑道进行长距离跑。假如稍微有点不合脚，导致起水泡、脚疼，那你可以马上回家换鞋。任何一双新鞋，一定要试跑至少8～10次或30公里，才能穿着去比赛。

· **不要改变得太突然。**最近几年，极简跑鞋非常流行。支持者们声称这种鞋有助于增强脚部肌肉、实现健康运动；还有人说这种鞋会导致损伤。不过有一点我们很肯定：最好不要匆忙换鞋。那样会给身体带来生物力学方面的变化，而这种变化可能意味着伤害。如

衣物保养

如果舍得在高品质跑步服上花钱，那么你肯定希望能穿得久一些。下面的一些小窍门可以为你提供这方面的帮助。

少量、冷水洗涤。专业T恤衫和短裤要用冷水、少量洗涤，并自然风干。对于大多数衬衫来说，吸汗特性已是面料纺织结构的一部分，故不会褪色，所以不需要深浅色分开洗——只要一起扔进洗衣机，然后设定为冷水洗涤即可。不要把洗衣机塞满，洗衣量要少，这样可以有更多的水在衣物间来回穿梭，洗得也更干净。

除臭。洗涤跑步衣物时要用运动洗涤剂，如Nikwax公司的内层衣物洗涤剂（Basewash）、格兰杰（Granger）公司的G型清洗剂（G-Wash Cleaner），或企鹅（Penguin）公司的运动洗涤剂（Sport-Wash）。这些洗涤剂可以除臭，让你的衣物不再难闻。

慢慢晾干。专业T恤衫所用的合成纤维面料在设计上适合风干。这种织物带有导汗槽，可以将汗水从皮肤上吸走，排到面料的外表面，然后蒸发。要是你想穿得久一些，就不要把它们放进烘干机，因为里面过多的热量会把臭味烘进织物中。此外，不要使用柔顺剂——它会在衣物上留下一层涂层，会阻碍衣服的排汗功能。

给衣服“呼吸”的空间。如果来不及洗短裤、短裙，不要把它们揉成一团——等它

果确实想换，那要慢慢来。先穿着新鞋围着房子跑跑，或出去慢跑一小段，然后进行长距离跑。在习惯穿着新鞋训练之前，要继续穿旧鞋长跑。

服装和其他装备

你不需要“倾家荡产”买一柜子全新的跑步套装，但买一些专用袜子、衬衫、裤子、短裤等你不会后悔。所有这些都有助于你将汗液从皮肤排走。它们重量轻、柔软，而且不摩擦皮肤；夏天可以让你保持清爽，冬天则可以保温。它们会让你的跑步生活大为不同。下列基本用品是每个新手都需要的：

专业衬衫和短裤。更注重时尚的跑者不需要为功能而舍弃时尚了。服装制造商们现在为女性（当然还有男性）提供的跑步装备既有良好的运动性能，看起来又还不错。

袜子。选择尼龙、羊毛、莱卡以及酷美丝材质的袜子。

帽子。夏天时，戴个帽子可以防止太阳直射眼睛；气温超高的时候，空顶的遮阳帽要比一般帽子更凉快。冬天时，戴个遮住耳朵的保暖帽可以对付寒冷、刮风的天气。

内衣裤。不要穿棉质内衣裤——它们会大量吸汗而导致无法保温，而且摩擦皮肤。穿了短裤的，因为里面有内衬，你可以不穿内裤——这纯属个人偏好。要是短裤或长裤里没

们稍微干一点再扔进洗衣篮里。皮肤出汗后，上面的污垢、油渍以及细菌渗透进织物内，会导致合成纤维衣物失去“呼吸”与排汗能力。汗津津的衬衫是产生异味的细菌滋生的温床，因此，脱下后立即用冷水洗涤或展开晾干都可以阻止微生物的滋生。

让你的文胸休息一下。不跑步时让你的文胸休息至少 24 小时，通过这种方式，文胸材质在清洗之后有时间恢复原来的形状。

不要软化羊毛织物。和旧的羊毛衫不同，不管你洗什么衣服，美利奴羊毛材质的袜子都可以扔进去一起洗，烘干时也不用担心会缩水。此外，跑完步可以把它们放在包里好几天，因为羊毛不吸附细菌，也不像合成纤维那样会有味道。但是，清洗时一定不要用液体柔顺剂，因为它们会在羊毛上形成一层物质，使羊毛的除臭、除湿能力减弱。同样道理，也不要用柔顺片。

鞋类不要机洗。对于大部分传统的鞋类来说，在洗衣机里转一遭，污垢洗掉了，鞋的弹性也洗没了。这是因为鞋的中底泡在水里超过一定时间，就会使缓冲泡沫的孔壁破裂，以致鞋底变硬。

有内衬，最好穿上羊毛或合成纤维的内衣，这样可以起到你所需的保温、支撑功能。

跑步文胸。每个女性跑者都需要一个合适的跑步文胸——合身、支撑良好、排汗且不摩擦皮肤。最佳的做法是尝试一系列不同的品牌和款式，从而找到最完美的那个。

反光装备。某些时候你必须在没有太阳的清晨或晚上跑步，因此佩戴一些照明和提醒的装备是很重要的。最好的选择是一只手电筒或头灯。这样，开车的人既能看到光亮，也能注意到有物体在移动，会意识到是有人在跑步。最起码，要穿一件反光背心，或佩戴一个亮度大的红色 LED 闪光灯。

手表。首先，你需要知道跑了多久。任何一款带计时功能的手表都行。随着你的进步，你可能会需要一个心率监测器或 GPS 手表，从而知道速度、距离、配速以及心率。市场上有很多这种工具，从简单到功能复杂的都有。其中有些可以记录卡路里燃烧量，还有些整合了计步器，可以测量距离和节奏，从而改善跑步的效率和形态。

有的跑者和教练认为这些工具对训练的成功至关重要，而有的人不用这些也跑出了不错的成绩。不过，这些工具当然能给新手和高级跑者都带来一些好处：它们可以反映跑者的用力程度，从而避免在轻松日强度过大（这样容易受伤），或在高强度训练日过得太轻松（这样达不到目的）。这些说法很有价值，能够帮助你实现突破，或者避免重复犯同样的错误。

除此之外，手表上显示的内容还可以给你提供动力。在进行 30 公里跑时，看着上面的里程不断增加，即使再累你都会坚持跑下去。有个可以记录跑步行踪的工具，你就可以放心地探索陌生地域，不用老按原来的路线跑了。很多工具还允许把数据上传到一个训练日

INSIDE RUNNER'S WORLD 《跑者世界》编辑如是说

布莱恩·萨宾（Brian Sabin），32岁，资深多媒体编辑，宾夕法尼亚州伯利恒人

经验教训：跑步短裤效果惊人。

跑步+拳击或篮球短裤=痛苦，痛得让你“担心子孙后代”。

那天，在罗代尔能量中心，我正在跑步机上进行 10 公里跑，结果裤脚摆动得糟透了。而摩擦呢？简直无法忍受。这两种情况是慢慢出现的，开始时我感觉有什么东西偏掉了。随着里程的增加，这种感觉越来越强，直到腿上出现了一道道生疼的红印子。我慢慢地从跑步机上下来。这时，巴德·科茨（Budd Coates）看到了我——他是罗代尔负责员工健身与健康的高级主管。他向我介绍了一种产品，这种产品可以拯救我的生命（还有我的子孙们）——带内衬的跑步短裤。很久以来，我一直嘲笑这种短裤。但是，它们却可以让你少受摩擦、红肿之苦，而且里面的内衬还可以让你的“命根子”不至于挤来挤去。从那以后，我就一直穿这种短裤跑步。

志上，这样，你可以跟踪自己一段时间的进步、观察出其中的趋势。举个例子，开始的时候，每公里7分30秒的配速下的心率可能是每分钟170下。训练一段时间之后，同样配速下的心率可能降为每分钟160下。这就说明你更健壮了，因为你在同样的配速下跑得更省力。有的人认为这些工具对新手来说很理想，因为新手容易跑得太猛、太快，而且容易气馁或受伤。

有疑问，查一查

心脏病发作的先兆不总是典型的胸闷或左下臂疼痛。你可能会感觉：

- **右臂疼痛。**
- **消化不良。**
- **持续的不舒服感或呼吸困难。**
- **同样活动强度后，身体比平时乏力得多。**

经常遇到的问题

跑马拉松危险吗？

对于那些相信“跑步让我们更健康”的人来说，过去的几年是段不幸的日子。2007年，28岁的瑞恩·谢伊（Ryan Shay）死于在中央公园举行的美国奥运会男子马拉松选拔赛上。他是一名世界顶级马拉松运动员，却在比赛中死于心力衰竭。当然，典型的案例还有吉姆·菲克斯（Jim Fixx）。1977年，他所写的畅销书《跑步全书》（*The Complete Book of Running*）开启了当时的跑步热，而他却在1984年死于心脏病发作，年仅52岁。

这些事例常常比冠军们更能吸引人们的注意。而且，人们总会有这样的疑问：如果说跑步是项健康的运动，为什么总有人猝死？

研究表明：身体最健康的人群，他们的心脏病死亡率要比最不健康的人群低30%～50%；同时，他们患中风、糖尿病、高血压以及癌症的可能性要小得多，而且得类似阿尔茨海默病这样的疾病的风险也较低。

尽管有这么多研究，但没有什么可以提供完全保证。心脏病发作率随着年龄的升高而升高。建议大家去锻炼，但锻炼不是灵丹妙药。在过去30年、涵盖约450万名马拉松跑者的研究中，有41人死于心脏病发作——每110 476人中只有一人。

哈特福德医院心脏病科主任保罗·汤普森（Paul Thompson）认为，死亡年龄低于30或35岁的跑者，他们的心脏一般有结构性缺陷；而死亡年龄在35岁以上的跑者，其猝死原因几乎都是动脉血管疾病——血管中沉积的胆固醇引起心脏病发作。

最终，尸检报告证明，吉姆·菲克斯的三个冠状动脉都有明显堵塞。他的心肌因跑步而增强，这很可能已经将其生命延长了8～10年。开始跑步前，菲克斯抽烟，体重超过90公斤。他的父亲在37岁时遭受了心脏病折磨，41岁死亡。

跑步并不一定会保证让人远离心脏病。“锻炼身体不是万能的。”汤普森说，“它的风险很低，收益却实实在在，而且收益远大过风险。

RW CHALLENGER PROFILE:
《跑者世界》挑战赛挑战者简介之

莱斯莉 · 海伍德，成为一名真正的跑者

莱斯莉·海伍德(Leslie Haywood) 很快便投入她的跑步生涯中。高中时她得过两次州内径赛冠军，甚至赢得了亚利桑那大学的奖学金。所以，当45岁的她重新开始跑步时，她很享受这种感觉。

"就像是从梦中苏醒过来，"海伍德说，"耳边响起了熟悉的风声，像首尘封已久的歌。"她已经有了两个孩子，还是纽约州立大学宾汉姆顿分校的教授。

开始时，她每周安排一天跑9.5公里的环山路，后来又增加了跑道练习——200米、400米、800米梯次跑。2009年11月初，她报名参加普莱西德湖马拉松赛，而且将目标定在前4名。

"我那些年一直坚持跑步，"她说，"所以心想：'这有什么难的？'"

她按照"《跑者世界》挑战赛中级训练方案"开始训练，但长距离跑之后总是私自增加额外的跑量，或者一周中间额外进行跑道练习。她忽视了"集中精力健康地站在起跑线前"的忠告。尽管如此刻苦地训练，她还是不可避免地会把现在的成绩和18岁时的进行比较。

"我觉得自己所做的一切都挺差劲，因为我年轻时跑得多快啊！"她说。

训练一直很顺利，直到"魔鬼月"的到来。这个时候，她的身体开始不听使唤。她的大腿后侧肌肉发紧，以致无法坐下。她的左膝盖软骨软化，而且右膝也开始有了相似的症状。她变得急躁、情绪化、经常疲倦。每次想伸腿，膝盖就会像枪声那样咯咯作响。楼梯一点都爬

然而，没有人能完全保证什么。如果想过一种长寿、有活力的生活，那么你应该每天适度运动1小时。如果只想过一天算一天，那你上床睡觉去吧。"

我有多大的进步空间？

要是有点数据，这个问题就很好回答，但科学家们还没得出一个有效的公式，能对所有人、任何时候都适用。不过他们确实发现有很多不同的因素能影响每个跑者的进步幅度。

如果没有受伤或累垮，你最有可能在训练的头几年便看到很大的收获。只要训练良好并且比赛日天气凉爽，最初的几场比赛下来，你的个人纪录每场都会有30～40分钟的提高。要是你之前从未正规训练过，进步还会更大。

"除了遗传，最大的因素就是你的训练起点。"运动生理学家热门博客"运动科学"的写作者之一乔纳森·杜加斯(Jonathan Dugas)说。随着经验、耐力的增加和对马拉松训练具体要求的适应，你会持续看到进步，虽然进步可能不会像刚开始时那样大。"不过，最终你会达到

《跑者世界》挑战赛：2010年普莱西德湖马拉松赛

不动，上厕所也得弯下腰，慢慢用一条腿蹲下、另一条腿伸直。她每周要接受3次物理治疗。

在她的整个训练过程中，一种深深的羞愧感始终挥之不去。她总想起年轻时和队友们一起创造的每公里5分38秒的成绩。

“虽然努力过，但我不再是个真正的跑者。”她说，“我又老，跑得又慢。我太可怜了。”她戴着膝盖支架跑完了普莱西德湖马拉松赛，一整天都很痛苦。大多数人首场比赛取得4小时13分的成绩会很高兴，但对莱斯莉来说，这是个尴尬的结果。她累坏了，精疲力竭地拖着腿，那腿僵硬得像是上了夹板。她花了足足两个月才恢复过来。

她又报名参加莱蒙山马拉松赛。该项赛事号称世界上最难的公路马拉松赛。全程海拔提升1 800多米，而且都是上坡路。

这一次，她知道自己不能完成训练计划要求的跑量，于是开始进行一些交叉训练。她做了核心训练、山地练习以及亚索800，还加入了阿斯汤加瑜伽、综合体能训练以及长距离自行车训练。她通过不同的方式磨炼身体，所以能够完成长距离跑而不会感到痛苦。她的大腿感觉良好，而且她的呼吸相当有力。

不过最令人佩服的是，她有了一些很有价值的想法。

“我不再是17岁时的我，”她说，“过去的我和现在的我，就像是冰与火，两者完全不同。”她在6小时内完成了该项比赛，她很累，但并未感到痛苦。

“有些人会说，即使是上坡，跑得也够慢的了，根本不是在跑步。”她说，“但这次，我知道，我是个真正的跑者。”

个人的潜能极限，然后趋于平稳。”

问题是：还要经过多少场比赛才能达到平稳状态？这个因人而异。下面的每个因素都会影响你的进步幅度：

适应能力。当开始定期运动时，你的身体会在很多方面进行调整，从而让你能跑得更快、更省力。通过定期进行有氧运动，心脏会变强，因此不用负荷过大便可给身体器官提供所需的血液。这一点反映出来的便是，可以以较低的心率跑出同样的速度。增加速度练习、比赛配速跑练习可以锻炼你的身体，满足全马或半马比赛的具体要求，从而帮助你舒适地跑出更快的配速、更远的距离。

经验。随着训练量的增加、身体生物力学特性的改善，你会形成更好的跑步经济性（running economy），这样便可以用较少的体力维持同样的配速。而且，每次上路，你都能吸取一些宝贵的经验教训，明白什么才是对你最管用的。你会知道哪些食物、饮料既能提供最多的能量又不会让肚子不舒服，哪些衣服、鞋既能提供支撑又不会磨出水泡或导致皮肤擦伤（chafing）。最重要的是，你还会学到如何控制配速以及起跑速度，从而防止出现最后几公里路痛苦不堪的局面。

衰老。在某种情况下，特别是 40 岁以后，衰老的威力开始显现。你的有氧能力下降，因为最大心跳数每年会减少一下。骨密度开始降低，因此身体更容易发生应力性骨折以及其他损伤。肌肉纤维萎缩、支配肌肉的神经元开始死亡，特别是 60 岁以后。快肌纤维首先受到影响，这也是速度会比耐力先下降的原因。体内的糖原（glycogen）储存量缩减，流向肌肉的血量减少。睾丸素和生长激素水平下降，这就意味着受损肌肉的自我修复不会像以前那样迅速，你也就不会像年轻时那样恢复得那么快。尽管如此，你也不要那么绝望，因为只要保持锻炼、定期进行抗阻训练和心血管锻炼，就能减缓上述情况的发生。我们不能返老还童，但我们可以延缓衰老。

遗传。你出生时所拥有的生理机能决定了你的运动表现以及能有多大的改善空间。每个跑者在很大程度上都受自身与生俱来的生理特性的限制。但是，通过速度练习、长距离跑、节奏跑练习以及一点点运气，你可以充分利用自己的先天条件。“在训练适应能力方面，每个人都有自己的‘天花板’，”杜加斯说，“而每个人都想努力达到潜能的极限，这也正是年复一年的跑步如此令人享受、有挑战性的原因之一。”

我年轻时跑得很快，可现在老了，不能像以前那样训练了。跑完比赛要比以前慢得多，我该如何面对？

布朗说，很多人在年轻、单身、肩上没多少负担的时候开始跑步，却忘了随着身体和生活方式的改变而调整预期。创造一个个人纪录当然很开心、很满足，但是，这种开心、满足感还可以在秒表数字以外的地方找到。要掌握你自己的跑步体验，不要仅用那些跟你个人生活无关的要素来定义所谓的“成功”。列一个表，写下你跑步的原因。你喜欢的也许是与同伴们相处的时间，也许是独自一人冥想的时刻，甚或是激发身体潜能所带来的愉悦感。经常回顾一下这些出发点，想尽办法让你的训练保持趣味：和朋友一起跑步、探索新线路、指导新人完成首场马拉松赛或为慈善募捐。跑一场全马或半马只要一天时间，而通往起跑线的征程则要持续几个月。

如何知道自己的目标是否现实？我不想失望，但也不想在自己的能力范围内止步不前。

假如你的目标太容易或太困难，你会非常想退出而不想真心努力。对于首次参赛的选手，把目标放在完成比赛即可。不要根据其他人第一次比赛时的做法来制定目标。你只需要做到：完成适合自己的训练，健康地站在起跑线前，集中精力好好体验比赛。不管最后的完成时间是多少，它都是你的个人之最。对于有经验的选手，要根据当前自身的健康状况来设定目标。训练时，要根据身体的状况来确定目标是否现实：如果训练完感到疲倦、情绪低落、乏力或有伤痛，那么也许你的目标需要稍微重新调整；如果感觉既有挑战性又兴奋不已，而且身体状况良好，那说明你也许走对路了。

我热爱跑步，但有段时间很难找到动力走出门。我该如何让自己动起来？

首先，你要知道，每个跑者都经历过这种

状况，包括精英跑家。跑了一天又一天之后，你可能觉得训练是件苦差事。要克服跑前恐惧感，你可以：

- 四处放置一些提醒自己为什么要跑步的物品——名言警句、比赛奖牌、号码布、照片等。坚持记训练日志，计算总共跑过的里程。一旦看到自己已经跑了几百公里，那一个寒冷的清晨跑这区区 8 公里还不是小菜一碟?
- 试试没去过的小路或规划一条新的路线，这样可以给你带来新鲜感。买一块训练手表或 GPS 追踪器，而且规定自己每周都要跑一条新路线。
- 买个新的音乐播放器，或下载一些新播客。这些东西会给你的跑步训练带来一种全新的体验，让你大吃一惊。
- 约个朋友一起跑——你应该不会想失约，让他大清早一个人在外面。即使你的朋友跑得没你快、没你远，只要商量好一起跑上几公里，这就足够让你出门的了。

我既不是初学，也没到中等水平。我该选择什么样的训练方案?

只要调整一下训练节奏，你或许能够应对比预期更难的项目。换句话说，慢下来。练习时，不要因为计划是这样要求的，就逼着自己非达到一定速度。相反，要学着放松，真正轻松地去跑。我们这些跑者倾向于对自己很严格。但是，对于很多训练项目来说，行动才是重要的——比速度还重要，特别是全马训练——毕竟是 42 公里的比赛。因此，你能做的最要紧的事便是记录下慢跑的路程。要留意跑起来轻松了多少——也许你可以跑得更远。另外，在进行长距离跑步时，这样做还会对你的全马比赛和健康有好处。

TRAINING BASICS

02

训练的基本原则

很多跑者来信说，他们决定跑一场全马或半马，于是出门能跑多少跑多少，能跑多远跑多远，能跑多快跑多快。的确，当进行长距离跑步时，你必须把身体推向极限，但具体的做法有很多，其中很多方法都经过了时间的检验并在成千上万的教练、跑者那里发挥着作用，而且不会带来痛苦。

现在该说说训练方案了。虽然全马和半马的训练项目有无数种，但它们都遵循着某些基本原则。这些原则有助于提高跑者的耐力，让他们得以完成21公里或42公里的比赛而不至于受伤。这些训练项目会系统地增加跑量和强度，所以你会逐渐比以前跑得更快、更远。这些训练方案会在高强度训练之后安排休息日，这样可以避免损伤和产生疲劳感。不仅身体会从中受益，精神也同样受益。2～4个月是很长的一段训练时间。训练期间的所作所为会帮助你培养坚毅的心理和坚强的情感，让你在比赛日能坚持到底。走上起跑线的你会更加自信，因为你知道，在可以选择去睡觉的时候，你没有放弃，而是熬过了30公里长距离跑、速度练习以及很多很多个日日夜夜。

《跑者世界》网站上的一份调查显示，20%的跑者在备战首场马拉松赛时，只是应付了事。

在本章中，你将全面了解赛前准备的基本原则，以及包括《跑者世界》所提供的方案在内的大部分训练方案为什么是那样设置的。如果你刚开始训练，那理解这些原则有助于坚持计划；如果你是经验丰富的跑者，重温一下这些基础知识也是值得的。它们可以帮助你突破成绩障碍、克服训练中的挫折。只有遵守这些"上路规则"，你才会有最大的把握来实现目标，或做到精力充沛地站在起跑线前，或做好准备跑出最好成绩。

慢慢起步，逐步展开。比赛时要跑完那么长的距离，想想就令人胆怯，谁都会这样，甚至已经跑过比赛的人也会如此。幸好，你不必立刻就跑——也千万别这样尝试。人的身体需要时间来适应训练所带来的变化，从而应对更多的跑量和更大的强度。肌肉和关节需要时间恢复，从而满足更多的训练要求。在此过程中，如果太冒进，你可能会把身体累垮了，达不到增强体质的目的。教练们发现，避免受伤最好的方式是遵守 10% 原则（10 percent rule）：每周跑量的增加量及长距离跑长度的增加量不得超过上周的 10%。这样既可以让你远离伤痛，又可以让跑量的增加更可控。在开始训练之前，一想到要跑 20 公里，你也许会害怕。但当训练逐步展开时，你已经在赛前一周跑过 16 公里，比赛时也只不过再多跑 5 公里，这样一想就不会那么害怕了。请尽可能地遵守训练计划，避免受伤。若一定要额外增加训练量，那就安排在轻松日，而且一次增加不要超过 1.6 ～ 3.2 公里。

大部分时间要跑得轻松些。 80% 左右的跑步训练应该以一个轻松的配速来跑，比比赛时目标配速慢 38 ～ 56 秒。在这个配速下，你应该感觉舒适，能边跑边聊天。如果用心率来衡量，应该达到最大心率的 65% ～ 70%。要是跑得上气不接下气，那你的速度可太快了。跑得轻松些可以增强肌肉、提高耐力、燃

What it takes to... / 我是怎样……

减掉27公斤，首赛即取得波马报名资格

迈克尔·费尔德豪斯（Michael Feldhaus），47岁
弗吉尼亚州阿灵顿人，健康咨询师，有两个孩子
比赛经历：两场全马；个人纪录：3小时25分
“挑战赛”经历：2009年里士满马拉松赛

报名参加挑战赛前我还从没跑过一步。我不知道什么是“个人纪录”（PR）或“分段成绩”（split），但我知道自己身高 1.85 米，体重有 95 公斤。于是，我开始步行，渐渐地一周能走 5 公里。后来，一个朋友给了我一本《跑者世界》，上面有一篇关于如何进行全马训练的文章。我心想：“为什么不试试呢？”于是便近乎虔诚地按照计划开始训练。有很多时候我都想打退堂鼓，但当我逼着自己再跑几步就会发现：“哎，等等，我还能坚持。”完成计划后，我减掉了 27 公斤。老朋友都认不出我了，新朋友怎么也不相信我以前有那么胖。跑里士满马拉松时，我只想着坚持到底、不要受伤，结果成绩为 3 小时 29 分。我倒没觉得有多好，这时有人告诉我说我有资格报名参加波士顿马拉松赛。那时我不懂什么“波马达标”。但在第二年春天的波士顿马拉松赛上，我的成绩又提高了约 3 分钟，并且有资格继续报名下一年的比赛。对于 47 岁的我来说，发现自己能毫无痛苦地做到这一切，这种感觉很不可思议。我终于找到自己擅长的事情了。

烧脂肪以及增加血量，但最大的好处是让你既可以最大限度地练习跑步，又不会受伤。训练6周左右之后，你会发现自己不用那么费劲却能跑出同样的配速和距离。然而，如果跑得过快，膝盖、小腿和脚就会感到疼痛。这是因为心脏和肺部能较快地适应训练、得到强化，而肌肉、筋腱、骨骼则相对慢些。因此，你需要花些时间进行轻松的配速跑，让肌肉骨骼系统得以变得更强，从而配合上心血管方面的进展。

高、低强度交替。大部分训练项目都会交替安排高、低强度的练习。每一周，你会有一次高强度练习（如速度练习或长距离跑），接着是一天休息或一次轻松跑。同样，每过几周，你就需要减少跑量，这样才有时间恢复。为什么要这样？因为在恢复阶段，身体会重建、修复受损的肌肉组织。通过这种重建过程，身体变得更强壮、更能抗疲劳，你也就能跑得更快、更远。如果不迫使身体跑足够远的距离或达到足够快的速度，那么你永远没有能力跑得更远或更快而不疲倦。但如果身体负荷过大，或没有充分休息，你就会受伤。

每周进行长距离跑。长距离跑是全马、半马训练的基础，它有助于增强耐力、建立长时间跑步的习惯，以及演练如何进食、饮水、穿戴、安排上厕所……这些都是需要在比赛之前解决的问题。同时，在情绪和心理上，你也需要做好长时间跑步的准备——这些在比赛时也必须面对。新手应以轻松的配速进行长距

自我测试

轻松跑应有多“轻松”？长距离跑应该跑多快？不管是新手还是老手，你都得评估一下自己的健康水平。

做个时间测试。一场简单的时间测试可以让你有个用来决定日常训练的合适配速的基准。选择一条跑道，慢跑一两圈作为热身；走3～4分钟，然后开始计时，跑4圈（约1.6公里，即1英里），记录下你的时间。这时跑道地势平坦，距离经过精确测量，可以据此可靠地测出你的最快速度。把你的“1英里”成绩输入《跑着世界》网站中的“训练计算器”，可以得出你的训练配速。差不多两周重复测试一次；试着突破你上次的成绩，看看进步了多少。

自我调整。已经训练一段时间之后，要参加一次10公里、16公里或半马比赛。把成绩输入《跑者世界》网站上类似的“训练计算器”，可以得出一个合适的训练配速。至少在全马比赛前6周再参加一次比赛，看看提高了多少。

亚索800。亚索800以能反映身体状况、预测比赛成绩而闻名于世。热身之后，跑10组800米并间以400米恢复性慢跑。完成最后一组后你会耗尽体力。800米的平均成绩能很好地反映出你的全程马拉松成绩——只不过要把其中的“分、秒”换成“时、分”（详见本书第32页的《亚索800诞生记》一文）。把这个成绩输入“训练计算器”，便可得出你的训练配速。

离跑，全力做到跑完全程且感觉良好。如果你是冲着创个人纪录来的，那么可以试着做些变化。例如，“末段提速”长距离跑，它要求在最后的 5 ～ 8 公里内，可以按目标比赛配速跑上几公里。这种做法有助于挖掘极度疲劳下的身体潜能。每周，在你时间最充裕、能够跑完全程的那天安排一场长距离跑，挑个不受妨碍或没什么急事的时候开始跑，而且要保证有足够时间补充能量、做拉伸、冰敷以及休息。

见识一下山地跑。在训练的前半阶段，应该有一天尽量找一条地势最有起伏的线路进行跑步训练。山地跑训练可以增强腿部和肺部的力量，提供后续训练所需的肌肉和耐力条件，以跑出更快的速度。同时，这也是为比赛中可能遇到的山地路段做准备。上坡时你会感觉速度不快但吃力。即使很少量的山地跑也有助于提高腿部力量、有氧能力和跑步经济性（身体利用氧气的效率）。上坡跑对肌肉的要求与举重训练一样——臀部、大腿、膝盖和小腿部分的肌肉必须向上推举身体。就像增强式训练（弹跳训练）那样，这种爆发式的冲刺上坡动作可以改善肌肉和肌腱的弹性，让身体能够在落地后迅速做出下一个动作——不管面对什么样的地形，这都是有益的。新手应注意不要太急，因为山地跑确实会给肌肉、膝盖和跟腱施加额外的压力，而这些部位可能还没准备好承受这样的负担。进行山地跑训练要注意以下规则：

- **增加地形的变化。**训练中，陡而短的坡路和长而缓的坡路应该相互结合。陡而短的坡路可以快速提高你的心血管能力，长而缓的坡路则会更多地锻炼你的耐力，但跑任何坡路所调动的肌肉群都和在平地上不一样。

- **模拟赛道变化。**这一点对长距离跑特别重要，相当于是比赛日的“预演”。看一看赛道的海拔高度图，然后在进行长距离跑时，按照比赛中可能遇到的状况，在相应路段安排爬坡训练。

- **不要忽视下坡。**在重力的帮助下飞奔下山也许很有意思，但如果你曾参加过下山比赛，便会知道陡然下坡会消耗掉你在平地和上坡时所需的体力，而且在那之后，大腿好几天都会使不上劲。下坡跑要求肌肉伸展，或产生离心收缩。这种收缩会导致肌肉纤维出现极轻微的撕裂，产生比在平地和爬坡时更大的力。更糟糕的是，在坡度大的下坡路上容易达到最快速度——速度越快，双脚撞击地面越厉害，肌肉承受的冲击就越大。但是，在训练中安排下坡练习，可以让你更顺利地挺过山地路段，更快地从其中恢复过来。可以从短而缓、坡度为 2% ～ 3% 的斜坡下手，感觉比较适应后，再转到更陡、更长的坡路上。为防止受伤，可以先在较软的地面上进行，比如草地，之后再转到公路上。

- **强度均匀，而不是速度均匀。**上坡时速度会下降，但是强度要与平地跑步时保持

BART SAYS...
巴特如是说

跑得越多并不总是越好。跑量的增加不要过快，即使在你的能力范围之内。年轻的时候，我经常每个周末跑 37 公里。我以为自己的身体能应对得了，但后来我为此付出了代价。在我四五十岁的时候，即使不跑那么多，我的身体也会感到疼痛。相信我，无论这周少跑了多少公里，只要你这样做了，就能再跑上 30 年。

这样上坡（以及下坡）

上、下坡时要放松，保持良好的姿势，以达到增强腿部和肺部力量的目的。

上坡	下坡
• 抬头挺胸	• 躯体保持直立
• 眼睛向前看	• 眼睛向前看
• 想象脚下的路正迎面而来	• 想象身体在“有控制地坠落”
• 肩部向后靠	• 鼻尖超过脚尖
• 用脚趾将身体向上弹起并离开地面	• 脚步要轻；双脚不要重踏路面
• 腰不要弯，不要向前弓	
• 手、拳头保持放松	

一致——同样的呼吸频率和交换腿频率。为什么呢？因为如果冲刺上坡，你会耗尽体力，到了山顶就再也跑不动了。要留有余地，因为爬过这座山后面可能还有很多山。下坡的时候要克制住想飞奔下去的冲动，虽然这样做很吸引人。事实上，保持同样的速度下坡会感觉更轻松。可以利用这个机会喘口气，因为后面不知道还有什么挑战呢。

练习节奏跑。节奏跑训练可以让身体在感觉疲劳前跑出更快的速度。如何做到的？因为节奏跑可以提高乳酸阈配速（lactate threshold pace）——超过这个配速，乳酸在腿部肌肉中的堆积速度就开始超过人体循环利用的速度。当这种情况发生时，肌肉效能开始下降。通过适当的训练，乳酸阈被推得越高，你便可以在疲劳前跑得越快、越远。节奏跑配速一般比全马目标配速快 22 秒左右，或比半马配速稍快一点。节奏跑应持续 20 ～ 35 分钟，训练强度应在“舒适的高强度”上。什么样才是“舒适的高强度”？那就是，假如和同伴一起进行节奏跑训练，你应能随时蹦几个词出来，但不能说出一长串。想要尝试节奏跑，具体应这样做：把比赛目标成绩输入网站中的“训练计算器”，得出你的节奏跑配速。首先轻松跑 10 ～ 15 分钟作为热身，再以节奏跑配速跑 3.2 公里，然后冷身。每两周将节奏跑距离延长 800 米，直至达到 6.4 公里。节奏跑应视为高强度训练，之后应休息一天或安排轻松跑。

练习比赛配速跑。查遍《跑者世界》的各种训练方案你会发现，有许多训练内容都要求以全马配速（MP）或半马配速（HMP）进行。尽可能多地练习比赛配速，这样在比赛中身体便能调整到比赛配速上，像是按照身体自然的节奏在跑。这种练习不仅对身体，而且对心理也有好处。“我已经以这种配速跑了几十公里啦。”有了这种想法，在听到发令枪响时，你会感觉自信得多。

每周一次快速跑。即使不是为了争夺名次，每周一次快速跑也不失为一种改善身体状况、提高比赛成绩的好方法。它还能强化心血管能力，因为心脏被迫更加努力地供血，这样才能给腿部肌肉提供更多的氧气。同时，腿部肌肉也会得到强化，能够更有效地从血液中摄取氧气。另外，由于腿、脚交换得更快，脚步会少许多拖沓，你也就会跑得更有效率。速度练习甚至在训练结束后仍可以继续加速新陈代谢（以及燃烧卡路里）。只要有足够的练习，这种快速的步伐会变得更自然。也就是说，在任何情况下，你都可以用较少的体力跑出更快的速度。在心理层面，速度练习也会带来好处：通过每周一次接近最快速度的跑步训练，你会觉得那些比赛配速跑以及轻松跑确实很“轻松”。最好在跑道上进行速度练习，因为跑道平坦，而且距离经过测量。但如果找不到跑道，一段开阔的、地势平坦的公路或一台跑步机也可以。不过，跑步机不太理想，因为跑步带可以让你在体力下降的情况下也能保持速度，但在跑步机上你的确能跑出目标配速。如果你第一次上跑道，不妨遵循下面的一些规则：

· **跟着身体素质和你差不多的人。**要是一开始就和跑得比你快的人一起，你会跟不上，而且身体还没来得及恢复就得接着跑下一组。

· **别戴耳机。**在一个有限的空间里，一大群疲劳的人都在试着用最快的速度跑步，你还是留意一下身边的状况吧。

· **正确地恢复。**完成快速练习之后，要走一走或慢跑——不要突然停下来或站在那里。

[WHAT WORKS 成功案例]

跟着训练方案来

托德·波洛克（Todd Pollock），42 岁，宾州塞勒斯维尔人；IT 业务分析师，有两个孩子；9 场全马；个人纪录：3 小时 19 分；“挑战赛”经历：2009 年费城马拉松赛

第一次下定决心参加全马比赛时，我决定不用准备太多。因为高中时我就参加过径赛和越野赛，而且以 1 小时 39 分完成了费城半程马拉松。于是我上网搜了些跑量方面的建议，填在一张表上，然后就上路了。我心想：“不就是跑步吗？简单！这有什么难的？”我穿着富乐客（Foot Locker）里最便宜的跑鞋，工作日出去跑七八公里，周末不吃不喝地跑 25 公里。结果，不知为什么我感觉特别累。我只是以为自己身材走样了、跑得没那么好而已。后来，有一天我的膝盖开始疼痛，但我还是跑，想坚持一下。终于，膝盖疼痛加剧，根本跑不下去了。就这样，我靠自己去备赛，结果只落了个伤痛，还有一块没用的号码布（bib）。伤后一年，我决定再次参加全马比赛。但这次，我参照《跑者世界》的一份 16 周的训练方案，不折不扣地执行。结果，我健康无损地完成了训练，参加了2009年费城马拉松赛，成绩为3小时21分。5个月后，我又跑完了波科诺山“为红十字奔跑”马拉松赛，并以3小时19分取得了波马的报名资格。跟着方案训练，效果截然不同：身体感觉更强壮，跑得更快。我对自己现在的实力感到异常惊讶。这让我意识到，只要有可靠的训练计划，而且注意倾听自己的身体，没有什么是做不好的。

逐渐提高和降低心率比突然“踩刹车”更健康。

· **空出第一道。**最内侧跑道一般留给跑得最快的人。热身、冷身或慢跑，请到外侧跑道。

· **轻装上阵。**不需要穿钉鞋，但可以穿一双不到 300 克或更轻的跑鞋。穿着一双跑得快的鞋也能让你振奋一下。

减量。赛前的最后几周，每周跑量要减少 25% ～ 50%，但要保持训练的高强度。这样做的目的是，让肌肉从之前强化的跑量和强度中得到恢复，但仍保持对训练压力的适应，从而可以在比赛日保持新鲜感，跑出最好成绩。千万别停下脚步躺着。这样安排是让你去休息，而不是让你“生锈”。虽然跑得少了些，但像比赛配速跑、速度练习之类的训练还要继续做。

如果在减量期间感觉有点古怪，请不要惊讶。经过那么多的训练和对比赛的期待，在赛前的两三周，大部分选手都会担心失去好不容易练出来的健康体魄。因此，很多人会继续保持过高的训练量。在减量期间，请克制住想增加跑量的冲动。很多选手练得过火了，结果等站在起跑线前就已经感觉身心疲惫。请相信减量的效果——研究已经证明，这种方法是有效的。2010 年鲍尔州立大学的一份研究发现，如果选手在比赛前 3 周每周减少 25% 的跑量，但继续进行间歇跑和轻松跑，那么他们的成绩会有所提高。他们的心血管状况不会有任何损失，而且肌肉力量会得到大幅度提升。

[WHAT WORKS 成功案例]

做好减量的安排

克里斯汀 · 奥尔（Christine Orr），36 岁，加州门洛帕克人，有两个孩子；5 场全马；个人纪录：3 小时 29 分；“挑战赛”经历：2010 年旧金山马拉松赛

我做事情很有条理。我认为要想在繁忙的日程中安排好跑步的时间，就必须把一切安排得井井有条。所以，如果休息日没步可跑——也就不分泌内啡肽，那我就要抓狂了。我总是提前计划。周五一般是我的休息日，我会和我的两个孩子进行一些冒险活动；看有没有什么新的公园、适合徒步或野餐的地方，反正尽量待在户外——这样有助于保持良好的心情，不会因浑身精力无处释放而感到心烦。我尽量动起来：在草地上踢足球、在城市里行走，只是不跑步而已。不是每天都能去冒险，所以，在平时跑步的时间段里，我有时会带孩子们去吃点心或去星巴克待会儿——这是为了填补空白，完了就回家，然后就和平常一样了。对我来说，减量这段时间特别难熬，因为有这么多天不动弹。于是，我列了一张表，上面有屋里屋外要做的事项。减量周一来，我便行动起来：整理家里要捐的衣物、清洁地毯、打扫车库、带孩子们去看牙医，等等。下雨天，我们就去当地的休闲中心，那里有开放的游泳池，我可以和孩子们一起进去游。

衡量训练强度。全马或半马训练其实就是有目的地进行跑步。每一项训练内容都有一个目标——锻炼耐力、提高速度或帮助恢复。因此，为确保以适当的强度进行训练并有所收获，在训练中对强度进行衡量是很重要的。轻松跑的强度若太大，会让你没有力气进行速度练习和长距离跑；而高强度跑若强度不够，也便不能将你的身体状况提升到新的水平。衡量训练强度的方法有很多：配速法、心率法以及谈话测试法等都被证明是有效的。选择你想使用的方法，然后一直坚持使用。（详见第 30 页“衡量训练强度”的相关内容）

· **配速法。**如果是在一段量过距离的公路或者跑道上进行速度练习，你可以趁机发挥手表的作用，严格按照每公里应该花费的分钟数进行训练。在《跑者世界》，我们喜欢根据 5 公里配速来讨论训练配速（纯粹因为 5 公里是最火的比赛距离）。要是不知道你的 5 公里配速，你可以参加一场 5 公里跑，或者来个 1 公里计时跑，然后把成绩输入“训练计算器”。计算器会根据输入的配速，计算出各项训练应采用的配速。

· **心率法。**用监测器跟踪心率变化（通过内置于胸带的传感器读出脉搏）可以精确地反映当前训练强度的大小。心率监测器能够跟踪每分钟的心跳数，从而确保在最大心率的某个特定百分比以内进行训练。例如，你想把轻松日的训练控制在最大心率的 65% ～ 70%，为的是在高强度训练后让身体得以恢复。那么如何确定自己的最大心率呢？有一个被广泛应用的公式——220 减去你的年龄，大多数专家认为，对很多人来说这一公式可能都是不精确的。（此公式是从有关男性的几项研究中得出的，研究对象有的健康，而有的却患有冠心病。）2010 年，美国西北大学的研究人员发现了一条更适合 35 岁以上女性的公式：208–88%×年龄。另一项独立研究发现，对于健康的、喜欢运动的人来说，估算最大心率的最好方法是进行 200 米冲刺计时测试，然后在几天后重复一次，取其中最大的心率。如果想要个确切数字，俄亥俄州立大学心脏科的医学副教授玛莎·古拉蒂（Martha Gulati）说，可以去

INSIDE RUNNER'S WORLD 《跑者世界》编辑如是说

克里斯汀·芬尼西（Christine Fennessy），35岁，资深编辑，宾州伊姆瓦斯人

经验教训：如果参加公路赛，必须上公路训练，至少偶尔要去。

这个教训是在一场半程马拉松的最后 6.4 公里学到的，那是我第一次参加比赛。那个时候，我每跑一步就像是从大腿、腿筋和小腿上割一刀。事实上，我已经完成了所有训练，只不过是在一条安全的土质马道上进行的。训练时，我从头到尾都在想：“啧啧，我真是太聪明了，跑量是逐渐增加的，路又是柔软的，我根本不会受伤的。”说的没错，训练没让我受伤。但比赛——在柏油路上跑 21 公里，让我崩溃了。我的双腿习惯了小路，这次却被柏油路蹂躏了。我花了相当长时间才恢复过来。

衡量训练强度

下表详细介绍了如何在不同的训练项目中使用各种方法衡量训练强度。虽然是为全马或半马而训练，但作为最热门的比赛距离，5 公里（5K）是个很好的配速参考。另外，要记住最好只用一种方法来衡量强度，例如只用配速法或只用心率法，因为所有方法一起用只会把你搞糊涂。

训练类型	配速	心率	谈话测试
轻松跑	比5K配速慢56～94秒 / 公里	最大心率的65%～70%	完整句子
全马配速跑	比5K配速慢28～63秒 / 公里	最大心率的88%～92%	短句子
半马配速跑	比5K配速慢15～31秒 / 公里	最大心率的92%～94%	一次说几个词
速度练习（800米，1 200米）	比5K配速快3～9秒 / 公里	最大心率的98%～100%	无法……说话……只能……跑步
节奏跑	比5K配速慢12～25秒 / 公里	最大心率的94%～96%	一次说几个词
亚索800	见注	最大心率的96%～98%	一次说几个词
长距离跑	比5K配速慢56～94秒 / 公里	最大心率的65%～70%	完整句子

注：亚索800应以用分秒替换的全马目标配速来完成。也就是说，如果你的全马目标是在4小时以内，那么你应该争取每个800米都在4分钟内完成。如果你想在3.5小时内完成一场全马，就要试着在3分30秒内完成每个800米。

找运动生理学家做一次跑步机测试。这种测试一般是在跑步机上跑步，与此同时，身体与监测心率、血压以及耗氧量的机器相连。跑步机每 3 分钟便会加速、抬升坡度，直至达到你能承受的最大强度——这个时候的心率就是你的最大心率。尽管得到了一个精确的最大心率值，但要用它来指导训练还是会有些局限，古拉蒂提醒道。如果心率表突然受潮了，比如下雨或流汗，那它可能读不出心率。其他设备也可能干扰信号。“这些都是电子器件，”古拉蒂说，“而且并不完美。”另外，有些跟体质无关的因素也会影响心率，例如脱水、天太热或者身上疼。“即使是在慢跑，心率也可能会飙升。”她补充说。古拉蒂自己就是一名马拉松跑者，还参加铁人三项比赛，她选择跟着感觉走。“心率是个不错的依据，但不是唯一的。”她说，“其实身体一直会告诉你该干什么。”

· **谈话测试法。**这种方法被广泛应用于判断跑步强度是否合适。虽然听起来很不正式，但研究表明这种方法可以准确反映强度的高低。在最近的一些研究中，受试者们被要求在跑步机上一边跑步一边背诵《效忠誓言》。那些可以舒服做到的人，他们的心率和呼吸频率都在预定的有氧区间之内。反之亦然：那些背诵时气喘吁吁的人，他们的跑步强度一般都太大了。

交叉训练。毫无疑问，跑步是对身体的考验。因此，肌肉、关节以及结缔组织容易因承担减震作用而受磨损。交叉训练既可以保持心血管健康，又可以让身体得以休息。比如，瑜伽、普拉提、力量训练等活动有助于锻炼肌肉、加快身体恢复；游泳、骑自行车、椭圆机训练以及划船可以燃烧大量卡路里，改善有氧适能。另外，它们还有助于锻炼出一个强健的上半身，这对节省体力、提高速度很有帮助，而且在比赛的最后阶段、身体疲惫的情况下，可以帮助你保持良好的姿势。不幸的是，跑得好并不意味着做其他运动也好，因为它们调动肌肉和关节的方式不同。跑者一般上半身弱、柔韧性差、肌肉不平衡，所有这些都可能在交叉训练中导致身体受伤。因此，进行任何新的交叉训练时，要采取和公路训练一样的谨慎步骤：缓慢开始、逐渐增强以及请教熟悉该项训练的运动员和教练。如果参加团体健身课，那你要让教练知道你是跑步的，跑到什么水平了。如果要开始对力量进行一些强化训练，最好花钱请个私人教练上几堂课，以养成良好的习惯，确保姿势正确。

What it takes to... / 我是怎样……

减掉45公斤，并成为一名马拉松跑者

柏琳达·华纳（Belynda Warner），39 岁
得克萨斯州达拉斯人，企业主，有两个孩子
比赛经历：3 场全马，14 场半马
个人纪录：全马 6 小时 53 分，半马 2 小时零 7 分
“挑战赛”经历：2010 年旧金山半程马拉松赛

我还清楚地记得那个让我成为一名跑者的转折时刻。那是在全家开车旅行的路上，而我正热衷于吃快餐、吃特大袋的 M&M's 巧克力豆、喝大瓶的健怡可乐，却也为超重引起的健康问题而担忧。我在高中时曾是一名出色的短跑运动员，而且还定期步行，但由于两次怀孕以及久坐的生活方式，我超重 45 公斤 。我极度厌倦这种病态、疲累的感觉，而且意识到，自己惹的麻烦自己要能解决掉。于是我加入了减肥者的行列，不仅走路，而且开始跑步。由于跑步，体重自然会持续下降。刚开始比较困难，经常疼痛，但跑得越多，体重减得越多，我的感觉便越好，于是我继续跑步。2001 年，我走着完成了首场全马，那时体重 120 公斤。在跑第三场全马时，我的脚踝受伤了，但还是完成了比赛。我的跑伴是我 17 岁的女儿托莉。我们用跑走结合的方式完成了 8 场半马，而且我减掉了 45 公斤。和她一起跑步让我学到了很多东西——耐心、宽容、何时减速、何时加速、何时闭嘴。能和她一起庆祝人生中的重大时刻、一起分享赢得奖牌的喜悦，是件很快乐的事情。

注意姿势。刚开始跑步时，你不用太担心姿势问题，因为身体会自然地形成效率最高的跑步方式。我们自然的生物力学特性是由力量、柔韧性以及身体结构决定的。即便如此，在跑步姿势上注意以下几个基本点，可以让你跑得更舒服：

· **向前看。**盯着前方，不要看脚，这样可以让颈部和头部适当地成一线。

· **肩部放松。**两肩放低并放松，不要耸起来，特别是开始感觉疲劳的时候。肩部绷紧会消耗跑步所需的体力。如果发现自己肩部紧张，可以抖动双手、双臂来进行放松。

· **挺直身躯。**背部保持直立，与地面成90°。不要向前倾，除非上坡，因为这会导致下背部疼痛，而且会加速疲劳。

· **摆动双臂。**小臂与身体成90°左右，与腹部齐平。双臂配合双腿摆动。一定要前后摆动，不要在身前交叉。

· **轻握拳头。**双手呈松开的拳头状，手指轻触手掌。想象自己每只手拿着一张纸，但又不能把纸压坏，这样可以使上半身放松。

亚索800诞生记

作者：巴特·亚索

这一切要从1981年说起。那时，我25岁，正瞄着2小时50分的成绩——想取得波马的报名资格。每周，我都会上一次跑道，做下面的练习：跑800米，然后慢跑400米恢复；如此重复跑10次。最后我成功了：我跑出了2小时50分的成绩，取得了波马的报名资格。于是，这成了我全马训练速度练习的标准做法。

几年后，在翻看以前的训练日志时我发现，跑10次800米所用的平均时间等于我的全马完成时间。如果每个800米用时2分40秒，那我便会跑出2小时40分的全马时间。如果800米时间为2分50秒，那么全马时间就是2小时50分。1993年，在为海军陆战队马拉松赛训练时，安比问我的比赛目标，我告诉他我的成绩将会是2小时47分。“你确定？”他问。“那当然！”我说，然后把我这套方法给他解释了一遍。安比查看了我的训练日志，最后写了篇关于这套方法的文章，发表于1994年10月出版的《跑者世界》杂志，并将其命名为“亚索800”。我不得不说起初我被吓着了，担心这套方法对别人不管用，人们会怪我毁了他们的马拉松之梦。但是，亚索800流行起来了，而且不久后，参加任何一场比赛时，都有人向我走来，他们要么感谢我帮助他们实现了目标，要么向我抱怨这套方法对他们不管用。始终有人给我写信，感谢我帮了他们，但我并没有把功劳据为己有——都是他们自己的努力。比如，克里斯·麦基（Chris McKee），他采用亚索800的方法跑出了3小时20分的成绩，取得了波马报名资格。“每个人都会有一场具有里程碑式意义的训练，我的里程碑就是它。”

· 脚部动作。每踏一步，脚都要轻触地面——脚跟和中足之间落地，然后迅速向前翻滚。同时，脚踝保持弯曲，以产生更大的蹬离力量。当脚部翻滚至脚趾时，尽量弹离地面。

· 保持小步伐。双脚应该落在身体的正下方。如果小腿（膝盖以下）在身体的前方伸出，那么你的步伐就太大了，这样会导致受伤，而且会让你慢下来。如果步伐小一些，你的落地便能更轻缓，而且影响较小。想要缩小步伐，你需要想办法提高步频（stride rate）。计时一分钟，脚部每踏地面一次计一次数。如果你每只脚的计数结果低于 80，那你需要练习缩小步伐。通过练习，你会习惯用小步伐跑步。

热身和冷身。完成当天规定的跑量是挺难的，所以有人想省去热身和冷身的步骤。不过，花些时间慢慢开始并慢慢结束一段跑步训练，可以让你跑起来更轻松，而且有助于防止损伤。5 ～ 10 分钟的热身运动会逐渐提高心率和呼吸频率，让血液流向肌肉，为随后的训练做好准备。在热身最后进行跨步跑（strides）可以唤醒你的神经系统，让你的快肌纤维发力。而在训练末尾，以 10 分钟的轻松跑进行冷身可以让你的心率逐渐下降。高强度跑后如果身体突然停下来，血液便会涌向双腿，让你感觉头晕。

麦基说，“在我完成 10 组亚索 800 的那一刻，我相信自己可以实现这个目标。事实上，我的成绩的确是 3 小时 20 分，一分不差。”

这背后有什么奥秘呢？安比分析说，亚索 800 提供了一种很好的、“有内涵”的训练方法。它练起来有挑战性，但又不至于累得炸肺。这种舒适的高强度只会持续不长的一段距离。而且，因为它比全马目标配速快 50 秒，你会觉得比赛配速相对轻松些。另外，这种练法操作起来也非常简单。这里面没什么复杂的算法或唬人的数字需要处理，对没做过速度练习的人来说也是简单的。

不过，在这里我要第一个承认，亚索 800 未必一定管用。一开始你必须在每场训练中跑 5 次或 6 次的 800 米，然后通过一个训练季的时间逐渐增加到 10 次。不能就出去一次，跑上 6 趟，然后就觉得找到门道了。你还是得在全马训练时积累每周跑量、进行长距离跑、山地训练，等等。甚至即使这些你都做到了，要是你受了伤或比赛日赶上 32℃的高温天，亚索 800 还是帮不上忙。

然而，我认为亚索 800 所起的作用不仅仅是锻炼身体，它还会给你信念，让你相信自己是可以做到的。我强烈地认为，一旦把心放在比赛目标上，你就必须建立这样的想法：它是可以实现的。你必须相信自己的身体能够应对得来，然后为此展开训练。这样的话，即使比赛那天高温或出了其他状况，你也会有把握，因为你已经为实现目标做出了必要的努力。而且，能够在目标时间内完成亚索 800 也足以让你真正相信：是的，你可以做到。

选择何种热身方式很大程度上取决于你当天的训练内容。一般来说，计划跑得越快或越远，那么你应该热身得越久、越彻底。对于轻松跑，比方说6公里，你可能只需走几分钟，活动一下肌肉和关节，然后开始慢跑，接着便可以逐渐提速，直至达到目标配速。如果身体感觉疼痛或疲劳，则可能需要更长的时间来进行调整。

如果上跑道跑步，两三公里这样较长一点的热身可以让你更容易地达到目标配速，避免损伤。你还可以增加一些动态伸展运动，比如做一些像跳绳、高抬腿跑之类的练习，或进行跨步跑。

经常遇到的问题

我想跑得更快，但为什么训练时要跑得那么慢？

为了比赛时跑得快，训练时你也必须跑得快，这样说有道理吗？是的。但首先，你要打下有氧运动的坚实基础。跑步看起来很简单，但它是个不断学习的过程，而且需要反复练习，你练得越多才会越精通。当你在路上感觉越来越舒服、跑得越来越高效时，便能以更少的体力跑出更快的速度。以轻松的有氧配速跑步，比如达到最大心率的70%，能让你得到最大程度的练习，而且不会受伤。

“进行轻松跑的首要原因是为了不受伤。”东密歇根大学运动生理学家史蒂芬·麦格雷戈（Stephen McGregor）博士说，“轻松跑让身体从更高强度、更快速度的训练中恢复过来，为下次训练保持了活力。”

如果轻松日速度太快，那你会感觉太疲劳，也就不能全力投入高品质训练之中，而这些训练可以促使你的身体跑出从未有过的速度和距离。如果轻松日强度太大，那你会在速度练习和长距离跑中感到疲劳，从而失去让自己的体质更上一层楼的机会。另外，如果一直以高强度进行跑步，不给身体恢复的机会，那么你会有受伤、被累垮的风险。

除此之外，轻松跑还会带来很多重要的生理变化。

“通过以非常轻松的有氧配速进行跑步，可以为比赛日更快地跑步打下基础。”慈善组织“强健跑步”的教练、运动生理学家珍妮特·汉密尔顿（Janet Hamilton）说，“你是在改善有氧运动的基础，而这个基础决定了运动肌肉能量供给的质量和持续时间。”

比如，你的身体会生成更多的毛细血管，这样血液中输送的氧气会更多；你的每搏输出量，或者心脏每跳动一次所能泵出的血量会增加；你的身体受激发后，会产生更多、更大的线粒体——细胞的“发电厂”，产生跑步所需的能量。另外，有更多的肌纤维会被调动。肌纤维常分为慢肌纤维、快肌纤维和“可转换”快肌纤维（可以通过训练发挥快肌或慢肌纤维的作用）。当以轻松、有氧的配速跑步时，身体会调动慢肌纤维并把它们训练得更能抗疲劳。同时，快肌纤维会被训练得像慢肌纤维那样工作，而“可转换”快肌纤维也会受到刺激，在有氧运动下，像慢肌纤维那样变得更高效。

因此，最终会有更多的肌肉纤维为你工作，而且它们更能抗疲劳。

休息日可以跑步或进行交叉训练吗?

大多数跑者在激励自己方面没有问题。然而，当精力都集中在比赛目标上时，大家很容易就会忘了休息的重要性。如果没有足够的休息，你的身体便会开始崩溃而不是加强。无论你的目标是个人纪录还是只要参赛就好，身体的恢复都是个关键因素。在理想情况下，每周至少要有 1 天（可能的话有 2 天）可以完全休息，这样你的身体才有机会恢复。

如果一不锻炼你就坐立不安，那么也可以进行交叉训练，或者甚至可以轻松地跑上 3 公里——关键是保持低强度。

进行一些对身体不会造成冲击的有氧训练，如骑自行车、水中跑步或椭圆机训练，有助于加快恢复，同时能提高有氧适能。只是不要因为没有跑步，就在椭圆机上过度运动来进行弥补。休息日可以通过跑步来放松肌肉、消除惰性或呼吸新鲜空气、改善心情，但配速要保持在最大心率的 65% ～ 70%。只要运动量小、强度低，你还是可以得到恢复的。

另外，每周试着完全休息 1 天。1 天不跑不会让你退步，反而能帮你重新储存糖原、减少疲劳、增强体力。大部分损伤都是由于过度劳累造成的，因此，1 天的交叉训练、休息或轻松跑可以避免因受伤——比方说，髂胫束综合征——而导致的三四周的强制休息。

如果训练时没有跑过 21 公里或 42 公里，那么我比赛时如何跑完全程?

长距离跑应该有多长? 大家对此有各种各样的看法。在“汉森－布鲁克斯距离工程”给新手和高级跑家提供的方案中，最大距离为 25.6 公里；有些教练让选手在训练中跑 42 公里全程。那样做当然可以增强信心，但在《跑者世界》，我们不那样做。大部分的全马训练方案以 32 ～ 40 公里封顶。我们认为赛前你至少应跑两个 32 公里，在迫不得已的情况下，你可以少跑些。

不用跑全程的原因在于“比赛日的神奇魔力”——这是真实存在的现象，而且是非常强大的现象。在比赛日，你身强体壮，而且经过了减量阶段。幸运的话，天气会比你训练时要好——不会是炎热的盛夏或是严寒的冬季。赛道两旁有观众在加油鼓劲，而且赛事组织者会在沿途设置大量的救护站。比赛要比预演——训练时的长距离跑容易得多了。

长距离跑的目的应该是增强耐力，而且不是把自己逼到“悬崖”边上致使受伤。这就是你可以跑得短一些，从而保持更健康一些的原因。跑的时候配速要比目标比赛配速慢 39 ～ 75 秒，要在一个舒服的、让你自己觉得能永远跑下去的配速上。你当然不可能永远跑下去，因为到最后糖原会消耗完，肌肉会变得疼痛。但是，配速应该保持平稳、舒适。要是和一两个朋友一起跑，你应该可以和他们边跑边正常聊天。

我怎么知道自己的跑姿是否需要纠正?

从极简主义跑步热潮到太极跑、姿势跑法的流行，越来越多人在设法纠正自己的跑姿，希望减少损伤、提高成绩。

每种跑姿流派都有自己的拥趸，他们宣称自己的方法具有神效。但专家认为，没有研究能充分、明确地表明哪种方法可以预防或导致损伤。“这些方法中没有一种是终极方法，也没有一种是完全有害的。”生物力学家里德·费伯（Reed Ferber）博士说。他是卡尔加里大学副教授、跑步损伤科主任。实际中最大的问题是，跑者迫切希望得到快速纠正，于是对跑姿进行大幅度改变，结果伤了自己。

“没什么良方可寻。”费伯说。人的跑步机能是由某些肌肉的力量、柔韧性以及身体构造决定的。试图改变其中一项而不顾及其他，“最后只会让自己受伤”，他警告说。

因此，如何确定自己的跑姿是否需要纠正？费伯认为，只要你跑得舒服、没有受伤，就没理由认为需要纠正。他提到：“东西要是没破，就不用去修。”

没有哪种方法能单独让你跑得更快，他说。这时便要遵循聪明训练的原则：逐步增加里程和速度，给自己充足的休息时间以适应训练压力。

如果你确实想试试改变姿势，那么在用新的跑法试跑时，跑量要减半、速度也要降低。因此，如果平时每天以6分钟的配速跑8公里，那么要降到每天4公里、7分半的配速。之后如果感觉不错，再把跑量和速度以每周10%的幅度加回来。要先在跑步机上试跑，这样你就不需要注意像路牙石、路上的坑之类的障碍了。一旦转到户外，跑量要再次减半，速度也要再次降低，然后逐渐增加。

如果受了伤，最好的办法是去一家跑步诊所或看运动医学医生，他们可以评估你的步态、力量以及柔韧性。他或她能建议你穿什么样的鞋来获取需要的支撑，以及做什么练习可以克服肌肉失衡。

我从没做过速度练习，也没办法上跑道。我怎样才能跑得更快？

对于大多数人来说，“速度练习”这个术语激起了他们对体育课的难忘回忆，而谈到快速跑步，他们总是与身体上的疼痛和恐惧联系起来。但是，没必要把它当成大问题。首先，你并不一定非得需要跑道，你也可以在一条平坦的公路上进行快速练习。首场练习可以弄得有趣、简单、随意些，随便找个地方都行。以法特莱克训练法（fartlek）开始——“fartlek”是个瑞典语词汇，意为“速度游戏”。对于这些练习，你可以随意选择距离和速度。很多伟大的运动员，包括奥运会奖牌获得者、芬兰人拉塞·维伦（Lasse Virén），都通过这种方式进行速度训练。刚开始时不要考虑总距离或配速，只要集中注意力，更多地跑出舒服但比平时速度快的步伐即可。在开始进行法特莱克训练之前，一定要以10～15分钟轻松跑作为热身。接着，挑个电线杆、邮筒、红绿灯或前面的任何其他地标作为目标，然后跑向它。或者，你可以选择一段时间，比如30～60秒，然后在这段时间内跑得快些。在跑的时候，注意放松身体，不要耸着肩膀。首次训练进行2次或3次法特莱克训练，过几周增加到6次，每两次之间间以轻松跑。

长距离跑之后我好累，这是否意味着我还没做好比赛的准备？

不一定。长距离跑是跑量累积过程的一部分，随着每周跑量的增加，身体会得到越来越多的锻炼。出现累积性疲劳是正常的，阿里·莫尔纳（Ali Molnar）说。她是一名跑步和铁人三项的教练，来自密歇根州拉丁顿市（smithsports.us）。“但如果你累到几乎走不动路，那就要调整配速了，而且起步的时候要再慢些。”她说。不过别忘了，你的减量阶段，还有比赛的盛大场面，都会让你恢复活力。“你会拥有额外的能量，还有比赛所带来的肾上腺素激增以及心理上的振奋。”莫尔纳说。

在累的时候如何保持跑姿？

梅根·肯尼罕（Meghan Kennihan）是芝加哥地区的跑步教练，他的全马成绩为 2 小时 55 分（trainwithmeghan.com）。他说过，“人在疲劳的时候会有三大不良姿势：胳膊松弛、身躯不稳、步伐拖沓”。听起来耳熟吗？要纠正这些错误，可以在长距离跑或速度练习之后进行下面的练习，以训练身体在体能耗尽时也能保持正确姿势：首先，每只手握一个 1～2 公斤的哑铃，高抬腿、双臂夸张摆动，小幅向前跨 10 步；接着，双手仍握着哑铃，高抬腿、双臂正常摆动，快速向前跑 10 步；然后重复 10 次。肯尼罕说，夸张的动作可以强化正确的摆臂姿势，加强腹肌力量，从而更好地保持上半身的稳定，还可以增加下肢力量和柔韧性，消除步伐拖沓的现象。

大部分的全马训练我只能在跑步机上完成，这会对比赛造成什么影响？

跑步机训练是很好的塑身方法，但不是马拉松训练的最佳方式，因为你的大部分跑步都是在一个较软的平面上完成的，而比赛时的路面要硬一些。换句话说，在比赛路面上，你的双腿可能要受累并最终不听使唤。尽你所能地到外面去，以你计划的配速进行跑步。另外，可以把跑步机设定为负坡度，然后在 −2% 的坡度下做几个节奏跑或全马配速跑。这样会增加身体承受的冲击力，从而强化腿部力量，为扛住比赛强度下的压力做好准备。

INTEGRATING TRAINING INTO YOUR EVERYDAY LIFE

03

让训练融入日常生活

挑战者们最常问的一个问题是：是否坚持训练方案？我换一天进行长距离跑行不行？我用6公里跑代替8公里跑，这样还是能够参赛的，对吗？

在大部分情况下，答案是肯定的。

事实上，全马、半马训练方案是为了让人们做好身体上的准备，以完成跑完全程这个挑战，但它们并不涉及你的生活这个现实问题。在这2个或4个月的时间内，你可能必须加班、照顾生病的孩子，或遇到大雪封门、度假等情况。这就是生活，但任何训练日程都不包括生活。

这就是你要面对的。要健康地站在起跑线上并实现跑到终点的目标，关键是在日常生活

Amby's Advice 安比的建议

你可以把训练日期换来换去，基本原则里没有必须在周末长跑或周三练速度这条。你可以根据需要来调整训练，只要确保不会马不停蹄地进行高强度训练。例如，不要把速度练习安排在长距离跑的前一天。另外，任何高强度训练之后都要安排几天轻松跑或休息，这样你才不会受伤。

中发挥训练计划的作用。我们都是真实的人，都有繁杂的生活，而生活和十几周的训练并不完全合拍。我们需要重新调整各项训练，甚至要完全砍掉一些项目。有的时候，你想尽办法也只能来个 6 公里轻松跑；而有的时候，你只能走捷径。找个训练搭档或加入跑步小组有助于坚持计划，但是你需要一套全新的技巧来和他们相处。

"训练应当融入日常生活之中，" 奥兰多 "跑道小屋" 基金会训练项目的教练、《跑者世界》网站 "新手专栏" 作者苏珊·保罗（Susan Paul）说，"即使你不得不分次进行或换个日子，也总比一点不跑强。我们要摆脱那种 '要么全做、要么全不做' 的想法。"

挑战赛参赛者们想尽各种方法来参与训练，他们不断让我们感到惊讶。瑞恩·劳伦斯（Ryan Lawrence）—— 一名加拿大空军工程师，在刚开始为 "飞猪" 马拉松赛进行训练时，便被派遣了出去。于是，他绕着船上的飞行甲板完成了大部分的跑步训练。他在船上最长跑过 19 公里，也就是 290 圈。挑战者特萨·罗宾逊（Tessa Robinson）在为 2009 年美国海军陆战队马拉松赛而训练时，只能在半夜进行长距离跑，因为关岛的白天非常炎热。尼尔斯·达林（Nils Dahlin）是一名来自特拉华州的核电站培训师，他跑了 10 个 24 公里及以上的距离，而且完全是在跑步机上完成的。

本章将指导你如何在实际中运用第 2 章中所学的训练原则。你将了解如何在一天的任何时间进行有效的跑步训练，并且还将得到一些如何在工作和生活中玩转马拉松训练的秘诀。另外，还有很多挑战者的成功案例可供借鉴，看看他们做了什么、如何在比赛日实现目标。

一切在于把握时机

一天中跑步的最佳时间是什么时候？就是你能跑得最连贯的时间。

对于托德·波洛克而言，凌晨 4 点半是他唯一能用来跑步的时间。在那之后，早晨 7 点半他得把孩子送去日托，然后去工作，晚上得和孩子们聚在家里。斯科特·法利（Scott Farley）——美国国家海洋及大气管理局（NOAA）的一名律师，在午饭时间跑步，已经坚持了 20 多年。这让他在下午感觉精力充沛，而且下班后还有精力看孩子们比赛和训练。科琳·菲茨帕特里克（Colleen Fitzpatrick）很享受晚间跑步带来的放松感觉。"消耗了卡路里，我感觉很舒服。一天就这样过去了，" 菲兹帕特里克说，"我并不急着跑完。忙了这么长的一天，我终于有个机会给自己减减压。"

跑步数据一览

你是否完全按照训练方案进行跑步？

- **一直：19%。如果计划要跑 14.8 公里，我就跑 14.8 公里……正好。**
- **经常：49%。只要有进步，我就很高兴。**
- **有时：16%。唉，总会有意外。**
- **很少：7%。我可是有着自由意志的人类——不是台机器！**
- **从不：10%。我的 "计划" 就是：想跑多少跑多少。**

资料来源：runnersworld.com。

从生理学角度来看，在下午和晚间早些时候，人的状态最好。为什么？因为人的速度、力量以及运动机能都和人体温度相关，温度越高，表现越好，而下午4点到晚上8点之间，或起床约10小时后，体温能达到峰值。

即便如此，这种高体温带来的好处也会被一系列因素所抵消：你的饮食状况、训练前的疲劳程度、下午会议拖了多久，甚至是否轮到你开车。压力对你训练开始前的感觉起到重大作用。得梅因大学运动生理学家朱莉亚·莫菲特（Julia Moffitt）博士认为，如果这一整天你的压力都很大，那身体为了应对压力会分泌应激激素，比如皮质醇和肾上腺素。

当这些应激激素释放出来后，人体会分解储存的糖原、脂肪以及蛋白质来为对抗压力提供能量，这就意味着用于跑步的能量会减少。“虽然你还没有锻炼，但紧张的一天也会让你‘断了电’。”莫菲特说。

下面我们将列举在一天的不同时段进行跑步的收效和可能遇到的障碍，以及一些如何克服障碍的小窍门。如果习惯早晨跑步，但现在不得不转到下午——或者相反，那么你要给自己3～4周的适应时间。

早晨

收效： 除了睡觉，凌晨5点你没有任何其他事情要做，不用开会、做饭、忙差事……清晨是个很好的时间段，可以保证你能完成跑步，不管那天接下来有多忙。

障碍： 疲劳、彻夜狂欢、想关掉闹铃的冲动……这些都有可能扼杀你的晨跑。一旦你真的爬起来了，恐怕还得花些时间放松筋骨、热热身，因为你的身体整晚都处于“节能”模式，血压、心率以及体温在早晨都处于低谷。

如何克服： 前一天晚上，将咖啡机工作时间设定在起床之前；在门边放好你的衣服，这样你就不用摸黑翻箱倒柜地找衣服，也不会把其他人吵醒；和别人约好一起跑——意识到还有人在等着你，你想不跑也没那么容易；睡觉前半小时要关掉电脑和电视；起床后在灯光明亮的屋子里穿衣服——当光照进眼睛里，光线会刺激松果体，抑制分泌让人发困的褪黑激素。

最佳状态的饮食： 前一天晚上吃一些消化慢的淀粉质食物，或者在出发前吃一些零食，补充100～200卡路里。水果酸奶、苹果汁以及燕麦片都是不错的选择。

[WHAT WORKS 成功案例]

清晨跑步

托德·波洛克，42岁，宾州塞勒斯维尔人；IT业务分析师，有两个孩子；
9场全马；个人纪录：3小时19分；“挑战赛”经历：2009年费城马拉松赛

如果你只能清晨跑步，那慢慢来。每天早起5～10分钟，将咖啡机定在凌晨4点。这样，每天清晨你都能闻着新磨的咖啡香味醒来。不管做什么都不要打开电脑，因为你很容易就陷进邮件和社交网站中，结果只能少跑点步。

中午

收效： 午间休息能让你在下午更有效率，免得下午 3 点趴在桌子上打瞌睡。这是一天中褪黑激素（促进睡眠的激素）水平最低的时候，也是人最清醒的时候。在 2005 年一项发表于《运动训练医学和科学》（*Medicine and Science in Sport and Exercise*）的研究表明：当中午安排锻炼时，工人的情绪、生产率、工作质量以及在规定期限完成工作的能力都有显著提升。

障碍： 不期而至的会议以及其他突发状况都会妨碍你跑步。即使没有这些障碍，你也会因继续工作的强烈诱惑而未能跑成。

如何克服： 把跑步和重要会议都排进你的日程，并设定跑步前 15 分钟提醒；把健身包放在显眼的地方作为提醒；和办公室里的某个人约好一起跑；在桌子上放一些比赛号码、名言警句或照片之类的东西来激励你出门。

最佳状态的饮食： 早餐一定要吃一些富含碳水化合物的食物，比如燕麦片或全麦面包；跑步前两小时吃一些零食，如能量棒或酸奶，补充 200 卡路里；跑完步摄取一些蛋白质，以帮助身体恢复。

下午 / 晚间早些时候

收效： 一天中的晚些时候，人的体温、血压以及心率都处于高峰，这正是肌肉状态最好的时候。

障碍： 如果已经紧张一天了，那你可能会感到筋疲力尽，更想倒在沙发上而不是在路上。如果没吃东西，那你的血糖可能会陡降，这时你很难做到精力充沛地去跑步。

如何克服： 在办公室换好衣服，不回家，直接去健身房或上跑道；加入一家健身俱乐部，这样在下雪或路面结冰、户外跑步不安全时，可以在跑步机上跑。

最佳状态的饮食： 跑步前 1 小时吃一些零食，补充 100 ～ 200 卡路里；一定要有蛋白质类食物，这会让你有饱腹感；还要有健康的复合淀粉类食物。跑完步，你可能没感到

[WHAT WORKS 成功案例]

中午跑步

斯科特 · 法利，43 岁，马里兰州贝莱尔人；NOAA 律师，有两个孩子；两场全马；个人纪录：3 小时 37 分；“挑战赛”经历：2010 年海军陆战队马拉松赛

我在 6 点半左右就开始工作，这样中午就可以休息 1.5 小时，而且下午 4 点左右便可以下班，去看孩子们比赛和训练。11 点到 13 点之间，其他人要么吃饭要么健身，很少在那段时间安排会议。即使如此，很多事情还是会造成妨碍——开会、会议电话、和同事吃午餐，等等。你需要保持弹性，但坚持原则也很关键：推开椅子，起身，走人。如果不给跑步绝对的优先权——几乎和工作同等重要，那你只能完成一半的训练项目。让办公室里所有身处要职的同事都知道你的日程安排，这样可以避免冲突。早上要保证进食及饮水，这样你才有精力出去跑步。

What it takes to... / 我是怎样……

减掉45公斤，并让慢性病症消失

克里斯托弗·桑福德，33 岁，弗吉尼亚州纽波特纽斯人；系统数据库工程师；
比赛经历：14 场全马；个人纪录：4 小时零 8 分
“挑战赛”经历：2009 年里士满马拉松赛

我从小便患有图雷特综合征，这个病让我的身体十分虚弱，而且使我深受药物副作用的折磨，但马拉松训练把我从中解放了出来。图雷特综合征会导致不自主地发声性抽搐、甩头、发哼声、咳嗽以及痉挛。我在童年时期便因此备感孤独。药物的副作用更糟：偏头痛、精神不振、新陈代谢缓慢，还有眼前总像是罩了一层浓雾。2006 年，体重达 136 公斤的我开始跑步。2007 年，我完成了人生第一场马拉松，成绩为 5 小时 26 分；之后又完成了 13 场马拉松，个人最好成绩为 4 小时 08 分。通过训练，我减掉了 45 公斤，但更重要的是，我从困扰已久的疾病和药物中解脱了出来。当第一次停止服药时，我就像看到了一个全新的世界：一切都那么生动和充满生机。没有跑步，我不可能达到这一步。跑步给了我掌控和自由的感觉。当肥胖的时候，我并没有意识到自己在经受多大的痛苦——整天面对它早就习以为常了。跑步和健身让我的信心大增。我能成功减肥及跑完马拉松，充分说明：有志者，事竟成！

饿，但还是要补充营养。可以试试煲一碗加了豆类的汤，或喝杯巧克力牛奶。

和他人一起跑

找一群人或一个跑伴可以改善你的跑步生活。和别人的约定能够让你走出家门，要不然你可能就待在家里了。在一个群体里，你可能比独自一人时跑得更快或更远，还可以安全地探索自己发现不了的新线路。跑得久了，认识的人可能会成为一辈子的朋友。不过，去见一个人或一群人，可能是件令人想而却步的事

[WHAT WORKS 成功案例]

下班后跑步

科琳·菲茨帕特里克，38 岁，宾州博耶敦人；项目经理；
9 场全马；个人纪录：4 小时 54 分；“挑战赛”经历：2009 年纽约马拉松赛

中午多吃点，这样你在后面才有力气跑步。跑前 1 小时一定要吃些东西，这样才有时间消化，而你才有体力强劲地完成跑步。早晨出门前把跑步装备放好，下班回到家尽快换上。

情。去之前，请记住下面的内容：

比较一番。有些跑步团体强调竞争，对待速度很认真；而很多其他团体则更社交化，跑者水平参差不齐。有时你会想跑得轻松点，而有时则希望有人能鞭策你超越自己、走出“舒适地带”。当地的跑步俱乐部一般都有各种训练项目以及全马和半马训练计划。在你出门和一群人跑步之前，最好联系其中的某个人，了解一下他们一般的配速和距离是多少，尽量找配速和你差不多或更慢的。艾米·卡茨（Amy Katz），40 岁，是一名来自加州欧文市的房地产会计师。她参加了两个不同的俱乐部，这样只要愿意，她一周 6 天都可以和别人一起跑。其中一个俱乐部的人的水平参差不齐，而另一个里面有更多高水平、竞赛型的跑家。“如果哪晚我不想跑步了，”她说，“一想到还要与人见面，我就得出门。”

外向一点。能有机会放松、进行社交，常常是吸引人们加入团体跑步的原因。因此，就像刚加入一场聚会那样，大大方方地介绍你自己、问你想问的。那些常客们看到一张不熟悉的脸时，大都会伸出手欢迎。每个人都曾在某个时候当过“新人”。

BART SAYS...
巴特如是说

跟上了，别落下

当看着人群远远地消失时，人们很容易会泄气。毫无疑问，这很难受。但是记住，所有跑在你前面的人都曾在某个时候当过新人——而且当年可能跑在后面，所以每个人都尝过你现在的滋味。没有人一开始就领跑，你必须找到自己的位置。只要跟得紧，就会有进步。大多数跑步队伍对新人是支持和鼓励的。要是这支队伍的氛围太紧张了，就试试另一支。只有在一群人里跑得很舒服，才会鼓舞着你坚持和他们跑下去。只要坚持下去，不知不觉地，你就不再是跑在最后的那个人了。那时，你就能去帮助其他刚鼓起勇气加入队伍的新人了。

INSIDE RUNNER'S WORLD 《跑者世界》编辑如是说

詹妮弗·范·艾伦，37岁，特别项目编辑，宾州费城人

经验教训：出发前搞清楚要去哪儿。

第一次参加团体跑步，我去了附近的一家跑步俱乐部，因为它的广告上说的是“5 公里轻松跑”。那天，来了 6 个男的，全是叔叔辈的——从我出生时他们就在一起跑步。他们问我 5 分 8 秒的配速可以不，我硬着头皮说“可以”，虽然这样的配速比我之前跑过的每英里足足快了 2 分钟。第 1 公里，我气喘吁吁地跟着他们。第 2 公里，我落在了后面。第 3 公里，我看不到他们了。我刚搬到那个地方，人生地不熟，于是绝望地在街上晃荡。3 小时之后，我终于找到了回家的路，此时已经疲惫不堪、口干舌燥，内心十分屈辱。“你去哪儿了？”我丈夫问。我只是摇摇头，哭着说：“我也不知道。”从此以后，在打算跑一条路线之前，我都会沿路开车逛一圈或在地图上标出来。

自造山地

山地跑有助于打造健康的肌肉和心血管系统，从而为更正式的路上速度练习做好准备。那么，要是你所在的地区地势平如煎饼，该怎么办呢？

你可以在健身房的设备上，通过控制坡度模拟出山地效果。大多数跑步机和椭圆机已经预设了山地程序，可以设置出不同的上坡路和下坡路，以供训练。

如果不想在室内待着，那你还可以在户外找到一些人工坡道。来自佛罗里达州塔拉哈西的挑战者彼得·考斯（Peter Kaus），利用佛罗里达州立大学体育场里的斜坡进行跑步。“那些斜坡通向体育场高处的看台，够长、够陡，用来作跑坡训练还是蛮不错的。”考斯说。他以 1 小时 25 分完成了多伦多半程马拉松赛。

每周，来自佛罗里达州圣奥古斯丁的本·皮诺（Ben Pineau）都会在跨度为 1.6 公里的韦拉诺桥上进行重复跑坡训练（hill repeats）。他以最快速度的 90% 跑到桥顶（垂直高度差不多 21 米），然后恢复性慢跑到另一边，这样重复 6 ～ 10 次。“就像是在跑一座连绵不绝的、坡度不变的山一样。”皮诺说。他是一名医生，有两个孩子。

这么做似乎很有效。

自从两年前开始跑这座桥，他已经收获了 1 小时 36 分的半马个人纪录、19 分 35 秒的 5K 个人纪录，并以 3 小时 15 分完成了波士顿马拉松赛。

“速度练习结合桥上练习，我觉得这确实让我的跑步成绩明显提高了。”他说。

这里还有一些小提示，可以帮你因地制宜地进行山地训练：

台阶：沿着体育场台阶上下进行重复跑。注意脚步，一定要抬起膝盖——别摔着。

桥：你可以在通往桥的路面上、一直到桥的中间，进行一些有挑战性的攀爬；而且，

[WHAT WORKS 成功案例]

找个训练搭档

丹尼丝·朗霍夫（Denise Langhoff），44 岁，路易斯安那州马里恩人；信贷研究分析师，有 3 个孩子；5 场全马；个人纪录：3 小时 45 分；“挑战赛”经历：2009 年里士满马拉松赛

找个跑伴确实比找对象难多了。在你所在区域找当地的跑步俱乐部、跑步用品店。一群人来了，大家一起跑，但不久便有点分群了。多听听别人在聊些什么。你听的时候看看谁在说，你说的时候看看谁在听；你不想参与讨论时，看看谁把人拉到一边去聊。你会和跑伴相处很长时间，所以你们要能互相理解、性格相容，在幽默感方面有着共同之处。更重要的是，你们的跑步速度得相近，目标要相似，日程上都能安排出时间一起跑。还有，和搭档一起跑你必须学会变通。要是你们俩有谁需要做些调整，得两个人都愿意才行得通。

当横跨这座桥的时候，你必须克服风的阻力，这有助于你为刮风的比赛日做准备。

坡道： 停车场的坡道可供进行很好的山地训练，只是要注意来往的车辆。你可能需要佩戴头灯及反光装置来提醒司机。

跑步机： 调整跑步机的坡度来模拟上坡训练的感觉；查看比赛地域的海拔高度图，用跑步机的坡度按钮尽量模拟出比赛中的地形变化；或者可以参考“跑步机上的山地”中的锻炼方法（见右）。

跑步机上的山地

此锻炼方法由《跑者世界》“起跑线”专栏作者、奥运选手杰夫·加洛韦（Jeff Galloway）所创。

- **开始热身 3 分钟（或更长）。**
- **坡度提升至 2%，跑 1 分钟。**
- **坡度提升至 4%，跑 1 分钟。**
- **坡度调回至 0%，跑 1 分钟。**
- **坡度提升至 4%，跑 2 分钟。**
- **坡度调回至 0%，跑 1 分钟。**
- **尽量重复以上步骤。结束后，以舒适的速度跑 3 分钟，恢复身体。**

资料来源：Condensed Hill Run Workout。

长距离跑的捷径

在备战 2010 年多伦多马拉松赛时，鲍勃·戈特利布（Bob Gottlieb）遇到了很多跑者都会遇到的状况。那就是，他有 29 公里要跑，但没有时间。妻子出城了，孩子们的运动安排又很满，他就是没时间跑这 29 公里。于是，他不是一次性跑那么长，而是以接近马拉松的配速跑了一个 19 公里，第二天又以稍快些的配速跑了一个 16 公里。

“我觉得这样跑一点也没伤着我，”戈特利布说，“我需要长距离跑以增加信心，但这种临时的替代方法也还好。”比赛那天，他跑出了 3 小时 7 分的个人最好成绩。

的确，长距离跑对提高耐力、效率以及比赛的自信都很关键，但现实是，想空出三四小时来跑步不会总是那么容易，跑完了还要有吃

[WHAT WORKS 成功案例]

在平地上打造出你自己的山地

安德烈娅·迈洛伊德（Andrea Myloyde），44 岁，密歇根州底特律人；公司主管，有 1 个孩子；3 场全马；个人纪录：4 小时 30 分；“挑战赛”：2009 年纽约马拉松赛

我尽一切可能不去碰跑步机，但我家附近又没有什么山。于是，中午休息的时候，我会跑到一个很少有人用的停车库——离办公室几公里远。从下到上一共 1.1 公里，我用尽全力跑 4 次。我的天！跑到顶上的时候，臀肌真的有灼烧感。有时我会选择楼梯，跑 7 ～ 12 层，每层大概 16 级。跑楼梯时，我不大注意配速，更多的是根据心率来确保身体处于有氧门槛附近。我的理论是，现在的训练强度这么大，以后跑山路应该会很轻松。

东西、冰敷痛点、洗澡的时间。天气、社交活动或出差都会成为阻碍，这太经常不过了。

不过好消息是，有时将就一下也没问题。没法完成最长的长距离跑，你可以增加16～22公里跑的次数和强度，这样也可以取得同样的效果，而且受伤的风险比筋疲力尽地跑一次要低些。

东密歇根大学的运动生理学家史蒂芬·麦格雷戈博士认为，以较高配速、马不停蹄地完成两次16公里左右的中距离跑，与以较慢配速、较长距离地跑完2～3小时相比，跑者在体能消耗效率方面的收益类似。

“从新陈代谢的角度来说，如果以较高强度跑完较短距离，身体基本的适应过程应是相同的。”麦格雷戈说。第二次跑的时候，你会感觉疲劳，就像长距离跑的后半程那样。虽不会像一次性完成长距离跑那样累，“但双腿不像没跑过那样有力了”。

关键是，他补充道：“前一次跑要足够稳健，这样你才有耐力完成后一次跑。”

即使如此，最好不要总走捷径。你只能通过一次持续的长距离跑获得某些收益、做好赛前准备。比如，完成长距离跑所取得的信心，还有达到并撑过身体低点的经验，这些信心和经验会在比赛的最后几公里对你有巨大的帮助。

“如果不经常进行长距离跑，那你可能就不知道极点在哪儿，”麦格雷戈说，“如果你从没在30公里跑中突破过身体极限，那很多时候你的经验显得有限；反过来，它会限制你的发挥。”

双跑

对于很多跑者来说，找出1小时进行周中跑步都很棘手。除了工作、上下班、拼车，还

INSIDE RUNNER'S WORLD 《跑者世界》编辑如是说

马克·雷米（Mark Remy），42岁，《跑者世界》网站执行编辑，《跑者规则手册》（*The Runner's Rule Book*）和《跑者现场手册》（*The Runner's Field Manual*）作者，宾州阿伦敦人

经验教训：接受来自同伴的压力。

面对那些哄我中午出去跑步的同事，我已经把自己训练成只说“好啊”。因为根据经验，我几乎从没后悔跑过的步，而几乎总是后悔没跑成的。当同事身体不舒服或太忙时，我也去哄他们。我们之间形成了这种不成文的规定，像是某种“站起来”互助小组。去找能互相激励的人吧。如果发现其他人都出门了或者在等着你，那你就没那么容易不去跑步。当然，最保险的是让老板加入。如果老板在穿跑步鞋，那你大可放心地跟着做。

我能想到的唯一不足是，其他同事会觉得你疯了，或者更糟——“耍大牌”，因为你竟然要求重新安排午间会议的时间，好让你去跑步。对了，还有一点，如果你有“出剩汗”的毛病，那即使冲完澡，回到办公桌前身上还是会湿漉漉的。我就有这毛病。

要休息、就餐，就是很难挤出时间来跑步。很多人采用一日两跑（双跑）的方法来积累跑量，这对他们来说还算自由。研究表明，任何一种跑步方法，如果增加时长和强度，都会带来同样的健身效果：减少脂肪、提高最大摄氧量以及改善肌肉张力。

埃德·艾斯通（Ed Eyestone）是一位运动生理学家，杨百翰大学越野队教练，《跑者世界》“快速道”专栏作者。他在整个职业生涯中都坚持一日两跑。“你习惯了在疲劳中训练，”他说，“但如果补足体力并充分休息，你就能跑出不错的速度。”

不过，一日两跑的训练方法的确需要稍微计划一下。晨跑必须够轻松，这样下午才不会太疲惫。关键是，下午跑步前要喝水、休息、补充能量，这样你才能跑出目标配速。下面是艾斯通总结的一些技巧，能让你的双跑发挥作用：

循序渐进。可以先进行一周两次的双跑训练。一开始，增加训练的时间可以为 20 分钟。这样，主要训练的时间可以减少 10 ～ 15 分钟。逐渐适应之后，主要训练可以恢复到原来的水平，而且加量可以延长到 40 分钟。一旦这样也没问题，那你就可以根据自己的需求持续进行双跑。但要注意，每个阶段至少要花两周时间，然后增加跑量。

正确地恢复。训练间隔至少保证 4 小时，这样你可以进行休息并储存糖原。跑完首场之后，一定要补充水分，而且 30 分钟内至少补充 500 卡路里，以加快恢复。

听从自己的身体。对疼痛保持警觉，并且要不断调整训练“套餐”，找到最适合你的方案。当下午有高强度训练时，很多跑者喜欢在早晨增加一场轻松跑，因为轻松跑可以为后面的高强度训练放松腿脚；而有的人倾向于在轻松日加跑。

错过训练

几个月的时间对训练来说算是长的，而且在此期间，肯定有生活、拼车安排、老板、孩

INSIDE RUNNER'S WORLD 《跑者世界》编辑如是说

蒂什·汉密尔顿（Tish Hamilton），50 岁，执行编辑，新泽西州伯纳兹维尔人

经验教训：仔细计划你的长距离跑。

你在备战一场马拉松赛，而孩子太小，丈夫又在备战铁人三项。在这种情况下，你必须提前安排好时间，不仅是长距离跑的时间，还有跑后冷身、冲凉、进食等的时间。否则的话，你一进家门，就会被各种事情绊住：正疲惫不堪时，孩子要你蜷起腿脚一起在“公主城堡”帐篷里做游戏；正冲凉时，你 5 岁的孩子尖叫着要和你一起洗；正补充体力时，有人要分你的煎蛋三明治吃——基本上不到深夜别想休息。谁要能想办法小睡片刻，那算是意外的收获了。要是你的孩子还处在经常小睡的年龄，不要用这段时间进行长距离跑，要趁机抓紧时间休息。这对又要工作又要跑马拉松的父母来说是非常重要的，因为一旦孩子醒了，你就再也没有坐下来休息的时间了。

子或者天气就是不合拍的时候。很多跑者在邮件里表示抓狂，说他们错过了1次、2次、5次——或者更多次训练。“是不是前功尽弃了？”他们问，“我还能完成比赛吗？我还能实现目标吗？”

在大部分情况下，答案是“可以”。生活中的种种干扰通常藏着好事，正因为它们，你才有了额外的恢复时间，并在下次锻炼前保持活力。“这也正是医生所嘱咐的。”美国运动协会首席健康专家塞德里克·布赖恩特（Cedric Bryant）博士说，“跑者往往正处于过度训练的边缘。于是，出差的那周给了他们恢复的时间，而回来之后他们跑得比以前更好。”

出于负罪感或者担心丧失水平，有人试图突击跑完落下的里程——这种做法风险更大。比方说，将短距离跑的长度翻倍，或提高强度，试图以此补足训练量——那你离受伤已经不远了。

那么，当你错过某场训练时该怎么办？还有，什么时候可以确定你的目标已遥不可及？

这取决于你错过了多少场训练、什么样的训练、什么时候错过的以及没跑的时候你采取了何种训练方式。如果是因伤退出训练，那么你必须根据自己的身体状况和医生的嘱咐来决定如何重新训练。

布赖恩特认为，通常如果一周完全未锻炼，那可以用2～3周来恢复至之前的健康水平。研究表明，休息2～4周之后，最大摄氧量会减少约10%，柔韧性开始下降。另外，乳酸阈配速（乳酸开始在血液中积累时的配速）也会降低。

What it takes to... / 我是怎样……

戒烟，并成为一名马拉松跑者

杰西卡·威利斯（Jessica Willis），43岁，马萨诸塞州皮茨菲尔德人；高中语文教师

比赛经历：10场全马；个人纪录：5小时零4分

“挑战赛”经历：2009年哈特福德马拉松赛

1984年，16岁的我观看了奥运会女子马拉松赛。我记得当时看到了琼·贝努瓦·萨缪尔森（Joan Benoit Samuelson）跑进体育场，也看到了瑞士选手加比·安德森·希斯（Gaby Andersen-Scheiss）跌跌撞撞地最后一个到达。加比已严重脱水，几乎不能行走。她刚跑完42.195公里，没有赢的希望，但是，这不重要，她完成了比赛才是唯一重要的。我那时还没领悟跑这么长的路有什么意义，但我觉得她的拼搏是如此壮美。这种印象始终留在我的脑海。2004年，我已经抽了20年的烟，每天两包，身体有点超重，而且一笑就咳嗽。我得了病毒性肺炎，几乎喘不上气。我找来各种理由不去锻炼——什么我太胖了、太老了或根本没希望，等等，但生病却让我感到害怕。我厌倦了用香烟来自杀。当把最后一支烟掐灭时，请参考下面的问题来判断你是否已错过太多的训练，以及是否需要重新设定比赛目标。

你错过了多长时间的训练？ 一周没有跑步一般不是问题，但两周以上就很难再回到正轨。这是因为你可能需要4～6周的时间来重建失去的体质，帕蒂·芬克说。她是一位运动生理学家，还是俄勒冈州队的教练。对于超过两周没训练的人，她会建议他们调整比赛目标——要么降低比赛预期成绩，要么报名参加后面的比赛。“比赛多的是，”芬克说，“与其在准备不充分的条件下进行比赛，不如换场比赛。”对于半马比赛，赛前10周内每周必须至少跑3次才能参加比赛，汤姆·麦格林（Tom McGlynn）说。他是奥运马拉松选拔赛资格选手，还是“专注与飞翔”项目的教练——该项目提供在线训练服务，位于加州的圣马特奥。

你完成了多少长距离跑？ 长距离跑是赛前准备的关键一环，它能强化你的身心。错过一两场没什么，只要逐渐增加距离、朝着训练方案中规定的长距离跑量继续努力就行了。“在理想情况下，全马训练最好有场32公里跑，再加上至少4场超过两小时的跑步训练，”麦格林说道，“没做到这些是不应该去跑全程马拉松的。”麦格林认为，对于半马训练，选手应该能完成11公里跑，而且中间只有短暂的步行休息（少于30秒）。“在理想情况下，最好有一场14.5公里跑，以及至少4场超过75分钟的跑步训练。”他补充说。但是，如果能一口气跑完11公里，那你或许可以坚持跑完一场半马。在他看来，半马的距离相对于全马已是相当仁慈了。半马花费的时间较短，压力较小，你的肌肉功能下降和糖原消耗不会那么严重，更不用说心理不适也会少很多。

我对自己承诺，那天剩下的时间再也不抽一根。白天变成黑夜，又迎来另一个白天。我必须做些什么以不去想抽烟。于是，戒烟两周之后，我出了门，跑到街角又跑回来，差不多有730米。第二天早上，我的胫骨痛得特别厉害，以至于必须倒着下楼梯。但是我坚持跑步。第二天以及那周剩下的几天，我都跑了700多米。第二周，我跑到下个街角，然后回来。戒烟一年后，我参加了迪斯尼世界马拉松赛，第一次跑了42.195公里。当初，是恐惧把我推出了门；现在，它仍然是我出门的动力。我不知道是否真有“跑者的愉悦感”，但是当我放下致癌的香烟、拿起跑鞋之后，我的自尊和健康都得到了改善。我认为这不是一个巧合。有时天气不好，不容易出门，我便想起踩灭最后一根香烟时的感觉。我回想起跑步时的节奏，回想起整个人都“融入”跑步之中的状态——那种感觉太美了！抑或是完成当天的目标后，心里充满了成就感，这会儿开始慢下来散步，那又是多么美妙的感觉！我想起马拉松的最后800米——在我心里，这段时间是神圣的。我还意识到，正是因为接受了跑步而没去回避，我才成为现在的我。

什么时间错过的训练？ 如果说有所谓错过训练的“最佳时机”，那就是一个训练周期的头两三周，即基础训练阶段。在此期间，你要打下心血管系统的健康基础，以此开展定期的跑步训练，逐步增加跑量。任何关键的长距离跑或速度练习都不应该错过。只要身体基础好，你应该能在第三、四周顺利地跟上训练计划的节奏。第二个错过训练的“最佳时机”是在减量期间。这个时期，在经过强度最大、距离最长、周跑量最高的训练之后，你的身体需要恢复，从而充满活力地投入比赛。但很多选手由于担心、害怕失去健康的体魄，在减量期间跑的比应该跑的多，结果到了起跑线上感觉疲倦、没有力气。虽然可能不是主观希望的，但如果你被迫在客观上遵从了减量的做法，那你很有可能会在比赛时跑出个人最好成绩，当然了，前提是之前已经进行过一些高强度训练。

没跑步的时候你是否进行其他锻炼？ 通过某些高强度的交叉训练，你可以维持不跑步期间的心血管健康。交叉训练越接近跑步的效果，你越容易重新回到跑步训练之中。如果有一周没跑，整天窝在沙发里，那你要给自己 2 ～ 3 周的时间来恢复到中断前的健康状态。（第 149 页有一份 10 周的“备用计划”，可以告诉你不跑步的时候该做什么。）即使不跑步期间可以做交叉训练，你还是应该谨慎，不要过早回归到跑步训练中，特别是受过伤的时候，理疗博士克雷格·苏德尔（Craig Souders）提醒道。他就职于宾州伯利恒的理海谷健康网络。肌肉、肌腱和骨骼对训练压力的适应要比心血管系统慢得多。“也许你有体力出去跑 24 公里或两小时，但如果不经过一阵训练，你的骨骼和关节可能会承受不了，”苏德尔说，“人们想接着他们中断的地方继续跑，但通常的结果是，在努力的同时伤了自己。”（详见第 159 页的“回归跑步”的相关内容。）

[WHAT WORKS 成功案例]

重新设定比赛目标

艾米·卡茨（Amy Katz），40 岁，加州欧文人；房地产会计师；
32 场全马；个人纪录：3 小时 37 分；“挑战赛”经历：2009 年芝加哥马拉松赛

开始为里士满马拉松赛训练时，我希望能突破 3 小时 30 分。我的个人纪录为 3 小时 37 分，那时我有点想跑进 3 小时 29 分，因为我 12 年前第一次跑马拉松时的成绩为 5 小时 29 分。不幸的是，我在训练中得了背痛和坐骨神经痛，好几周不能跑步，后来只能在游泳池中跑。我真的很想在赛场上见到那些朋友，于是不得不把目标从完成比赛转到能参加比赛。虽然比赛那天背痛和坐骨神经痛还在折磨着我，但我经历了一场美妙的比赛。能和诸位挑战者一起跑步让我非常享受，而观众则帮我渡过了那些艰难的时刻。我知道自己不可能突破 3 小时 30 分，但最后竟以 4 小时 33 分完成了比赛，比预计的快了差不多一小时。跑过终点线的那一刻我十分激动。我的内心有一种巨大的成就感，并为自己的坚强而感到自豪。有些时候，参赛成绩很重要；但是那天，无关乎时间，只关乎坚持和微笑。

跑步机

大多数跑者对跑步机有一种爱恨交加的感觉。在暴雪天或酷热天，它拯救了你；但一想到要一公里接一公里地在一台机器上跑步，还没开始训练就足以让人退却了。

人们经常会问："在跑步机上跑步算作弊吗？"答案是：当然不算。

在跑步机上跑步和在户外平地上跑步并不完全一样，但总比坐在沙发上强得多。

为补偿室内所缺少的风阻，普遍的建议无非把坡度调整 1% ～ 2%，或将速度档上的时间调整 10 ～ 15 秒。不过，卡尔加里大学跑步损伤科的主任、副教授里德·费伯认为，这条建议还没有大规模、有定论的研究作为支撑。

"能让你感觉像是真正在户外跑步的唯一方法，"他说，"便是到户外去跑步。"

如果你在积累跑量，这里有一些安全健康方面的提示，可供参考：

不要受伤。虽然跑步机表面带有缓冲，可以防止损伤，但很多跑者反映，在跑步机上多跑些时间之后身体会感到疼痛——特别是脚底。配速一定要让自己能够舒服地持续下去，这可能要多费些心思。在跑步机上，皮带会带着你向前，这不像在路上，累的时候身体自然会减速，因此，累的时候为了跟上节奏，你的步伐可能过大，这样会给关节施加更大的压力。一定记住，在疲劳的时候要调整速度或坡度。

不要握扶手。如果不握着扶手就跟不上跑步机，那说明速度已超出你的能力范围了。这时最好降低速度，放开扶手。握着扶手跑步会打乱步伐，造成身躯的大量扭动，这样会导致受伤，费伯说。

和朋友一起。要跑长距离的时候，拉一个朋友来健身房，这样你们可以并排跑步，还可以边跑边聊天。你们按各自的配速跑，但里程数的增加似乎比你们单独跑时都要快。罗代尔的员工健身与健康高级主管巴德·科茨、4届奥运会马拉松预选赛资格选手，曾通过安排朋友在旁边的跑步机上接力陪伴，自己在跑步机上完成了数个 48 公里跑。

[WHAT WORKS 成功案例]

在跑步机上进行长距离跑

尼尔斯·达林，49 岁，特拉华州威尔明顿人；核电站行业培训师，有两个孩子；8 场全马；个人纪录：3 小时 59 分；"挑战赛"经历：2009 年里士满马拉松赛

我在跑步机上完成了两个 32 公里、两个 29 公里以及 5 个 24 公里。我能挺下来靠的是把它们分成小段。每跑一小时，我就要从机器上下来，走几分钟，吃个能量胶，把水瓶灌满，然后换到另一台跑步机上。这样的话，我就能看点新鲜的东西（健身房的电视画面）以及稍许不同的风景。不要管健身房伙计怪异的眼神。

到户外去……慢慢来。 如果整个冬天你都在跑步机上进行训练，那不要一到春天就立刻转到户外去。那样会导致受伤。要循序渐进地把户外跑步融入日常训练中。费伯说过，在户外跑步时，小腿肌肉提供了 90% 的推动力，而在跑步机上，这个力只需户外的一半，而且下肢起稳定作用的小块肌肉不需要像在户外那样发力。因此，如果之前一直在跑步机上训练，突然转到户外，那小腿会不习惯产生那么大的力，你的身体便容易受损伤，比如得足底筋膜炎、跟腱炎症等。

经常遇到的问题

可不可以完全在跑步机上进行速度练习？

不是很理想。户外跑步让你从身体和心理上都做好在比赛的路面和天气条件下进行跑步的准备，达斯廷·詹金斯（Dustin Jenkins）说。他是密歇根州拉皮尔地区的一名跑步教练和私人教练。即便如此，由于速度练习不是全马训练的主要部分，只要你能在户外完成了大量的其他训练（特别是长距离跑），就不用担心这

[WHAT WORKS 成功案例]

时间是挤出来的

玛丽·帕特·科米尔，40 岁，波士顿人；律师，有 4 个孩子；
两场全马；个人纪录：3 小时 59 分；“挑战赛”经历：2010 年多伦多马拉松赛

玛丽·帕特·科米尔在 25 岁就读法学院时开始跑步。“我当时觉得跑步能磨炼我的意志，好让我能顺利地通过考试、论文还有法庭的考验。”从那时起，她便一直跑步，甚至在怀孕和艰难的旅行期间也没落下。她有一个 14 岁的孩子、一个 10 岁的孩子，还有一对 4 岁的双胞胎。她在 2010 年多伦多马拉松赛上创造了 3 小时 59 分的个人最好成绩。她的目标是 3 小时 50 分，以取得波士顿马拉松赛的报名资格。她为其他马拉松妈妈们准备了下面的一些小贴士：

• 为自己找个强大的动力，然后坚持下去。理由有很多：减肥、健康、拥有自己的时间、穿上漂亮的牛仔裤、力量和掌控感、冥想，等等。在人生的不同时刻，不同的因素可能主导着你。一个动力不起效果，那就换另一个。

• 不要内疚。不错，你是没在家做该做的事情，但你把更多的时间和忠诚都一心一意地奉献给了家庭和工作，而且是每天如此。要是有人想让你对出去锻炼感到内疚或难过，那是他们的问题，不是你的。

• 坚持锻炼，即使理由再多。我曾经遇到过得肠胃炎、牙龈脓肿，也碰到过严寒天气、下雨、暴风雪等，但我还是去跑步。你想，如果在这些条件下都能坚持锻炼，那你在任何时候都能锻炼。它还给你的跑步生活带来些许冒险的经历。噢，对了，如果你有 4 个孩子，而且每周工作 70 ～ 80 小时，那你必须在可能的时候冒些险。跑步也许就是个冒险的机会。

• 如果必须错过一场训练，不要紧张。但可以在那天安排点额外的活动，比如在一个大机场中途停留一下，我就会从一个航站楼走到最远的那个，然后再走回来。

个问题了。只不过，一般来说，由于健身房或家里的气象条件受控，你在跑步机上跑出的配速要比在公路或跑道上的更快。

我想在全马备赛时加入力量训练，哪一天最合适呢？

最好和高强度训练同一天，苏德尔说。如果在轻松日进行力量训练，那身体便没有足够的时间来恢复。跑完步，补充能量、水分，然后再举重。但事实上，很多人发现很难找出时间去做力量训练，因为跑道练习和长距离跑已经占去太多时间了。“那样的话，你可以在轻松日进行。”麦格林教练说，“最重要的是，不要选在高强度训练的前一天——这会让你浑身疼痛并且负荷过重。”

我推着婴儿车跑步，这样能获得额外的跑量积累吗？

不能，但有其他好处，劳拉·波利科夫斯基（Laura Polikowsky）说。她是一名私人教练，还是位于明尼阿波利斯的“奔走妈妈”项目的教练。“要是能跑出和平时跑步一样的配速，那你会消耗更多的热量，因为你推着额外的重物。”她说。即使跑不了那么快，孩子越重，你的消耗量也越大。推着婴儿车还能锻炼三角肌、胸肌以及肱二头肌。

我还处在赛前基础训练阶段。那在椭圆机和自行车上的时间能起作用吗？

能，但不像在路上的时间那样作用大，安比·伯富特说。原因在于，针对性最强的训练才最有效——也就是，真正的跑步。虽然如此，为避免受伤和打好基础而进行交叉训练还是有意义的，正如你现在做的。然而，在某些时刻，你应该试着放弃机器，而选择在公路或跑道上投入更多时间。这在临近比赛时显得尤其重要——具体来说，是最后的3～6周。不是说必须完全放弃椭圆机和自行车，只是跑步训练做得越多，你在比赛时的表现就越好。

有几次长距离跑我不得不缩短距离，那我应该在那周的其他时间把跑量补上去吗？

“丢掉的”跑量就不要再试图补上去了，

[WHAT WORKS 成功案例]

连通跑步世界

塔米·克鲁兹科扎克（Tammie Kruszczak），44岁，内布拉斯加州奥马哈人；发型师，有4个孩子；十多场全马；个人纪录：4小时零1分；“挑战赛”经历：2009年苏城马拉松赛

很多人一听说我跑步，就认为我是个疯子。我不认识多少在跑步的妈妈，也不能融入当地的社团，因为他们周末跑步的时候我得工作或照顾家里。因此，我相当孤立。但是，通过在各种比赛以及“挑战赛”上结识其他选手，一个崭新的世界向我打开了。这里有很多了不起的人，他们和我一样热爱跑步。和他们在一起，我有了归属感。

RW CHALLENGER PROFILE:
《跑者世界》挑战赛挑战者简介之

马拉松妈妈们

在整个《跑者世界》挑战赛中，我们惊奇地发现，选手们在训练的同时还兼顾着多种角色。有人甚至开玩笑说我们引来了一群女超人，比如：玛丽·帕特·科米尔，一名律师，4个孩子的母亲，来自马萨诸塞州波士顿市；塔米·克鲁兹科扎克，一名发型师，也有4个孩子，来自内布拉斯加州奥马哈市；还有詹娜·德鲁里（Jenna Drury），她有3个孩子，来自北卡罗来纳州的夏洛特。

有些人在成为妈妈之前就跑过马拉松，而有些人是在之后才知道马拉松这回事的。对她们来说，训练所要求的条理性和持续性使她们能够在异常忙碌的生活中兼顾一切。

“跑步让我能把其他任何事情都做得更好。”44岁的克鲁兹科扎克说。她跑了十多场全马，个人纪录为4小时零1分。开始跑步时，她的几个孩子中最大的才4岁，最小的也就11个月大。“跑步让我觉得充实，它给了我能量，而我可以把这能量传递给其他人。”

凯西·德里克（Kathy Derrick）是一名急诊室护士，有4个孩子。她在几个孩子出生后开始跑步。“正是跑步解除了我的很多焦虑和紧张。”她说。

凯瑟琳·圣·路易斯（Catherine Saint Louis）是一名报纸记者，她在生完第一个儿子9个月后决定备赛首场全马。她想减掉生孩子所增加的11公斤体重，但4个月的训练还有更大的含义。

“这是回归自我的过程。”来自纽约布鲁克林、37岁的圣·路易斯说，“一个孩子的诞生，母亲的贡献是主要的。重要的是，要向我自己和我的丈夫表明，我已经为这个家做出了牺牲。4个月的训练期间正是他肩负起责任的时候，这也是一种创造平等的家庭环境的方式。我想拥有一些值得我骄傲的东西——正是这种想法极大地激励着我。若你能支配自己的每个时刻，拥有一些那样的东西是非常重要的。”

虽然康斯坦丝·沃纳梅克（Constance Wannamaker）在生孩子之前已经跑过15场全马，但她的跑步生涯直到有了儿子本杰明才真

来自圣地亚哥的跑步教练卡丽·格罗特（Carrie Glote）建议。长距离跑可以训练肌肉更高效地使用能量、提高身体利用氧气的能力以及强化你的心脏和跑步肌肉。在心理上，长距离跑可以给你信心，因为你知道自己有应对长距离的能力。这些好处并不能通过在跑量较少的周简单地增加跑量来获得。另外，如果那周负荷过大，你可能会把自己给伤着。最好向前看，不要感到遗憾，要继续按照计划好的日程进行训练。

如果某项训练要求跨步跑，那么我应该在什么时候进行？

如果这项训练是标准距离跑，也就是说，

正开始腾飞。孩子没出生前，她的个人最好成绩为 4 小时 27 分。儿子出生数月后，尽管还有全职工作，尽管夜里换尿布、起来喂奶让她疲惫不堪，但她仍以 3 小时 43 分的成绩取得了波士顿马拉松赛的报名资格。

“他出生后，跑步成了我仅有的自己的时间。”沃纳梅克说。她今年 38 岁，是一名律师，来自得克萨斯州的埃尔帕索。“我真的很珍惜。它让我有精力能一边做着繁忙的工作一边照顾孩子。出门跑步时我更有动力了。我更加认真地对待训练，而且开始跑得更长，每周保持更高的跑量。”

然而，她们是怎么做到的?

关键是保持弹性，她们说。这意味着要在非周末时间或一天之中进行长距离跑。克鲁兹科扎克在送孩子上学之后、工作之前挤出时间跑步。但有时，她不得不把时间安排到凌晨 4 点或晚上 9 点之后。

“我认识一些人，要是错过一场训练或没完全按照计划进行，他们便会抓狂。”沃纳梅克说，“但有了孩子你就是做不到。”

对于其他人来说，日常训练很关键。作为摄影师及 3 个孩子的母亲，德鲁里必须凌晨 5 点出门跑步，这样才能及时赶回家做早餐、打包好午餐，然后去上班。

“这让我心理上有所准备，也让我的家人知道要做什么。”德鲁里说。她的孩子分别为 4 岁、8 岁和 10 岁。她参加了 2010 年里士满马拉松赛——其首场全马，并以 3 小时 43 分完成。

这并不是说，她们没有疲惫不堪的日子，不会遇到孩子或上司的要求令她们束手无策的时候。除此之外，她们也会有愧疚感，还会同时感到来自四面八方的压力，不知如何是好。

“我一做好跑步的准备，我的儿子就会说，‘妈咪，不要跑’。”沃纳梅克说，“很不想听到这个，但我只是告诉他，‘妈咪回来后就会变成一个更好的妈咪’。”

她们所有人都说，为马拉松而训练是给她们的孩子树立一个强有力的榜样。

“这让我的孩子们不仅把我视为他们的母亲，而且还把我当成一个可以引以为豪的个体。”德鲁里说，“我想让孩子们看到，无论什么年龄，只要有目标并为之努力，你就能实现它。另外，我还想让他们知道，只要全身心地投入你想做的事情之中，你的收获会比付出多得多。”

它不是速度练习、节奏跑、长距离跑或山地练习（关于这些术语的更多解释，请参见附录 A），那么可以在最后进行跨步跑，瑞恩·沃尔夫（Ryan Wolf）说。他是一名健康和跑步教练，供职于内布拉斯加州奥马哈市的盖洛普公司。在这个强度下，身体既得到热身，又不会太累，因此你有足够的体力和精力投入跨步跑的腿部交换和保持高身姿上。不过要记得慢跑 5 分钟进行冷身。如果速度练习要求有跨步跑，那么要在热身之后、第一组重复跑之前进行。这样，你会有充足的体力来完成间歇跑。跑两圈：要笔直地跨步、划出腾空的曲线。

最好在长距离跑或速度练习之前还是之后安排一天休息？

最好在长距离跑之后安排一天休息或做一些低强度的交叉训练，斯科特·麦库布里（Scott McCoubrey）说。他是西雅图跑步俱乐部的总教练以及西雅图跑步公司的所有人。身体疲劳、体能耗尽之后，需要治愈、补充能量，因此要大量补充蛋白质和水。然而，最好取消速度练习前一天的跑步训练。因为身体需要保持充沛的体力，肌肉不能紧绷，这样才能尽全力完成第一组到最后一组的重复跑。长距离跑或速度练习都比日常训练更耗体力，因此可以考虑前后一天都不要有跑步训练。

假如把一段长距离跑分成 3 段，中间有短暂休息，这样做的收效是否和一次性持续跑完 35 公里一样？

比方说，你先跑 10 公里，再开 20 分钟车去见朋友，然后接着跑剩下的 25 公里，这样算是 35 公里跑吗？有时候你没法兼顾长距离跑和家庭、社会交往。长距离慢跑（Long Slow Distance runs，LSDs）的意义在于，让你的意志和肌肉得到磨炼，让你能够数小时地进行跑步，就像比赛那样。长距离跑有助于提高有氧适能和肌肉适能、燃烧脂肪、强化毛细血管，以及唤醒慢肌纤维活力，以便在需要的时候——比赛数小时后发力。你需要学会如何克服疲劳、有力地跑下去，还要演练如何补充能量、穿着装备，以及如何分配速度。显然，一场中断过的长距离慢跑不是实现上述目标的理想方式，但是，专家们确信，它是行得通的。20 分钟休息不足以让身体显著性恢复，波士顿拓展训练项目负责人麦克·布罗德里克（Mike Broderick）说。身体的新陈代谢还在提高，能量储备还在消耗——这都源于前面的 10 公里，然后你在身体疲劳的状态下开始跑第二段。这样下来，累积的效果与持续的 35 公里轻松跑没有太大的差别。

PART II

NUTRITION

营养

我从没听谁说过，他们之所以开始进行马拉松训练，是为了能吃更多的水果和蔬菜。事实上，大多数人都开玩笑说，他们进行长距离跑的唯一原因，是为了消化一块双层芝士比萨，或是能跟本杰瑞冰激凌共度美好时光。

但是，每个跑者都通过某种方式明白了一个道理：在为全马或半马做准备时，不能为吃而跑，而应为跑而吃。

跑步时，食物就是能量。它为跑步提供动力，并且帮助修复剧烈运动后的肌肉组织，保证身体可以迅速恢复活力，投入下一场跑步中。

要是在出门跑步前，吃了卡卡圈坊（Krispy Kreme）的甜甜圈或一顿 5 道菜的大餐，身体可能在半路便会达到极点，或者你大部分时间都在闹肚子。如果在长距离跑的前一晚吃大餐，那你第二天醒来可能会有宿食：饱腹感、满嘴大餐的回味，但还有点饿。

你可以按自己的需要进行训练，但如果不注意正确饮食，不了解自己的肠胃状况，即使你有奥运选手般的腿力和肺活量，你的胃也会随时把你击垮。

在这一部分中，你将全面了解如何像运动员那样饮食。在第 4 章中，我们将介绍训练饮食中的最佳食物、每一种营养的摄入量（还有这些营养的最佳来源）以及如何制定特殊饮食——如素食者饮食和无麸质饮食。在第 5 章中，我们将指导你如何在跑步前、中、后进食和饮水，以及如何避免消化问题。在第 6 章中，你将学到如何在训练过程中防止体重增加——出奇地简单。

EVERYDAY EATING

04

每日饮食

即使不是为了减肥，只要开始训练，你就需要正确地搭配饮食，从而在跑步中保持良好的状态并避免受伤。在每日摄入的热量中，应该有 55% 左右来自碳水化合物、25% 来自蛋白质、15% ～ 20% 来自不饱和脂肪。但你不需要随身带着计算器——别那么钻牛角尖！只要每顿饭有一半是碳水化合物，1/4 是蛋白质，还有 1/4 是健康脂肪就可以了。

在训练过程中，你的营养需求也在不断变化。最初几周是打基础的阶段，每周跑量和强度都保持在低水平。这个时期，你不需要太多的能量。而之后的阶段，因为有速度练习和长距离跑，所以身体需要更多的能量。若想知道每个训练阶段具体需要摄入多少碳水化合物、蛋白质和脂肪，请参考第 66 页“在正确的时间提供适量的热量”相关内容。

碳水化合物。在过去的 20 年里，低糖饮食的流行，让碳水化合物有了一个坏名声。阿特金斯饮食法（低碳水化合物饮食）、迈阿密饮食法（South Beach）之类的饮食法强烈建议人们控制碳水化合物的摄入，从而帮助控制血糖和胰岛素的激增——这两项会导致体重的增加。

这类饮食法可能对节食者管用，但对跑者没用。碳水化合物是葡萄糖的主要来源，而肌肉利用葡萄糖来产生能量。过度减少碳水化合物会让你在跑步中有体力不支的风险。继续食用碳水化合物，你能跑得更快、更远，这也就意味着能消耗更多的热量。研究表明，碳水化合物摄入最多的运动员会有更好的成绩，但这并不意味着你可以随便吃——即要在恰当的时间摄取合适的碳水化合物种类。

有些碳水化合物属于“快速型”，即身体可以快速消化并迅速地将其转化为能量。糖果、胶类、原味百吉饼、白面包等食物可以在训练前快速增加能量，或让你在长距离跑中避免“撞墙”。跑完步后，食用快速吸收的碳水化合物有助于马上补充消耗掉的糖原储量。

除能快速增加能量外，“快速型”碳水化合物不仅没有多大的益处，还常常含有多余的热量和各种添加剂。很多选手只要一开始训练就往肚子里塞大量的烘焙食品——都以补充碳水化合物的名义——但事实上，只有运动前和运动中才真正需要“快速型”碳水化合物。

日常饮食中的大部分食物都属于“慢速型”碳水化合物。这些食物纤维含量高、消化慢，有助于在跑步中维持稳定的能量水平。水果、全谷物、蔬菜、燕麦以及豆类都是很好的“慢速型”碳水化合物，它们含有维生素、矿物质和抗氧化物，有助于保持健康、提高恢复速度。

那么应该多吃哪些食物呢？请看下面的内容：

- **全谷物。**全谷物食品应包含麸皮、胚芽和胚乳——谷物的这三部分含有人体所需的B族维生素、铁、镁、硒和纤维等营养物质。当全谷物被精加工成白面包之类的食品后，其中的营养成分（包括纤维）都会流失。富含纤维的饮食有助于降低胆固醇、降低血压、减少患糖尿病和心脏疾病的风险。食物中的纤维还有助于保持消化系统功能正常、减缓糖类吸收，产生更久的饱腹感。好的纤维来源有小麦片、全麦、燕麦、玉米、糙米、大麦、野生稻米、藜麦、全麦面食以及荞麦。注意：只看到面包是棕色的，并不能说明它一定是全麦的。要看标签上是否说明是100%全麦，或者查看配料表中有无全谷物、全麦、细磨全燕麦以及燕麦片等字样。如果标签上有强化面粉、麦麸或麦芽之类的字样，就很有可能不是全麦面包。

- **水果和蔬菜。**一提起碳水化合物，你可能只想到面包和谷类，但新鲜农产品也可提供你所需的碳水化合物，从而让你跑得强健有力。除了提供持久跑步所需的能量，它们还提供大量的维生素、矿物质以及抗氧化物，让你的身体保持在巅峰状态。为最广泛地摄取各种营养成分，要尽可能多吃不同的蔬菜：胡萝卜、西红柿、绿叶蔬菜等。水果中，要选择各种浆果、瓜类、葡萄、苹果以及橘子等。可能的话，要带皮吃——这样能摄取更多的纤维和营养。

蛋白质。蛋白质对高强度训练后的身体恢复有帮助。它由氨基酸组成，而氨基酸可以帮助修复肌肉、强化免疫力。另外，蛋白质消化起来较慢，因此可以让你在更长时间内不觉得饿，这对减肥很有帮助。要选择饱和脂肪含量较低的食品，比如去皮鸡肉、猪肉、瘦牛肉、鱼类（如三文鱼、金枪鱼）、大豆、低脂乳品（如酸奶、农夫芝士）以及小扁豆等其他豆类。

Amby's Advice 安比的建议

在增加跑量的同时改善饮食，这样做是有意义的。你可以多吃些水果、蔬菜以及高纤维、全谷物食品。不要喝含糖饮料，比如苏打水、果汁。它们只会增加饮食中的卡路里含量，而不会对训练有任何好处。坚持喝水、喝脱脂或低脂乳制品。

随着近些年来高蛋白饮食的兴起，市场上出现了大量的能量补充剂、蛋白棒、奶昔以及各种饮品，其中很多产品含有从蛋类、大豆或乳清中提取的蛋白质。可问题是，你需要这些吗？只要你可以从饮食中摄取充足的蛋白质，可能就不需要。最好从全食品中摄取蛋白质，这样还能补充纤维和铁——那些加工过的食品可能缺乏这两种营养成分。但要是你剧烈运动后不能吃固体食物，或不能摄取足够的蛋白质，那可以把它们作为不错的替代品。（要了解有哪些优质的蛋白质来源，请参见第71页内容。）

脂肪。在过去的20年里，脂肪和碳水化合物一样，有一个坏名声。因此，跑者们不吃食用油、黄油、坚果以及其他含脂肪的食品。然而，脂肪在保持跑者的健康方面起着关键性作用。研究表明，饮食中脂肪含量过低的选手，他们的耐力比食用适量脂肪的选手要低，而且更容易疲劳。2008年的一项研究发现，脂肪摄入量低于建议量的选手，比其他选手更容易遇到与跑步有关的伤病。

“造成这种情况可能的原因分几种，理疗专家克里斯汀·格拉克（Kristen Gerlach）博士说。她是圣凯瑟琳学院物理疗法项目的副教授，还是上述问题的研究者之一。多不饱和脂肪酸（PUFAs）有抗炎性，可以帮助修复剧烈运动后细微的肌肉撕裂和骨裂。

膳食脂肪还可以帮助身体吸收脂溶性营养成分，包括维生素D、维生素K（两者对骨骼健康至关重要）以及维生素E（有抗氧化作用，防止身体损伤）。欧米伽-3脂肪酸是人们在三文鱼、核桃、研碎的亚麻籽中发现的多不饱和脂肪酸，它有助于对抗炎症、减缓疼痛。脂肪还能提升饱腹感，因此对想减肥的跑者有好处。另外，它们可以防止血糖猛升猛降，避免跑者周而复始地节食、过量饮食（这样会让训练出错）。某些研究还表明，单不饱和脂肪酸（MUFAs）有助于减少腹部脂肪。

不过，别着急去买士力架！关键是，要在合适的时间摄入适量的种类合适的脂肪。要关注含健康的不饱和脂肪酸的食品，如牛油果、坚果、籽类、橄榄油等。这些脂肪中LDL（坏）胆固醇含量较低，有助于减少患心脏疾病的风险。要远离饱和脂肪和反式脂肪，因为它们会提升LDL（坏）胆固醇水平。反式脂肪还会降低HDL（好）胆固醇水平、增加患心脏疾病的风险。这些信息不容易搞清楚，所以还是看看“有关脂肪的事实”吧。（见第62页）

BART SAYS...
巴特如是说

跑步是一种生活方式。你必须每时每刻都要想着它——而不只是跑步的那60～90分钟。在这一天里，每当决定做什么的时候——比如在餐馆点餐或再来杯啤酒——你都要问：“这对我的训练有好处吗？”你不需要当个隐士或做得太绝对，只要对营养摄入保持敏感并保证均衡就可以了。

素食与跑者

尽管在57岁时已经完成了6个全马，著名美食家马克·比特曼（Mark Bittman）的身体仍然超重，并有高血糖、高胆固醇及睡眠呼

有关脂肪的事实

脂肪（或脂肪酸）类型	对健康的影响	食物来源
单不饱和脂肪酸（MUFA）	降低胆固醇总量以及 LDL（坏）胆固醇水平	蔬菜和坚果油（包括杏仁、牛油果、芥花籽、橄榄、花生、山核桃以及开心果）
多不饱和脂肪酸（PUMA）包括欧米伽-3 和欧米伽-6 脂肪酸、α-亚麻酸(ALA)、二十碳五烯酸（EPA）、二十二碳六烯酸（DHA）	降低 LDL（坏）胆固醇水平，促进心脏健康；还跟降低心力衰竭发病率以及降低与心脏相关的死亡率有关	植物油（包括玉米、红花籽、大豆及葵花籽）和坚果类。EPA 和 DHA 可以从多脂鱼类（如鳕鱼、大比目鱼、鲭鱼及三文鱼）以及营养强化蛋中获得。ALA 源于植物，可以从亚麻籽、核桃、植物油制成的抹酱、芥花籽、大豆以及亚麻籽油中摄取
饱和脂肪	可能导致高胆固醇	动物性脂肪，包括全脂乳制品、黄油、猪油及五花肉（包括熏腌肉）；热带植物油，如椰子油、棕榈油
反式脂肪	提高胆固醇总量及患心血管疾病的风险；提高 LDL（坏）胆固醇水平，同时降低 HDL（好）胆固醇水平	油炸及烘焙食品（如咸饼干、甜饼干）、人造奶油棒以及含部分氢化油的食品

吸暂停综合征，而且他的膝盖也不太好。医生建议他吃素。做他这行这是不可能的——比特曼是《纽约时报》烹饪专栏的一名作家，写了 3 本关于食品和烹饪的书，但他承认自己确实需要改变。

“我意识到必须大大增加自己饮食中的植物性食品的比例——不仅为了健康，还为这个星球。”他说。

于是，他开始在饮食中加入更多的植物性食品。不久后，他的睡眠呼吸暂停综合征、高血糖以及高胆固醇都得到了控制。

“我没发现这对我跑步有什么影响。”比特曼说。他已经完成了 8 场全马，最好成绩为 4 小时零 1 分。

其实，比特曼的发现已被科学家证明：饮食转为以素食为主能够改善健康，且不会让跑者有什么损失。事实上，在很多情况下，素食者不吃饱和脂肪和胆固醇含量高的肉，而吃水果、蔬菜以及植物性蛋白，因此他们的饮食中纤维和必需营养素的含量更高。素食者患心脏疾病、高血压及 II 型糖尿病的风险更低，患癌症的风险也较低。

研究人员发现，通过均衡饮食，素食者可以得到身体所需的蛋白质、碳水化合物和脂肪。原因很简单：大量的植物性食物富含上述营养元素以及维生素、矿物质等。很多人反映，他们一做出这种转变，身体便感觉好多了。55 岁的挑战者约瑟芬 · 德西克（Josephine Decicco）来自纽约，参加过两场全马。她说自从 4 年前停止吃肉以来，身体感觉更“轻快”了。“跑步时的感觉更好了，”她说，“而且没有了以前吃完肉的那种笨重感。”

不止这些，她的口味也完全改变了。打从

不吃肉类和加工过的动物产品，而改吃健康的谷物、蛋白质、水果和蔬菜后，她发现自己逐渐食用更多的全食品。“我受不了加工过的食品，”她说，“感觉就像是在吃各种化学品。我想这是吃得更健康的‘副作用’吧。”

先不论所有这些好的感觉，有些营养元素如果不吃肉会比较难获取——如欧米伽 –3 脂肪酸、维生素 B_{12}、锌和铁。为补充这些元素，你需要大量摄入全谷物、强化食品以及完全蛋白质。正因为如此，《素食者的运动营养》（*Vegetarian Sports Nutrition*）的作者 D. 恩奈特·拉尔森·迈耶（D. Enette Larson-Meyer）提出：对每个素食的跑者来说，最重要的是保持饮食的多样性。

“有时，在人们做出改变之后，他们对哪些食物能吃了解得不够。”拉尔森·迈耶说。她是怀俄明州大学营养和运动实验室的副教授、主任。“如果每天都吃大豆卷饼或意面，你就没有足够的热量做高强度训练，或缺乏关键的营养物质。”

你要是想做个素食者，或仅考虑少吃肉，请不要贸然行动。你可以从一天一顿素餐开始，然后慢慢地增加更多的植物性食物。循序渐进地转变会让你的身体保持在高能量水平，

What it takes to... / 我是怎样……
身患糖尿病却坚持马拉松训练

兰格帕尔·文卡塔拉曼（Ramgopal Venkataraman），47 岁，得克萨斯州达拉斯人；南卫理公会大学会计学副教授，有两个孩子；比赛经历：9 个全马；个人纪录：4 小时 25 分
“挑战赛”经历：2011 年大苏尔国际马拉松赛

15 年前，我被诊断出患有 II 型糖尿病。刚开始，我犹豫不决，只想去健身房。但在大约 7 年前，40 岁的我把跑一场全马列为死前必做的事项之一。于是，我开始跑步。

除了服药和测血糖，在很多方面我的饮食和训练与别人的没有太大差别。

不过，我必须采取一些预防措施。跑步中，我必须确保血糖水平不能太低，于是总随身带着能量胶，车里也一直放着血糖仪和葡萄糖片。我带着手机，而且一定要让一起跑步的人知道我是一名糖尿病患者。

你必须时刻关注身体状况，但不用害怕什么。随着跑量的逐渐增加，这样你就不会感到无法应对，而且能够逐渐适应。比赛中，要是感觉吃力，我就慢下来。这没什么。当你听到这么多人有各种各样的健康问题——有的身患绝症，有的肢体不全，但他们仍坚持跑步时，你就会觉得患有糖尿病还跑步不是什么大不了的。只要有药物和饮食计划，跑步也没什么可怕的。另外，我真的很享受马拉松训练的过程。还有什么能比出门和朋友们在一起更快乐的呢？

而且不会影响你的跑速。如果你是素食主义者，在这里，我们为你列出了一些获取身体所需营养物质的简单原则，从而能使你在训练中保持良好的感觉。

蛋白质。素食者并不一定比肉食者缺乏蛋白质，他们只需确保获取足够的蛋白质——尤其是在训练时（见第 66 页“在正确的时间提供适量的热量”相关内容）。身体所需的蛋白质可以从各种豆制品、豆类、豆类蔬菜、坚果以及全谷物中获取。最好每餐都吃一些。你可以用花生酱抹百吉饼、在意面酱里加些小扁豆或用鹰嘴豆拌沙拉。一些肉类替代品，如豆汉堡或磨碎的大豆（用于像千层饼那样通常用肉做的食物），甚至可以提供更多的蛋白质。要是你还吃奶制品和蛋类，那在蛋白质上就没什么问题。

由于大部分植物来源的蛋白质并不涵盖人体所需的全部氨基酸，因此长久以来，素食者们会被建议说，每一顿饭都要有某些食物——比如豆类和大米，以确保蛋白质能够被身体完全吸收。但现在，专家认为这其实不是问题。只要在一天里能够以蛋白质搭配全谷物、籽类、坚果以及蔬菜，身体的蛋白质需求是可以得到满足的。假如一种食物的某种必需氨基酸含量低，那么另一种食物会弥补这种不足。“只要在一天里获取多种植物蛋白，”注册营养师、运动营养认证专家、美国饮食协会的发言人道恩·布拉特纳（Dawn Blatner）说，“你的身体就会把氨基酸集中起来，你就能得到所需的营养成分。”优质谷物可以作为植物来源蛋白质的补充，比如，藜麦含有的蛋白质比其他谷物多出高达 50%，还含钙和 B 族维生素。另外，苋菜中含有蛋白质、纤维、钙、铁，而且有均衡的氨基酸。

铁。铁对跑步至关重要，因为它参与将氧输送到肌肉的过程，所以可以帮助消化、新陈代谢和血液循环。铁的来源很多：豆类蔬菜、籽类、坚果、豆腐、全谷物、甘蓝以及菠菜等。身体并不能从植物性食物中吸收铁质，但维生素 C 可以帮上忙。铁要和橘子、草莓、柠檬、红辣椒等一起吃，这样才有助于更好地吸收。

维生素 B_{12}。这种营养素广泛存在于动物性食品中，是组织修复所必需的，它对红细胞的生成起到重要作用，而且会帮助身体把食物转化成能量。你可以从蛋类、鱼肉以及奶酪中获取维生素 B_{12}，但如果你不吃鱼或乳制品，那么从其他来源获取补充就很重要，如营养酵母以及强化食品（麦片、豆奶或素肉）。你不需要太多的维生素 B_{12}——专家建议每天只需 2.4 毫克，但如果没有它，你可能会患贫血，或者神经受到不可逆转的伤害。“维生素 B_{12} 是组织构建的非常重要的成分，”拉尔森·迈耶说，“作为素食者，服用维生素 B_{12} 补充剂是非常关键的。”

锌。锌可以加强免疫功能、促进蛋白质的合成，而且参与肌肉组织的生长、修复。剧烈运动后大量的锌随着尿液流失，因此一定要强化补锌。锌的理想来源包括：豆类蔬菜、硬质奶酪（如帕马森干酪）、全谷物、坚果、籽类及大豆。

钠。很多素食食品尽管很健康，但一旦被加工过，就可能含有大量的钠。当考虑食用蔬菜汉堡之类的食物时，要找每份钠含量低于 400 毫克的产品，而且要和天然的全食品一起吃（如沙拉、水果等），不能吃炸薯条、薯片。

无麸质饮食

在所有跑者的饮食中，碳水化合物占主要地位。它们分解成葡萄糖，作为跑步时身体主要的能量来源，并在跑步后提供更多能量。没有它们，你就会重重地“撞墙”。

但是，很多人钟爱的碳水化合物食品（像面包、百吉饼、意面等）也富含麸质——一种蛋白质，存在于小麦、斯佩耳特小麦、卡姆小麦、大麦及黑麦等。对于患有乳糜泻（Celiac Disease，CD）或麸质不耐症（Gluten Intolerance，GI）的跑者，食用麸质食品可能导致严重的消化问题，包括腹痛、腹泻、便秘以及腹胀。近几年来，随着许多书籍、网站掀起一波倡导无麸质饮食的浪潮（说是可以减缓炎症、提高成绩），无麸质食品开始大量涌现，这使得很多跑者都在考虑是否应戒断麸质。

要是没得乳糜泻或麸质不耐症，无麸质饮食可能并不会奇迹般地提升你的成绩。但如果戒断麸质意味着远离甜饼、苏打饼以及深加工过的食品——它们含有过多热量又没什么营养，以及食用更多富含营养和矿物质的全食品，那么，你在跑步时可能会感觉更好。

另外，虽然不吃意面或面包，但还有其他碳水化合物可以替代，而且甚至能提供更多的营养。像水果、蔬菜、坚果和豆类中的碳水化合物“天生”不含麸质，藜麦、糙米、燕麦、荞麦以及苋菜等全食品也是如此。

要是实在想念意面、面包，还有饼干，那你可以选择很多用米粉、鹰嘴豆粉以及其他成分做的类似食品来过过嘴瘾。但是要注意：有些食品添加了很多脂肪，会导致体重增加。

补充水分

不只是在跑步时，在任何时候补充水分都很重要。体液可以调节体温、排出体内废物、确保关节得到适当润滑，还可以将可能导致炎症的受损细胞冲刷出去。另外，适当补充水分有助于控制食欲。这一点很重要，因为人们经

[WHAT WORKS 成功案例]

在饿之前吃东西

凯瑟琳 · 圣 · 路易斯，37 岁，纽约布鲁克林；记者，有 1 个孩子；

1 场全马；个人纪录：4 小时零 7 分；“挑战赛”经历：2009 年里士满马拉松赛

生完儿子后，我开始准备参加一场全程马拉松，为的是减掉 11 公斤体重。在训练状态下，人会变得异常饥饿。但是，我从不让自己饿着，因为一旦饿着，就很容易什么都吃。我总是不让肚子空着。在零食方面我很讲究，从不想着：“唉，要是饿了，就有什么吃什么呗。”我必须问自己：“吃什么才能真正满足我？”我总会在包里放一天的饭菜和零食，零食一般为干果、KIND 营养棒以及干燕麦饼干和杏仁酱。我不会少吃碳水化合物，但大部分是全麦面、糙米和红薯。要是真的饿了，吃一些健康的东西会让你很满足。到我参加 2009 年里士满马拉松赛时，那 11 公斤体重不见了！

常把口渴误认为是饥饿。

虽然在每日饮水量上没有什么固定的建议，但一个好的经验是：每日的饮水量要以体重的一半为目标。[①]如果体重为68公斤，就要喝两升水。另外，你不必只是狂喝水，蔬菜和水果（80%为水分）也都有助于保持体内的水分充足，而且它们含有抗氧化物，可以加快肌肉恢复、增强免疫力。

在正确的时间提供适量的热量

大多数营养学家认为，跑者应该从三个方面获取热量：55％来自碳水化合物、25％来自蛋白质、15%～20%来自健康的脂肪。不过，身体的需求会根据体重和所处的训练阶段而变化。你可以根据下面的指导，在训练的各个阶段制定自己的饮食方案，以满足自身需要。

第1～6周（全马）/第1～4周（半马）

在训练的头几周，你应该正在打基础并正逐渐增加跑量。如果想减肥，就要在这个阶段集中精力进行。等到以后进行强度更大的速度练习和长距离跑时，再想大幅削减热量的摄入已不可能了。

项目	活动类型	每日需求量
碳水化合物	中等时长、低强度训练（可进行对话配速，每天30分钟）	5.5克/公斤（体重）
	中等至高强度训练（每天1小时）	6.6～8.8克/公斤（体重）
	极限训练（每天4～6小时）	11克/公斤（体重）
蛋白质		1.5克/公斤（体重）
脂肪		0.88克/公斤（体重）

第7～13周（全马）/第5～8周（半马）

开始上跑道进行速度练习，并且进行延长到24～32公里的长距离跑，你需要全部的营养素来为训练提供能量并帮助身体恢复。最好不要在这个阶段考虑减肥。

项目	每日需求量
碳水化合物	6.6克/公斤（体重）
蛋白质	1.65克/公斤（体重）
脂肪	0.88克/公斤（体重）

第14～16周（全马）/第9～10周（半马）

进入比赛前的减量阶段，减少跑量但不减强度，因此，你需要更多的碳水化合物，以增加糖原储量。这样，肌肉才能够保持蓄势待发的状态，做好快速跑步的准备。

---

① 此种说法针对的单位是磅（体重）和盎司（饮水量）。

项目	每日需求量
碳水化合物	7.7 克 / 公斤（体重）
蛋白质	1.54 克 / 公斤（体重）
脂肪	0.88 克 / 公斤（体重）

比赛日及恢复期

不管是跑了 42 公里还是 21 公里，你最好花几周时间进行交叉训练和减少跑量，以恢复身体。在此期间，体重增加是很正常的。可以通过减少热量和营养的摄入来避免这种状况发生。

项目	每日需求量
碳水化合物	7.7 克 / 公斤（体重）
蛋白质	1.3 克 / 公斤（体重）
脂肪	0.88 克 / 公斤（体重）

注：每日需求量是一个平均值，是根据最近的临床研究以及跑者的经验而得出的。

把数字运用到实践中

既然了解了各个训练阶段的能量需求，那么你可能会问：如何根据这些建议制定一份食谱？下面的表格以体重 59 公斤和 75 公斤的跑者为例，分别给出了一份各阶段的食谱作为参考，以帮助你合理地为身体提供能量。

第1～6周（全马）/ 第1～4周（半马）

59 公斤跑者：325 克碳水化合物（中等强度训练），90 克蛋白质，52 克脂肪。

75 公斤跑者：410 克碳水化合物（中等强度训练），115 克蛋白质，66 克脂肪。

餐别	59公斤跑者	75公斤跑者
早餐	全麦吐司面包 2 片 果酱 1 汤匙[①] 低脂农夫芝士半杯 新鲜浆果半杯	全麦吐司面包 2 片 果酱 2 汤匙 低脂农夫芝士 3/4 杯 新鲜浆果 1 杯
午餐	素肉饼 1 块 全麦圆面包 1 个 碎芝士 1 汤匙 菠萝粒 1 杯	素肉饼 1 块 全麦圆面包 1 个 碎芝士 1 汤匙 菠萝粒 1 杯

① 杯、茶匙、汤匙为计量单位，美制1茶匙＝5毫升，1汤匙＝3茶匙，1杯＝48茶匙。
1盎司容量约为30毫升（0.03升），1盎司质量约30克（0.03千克），后文将换算成公制。——译者注

续表

餐别	59公斤跑者	75公斤跑者
晚餐	烤猪里脊肉 120 克 野稻米 1 杯，浇橄榄油 1 汤匙 蒸蔬菜 1 杯 浆果馅饼 1 杯	烤猪里脊肉 120 克 野稻米 1 杯，浇橄榄油 1 汤匙 蒸蔬菜 1 杯 浆果馅饼 1 杯
零食 1	麸片 1 杯 脱脂牛奶 1 杯 草莓切片 1 杯 碎坚果 1/4 杯	麸片 2 杯 脱脂牛奶 1 杯 草莓切片 1 杯 碎坚果 1/4 杯
零食 2	大苹果 1 个 脱脂牛奶 1 杯	大苹果 1 个 焦糖 1 汤匙，蘸着吃 脱脂牛奶 1 杯

第7～13周（全马）/ 第5～8周（半马）

59 公斤跑者：390 克碳水化合物，95 克蛋白质，52 克脂肪。

75 公斤跑者：495 克碳水化合物，120 克蛋白质，66 克脂肪。

餐别	59公斤跑者	75公斤跑者
早餐	迷你全麦百吉饼 3 个 低脂奶油奶酪 1 汤匙 新鲜浆果 1 杯	迷你全麦百吉饼 4 个 低脂奶油奶酪 2 汤匙 新鲜浆果 1 杯
午餐	全麦烙饼 1 块，卷熟食瘦肉 90 克和切碎的蔬菜 1 杯 桃子 1 个，中等大小	全麦烙饼 1 块，卷熟食瘦肉 90 克和切碎的蔬菜 1 杯 桃子 1 个，中等大小
晚餐	烤鸡胸肉 90 克 煮意面（选全麦或全谷物的）2 杯 意面酱半杯 煮菠菜 1 杯 马苏里拉碎芝士 1 汤匙（低水分、部分脱脂）	烤鸡胸肉 90 克 煮意面（选全麦或全谷物的）3 杯 意面酱 1 杯 煮菠菜 1 杯 马苏里拉碎芝士 2 汤匙（低水分、部分脱脂）
零食 1	全谷物英式松饼 1 块 人造奶油 1 汤匙 果酱 1 汤匙 低脂酸奶 1 杯 新鲜橘子 1 个	全谷物英式松饼 1 块 人造奶油 1 汤匙 果酱 1 汤匙 低脂酸奶 1 杯 新鲜橘子 1 个
零食 2	香蕉 1 个，中等大小 全谷物英式松饼 1 块 天然花生酱 1 汤匙	香蕉 1 个，中等大小 甜瓜 1 杯 全谷物英式松饼 1 块 荷包蛋 1 个 人造奶油 2 茶匙

第14～16周（全马）/ 第9～10周（半马）

59 公斤跑者：455 克碳水化合物，90 克蛋白质，52 克脂肪。

75 公斤跑者：575 克碳水化合物，115 克蛋白质，66 克脂肪。

餐别	59公斤跑者	75公斤跑者
早餐	低脂华夫饼干 2 块 枫糖浆 2 汤匙 香蕉 1 个，中等大小 绿茶 360 毫升，加蜂蜜 1 汤匙	低脂华夫饼干 3 块 枫糖浆 3 汤匙 香蕉 1 个，中等大小 绿茶 360 毫升，加蜂蜜 1 汤匙
午餐	全麦烙饼 1 块，卷熟食瘦肉 120 克和切碎的蔬菜 1 杯 桃子 1 个，中等大小 椒盐卷饼 30 克	全麦烙饼 1 块，卷熟食瘦肉 120 克和切碎的蔬菜 1 杯 桃子 1 个，中等大小 椒盐卷饼 60 克
晚餐	全麦或全谷物煮面 1 杯，加海员沙司半杯 蒸蔬菜 1 杯，帕马森干酪 1 茶匙 希腊酸奶 180 毫升	全麦或全谷物煮面 2 杯，加海员沙司 1 杯 蒸蔬菜 1 杯，帕马森干酪 1 茶匙 希腊酸奶 180 毫升
零食 1	纯燕麦片 2 小包，加脱脂牛奶 1 杯 红枣切片 1/4 杯	纯燕麦片 2 小包，加脱脂牛奶 1 杯 红枣切片 1/4 杯
零食 2	大苹果 1 个 脱脂牛奶 1 杯	香蕉 1 个，中等个头

注：营养目标应根据个人的训练强度、周跑量以及其他生理因素进行适当调整。

比赛日及恢复期

59 公斤跑者：260 克碳水化合物，80 克蛋白质，52 克脂肪。

75 公斤跑者：330 克碳水化合物，100 克蛋白质，66 克脂肪。

餐别	59公斤跑者	75公斤跑者
早餐	全麦面包 2 片，加： 荷包蛋 1 个 嫩菠菜叶 西红柿片 脱脂牛奶 240 毫升 粉红葡萄柚 1 杯	100% 全麦面包 2 片，加： 人造奶油 2 茶匙 荷包蛋 1 个 嫩菠菜叶 西红柿片 脱脂牛奶 240 毫升 粉红葡萄柚 1 杯
午餐	烤三文鱼 90 克，加： 切碎的莴苣 2 杯、蔬菜 1 杯 油醋汁 2 汤匙 全麦苏打饼 6 块 什锦水果 1 杯	烤三文鱼 90 克，加： 切碎的莴苣 2 杯、蔬菜 1 杯 油醋汁 3 汤匙 全麦苏打饼 6 块 什锦水果 1 杯

续表

餐别	59公斤跑者	75公斤跑者
晚餐	素食辣椒1杯，加2汤匙奶酪丝 墨西哥烤玉米片30克 香菜调味汁拌西红柿片1杯 脱脂牛奶240毫升	素食辣椒1杯，加2汤匙奶酪丝 墨西哥烤玉米片30克 香菜调味汁拌西红柿片1杯 脱脂牛奶240毫升
零食1	葡萄干麦片1杯 香蕉1个，中等大小 烤山核桃1汤匙 脱脂牛奶1杯	葡萄干麦片两杯 香蕉1个，中等大小 烤山核桃1汤匙 脱脂牛奶1杯
零食2		花生酱果酱三明治：全麦面包2片、果酱2汤匙、花生酱2汤匙

注：营养目标应根据个人的训练强度、周跑量以及其他生理因素进行适当调整。

购物时带上这个

要吃营养最丰富的食物，这样才能为训练提供足够的动力。

碳水化合物

食品	碳水化合物含量	其他收益
全谷物面（1/3～1/2杯煮好的）	约15克	比普通面条含有更多的纤维、维生素、矿物质和蛋白质。这些营养成分对肌肉修复、身体恢复和保持心脏健康有好处
全谷物面包（1片）	15～20克	提供纤维以及必需的B族维生素
橘子（1个小的）	15克	100%满足每日维生素C的建议摄入量，维生素C有助于降低胆固醇、防止肌肉疼痛
红薯（1个小的，约105克）	28克	维生素A、维生素C、钾、铁及锰的很好来源，这些营养素有助于优化肌肉功能
浆果（1杯）	20克	蓝莓、黑莓及覆盆子都含有抗氧化物，有助于预防疾病和肌肉酸痛
碎燕麦粒（半杯）	27克	纤维含量比其他燕麦粥要高，要花更长时间消化，因此可以更久地保持饱腹感。碎燕麦粒还含有可以增强免疫力的β-葡聚糖，以及蛋白质、铁、纤维、钙、叶酸以及维生素A等
葡萄干（2汤匙）	30克	钾、铁含量高，帮助血液将氧携带至全身各处
苹果	19克	含有槲皮素（一种黄酮类化合物，亦存在于葡萄、洋葱以及茶叶中），可以减少上呼吸道感染的风险。一定要带皮吃，因为皮中含有全部的槲皮素以及有益健康的纤维

续表

食品	碳水化合物含量	其他收益
卡姆小麦、黑米、苋菜及藜麦（1/4 杯，未加工）	29克	这些古老的谷物或类谷物产品可以提供碳水化合物，还含有蛋白质、维生素和矿物质
西红柿（半杯，罐装）	8克	西红柿富含维生素 C 和番茄红素（一种植物营养素，可以预防多种癌症）

蛋白质

食品	蛋白质含量	其他收益
鸡肉（120 克，去皮，白肉）	28克	含硒（帮助肌肉在跑步时免受自由基的损害）以及烟酸（帮助调节跑步时的脂肪燃烧量）
瘦牛肉（105 克，腰部附近或瘦肉占 90% 的最佳）	26克	补充铁和锌，保持免疫系统健康
猪肉（90 克）	22克	猪肉的含铁量接近牛肉，但脂肪少 1/3；猪肉还含有硫胺素、核黄素以及其他参与把食物转化成能量的 B 族维生素
三文鱼（90 克）	22克	选择罐装三文鱼可以补充额外的钙，任何一种三文鱼都含有对健康有益的维生素 B_{12}
鸡蛋（1 个）	6克	鸡蛋富含蛋白质和胆碱（一种很多食物没有的营养成分，对脑细胞的健康和记忆力至关重要）。选用欧米伽 -3 脂肪酸强化蛋来增加健康脂肪的摄入量
黑豆（1 杯，罐装）	15克	除了蛋白质，黑豆还有纤维和叶酸（B 族维生素的一种，对心脏健康和血液循环起关键作用）
小扁豆（1 杯，罐装）	18克	含铁量高（帮助氧的输送），并含有纤维
原味低脂酸奶（240 毫升）	12克	提供钙及维生素 D，标有“活性菌群”或“益生菌”的酸奶可以让消化系统发挥最佳功能并增强免疫系统
希腊酸奶（180 毫升）	10～15克	希腊酸奶每一勺都含有更多的蛋白质、钙和维生素 D。要选择低脂或脱脂的
牛奶（1 杯）	8克	牛奶中含有构建骨骼所需的钙和维生素 D，因此要多喝（但要选低脂的，会有益心脏）
菜豆（1 杯，罐装）	13克	除了富含铁，菜豆还富含纤维（每份可提供 11 克纤维）
鹰嘴豆（1 杯，罐装）	12～15克	可提供锰（有助于骨骼健康），帮助调节血糖、促进钙的吸收以及新陈代谢

续表

食品	蛋白质含量	其他收益
豆腐（30 克）	20克	用大豆制成，富含钙，有助于降低胆固醇并减少患心脏疾病的风险
藜麦（1 杯，煮好的）	9克	类谷物食品，含有纤维、复合碳水化合物以及人体所有必需的氨基酸（身体的基本组成单位，可以构成更多的蛋白质以及生成肌肉）
花生酱（2 汤匙）	8克	每单位质量的花生比其他坚果含有更多的蛋白质，在帮助重建肌肉的同时还能让你少摄入热量
杏仁（1/4 杯）	8克	提供维生素 E（帮助身体建立强大的循环系统，而且作为抗氧化剂防止细胞受损）。杏仁还含有对心脏有益的单不饱和脂肪酸，有助于降低胆固醇
葵花籽（1/4 杯）	6克	含纤维、维生素 E 和 B 族维生素

脂肪

食品	脂肪含量	其他收益
牛油果（半杯或一个中等大小牛油果的 1/3）	11克	富含维生素 B_6（强化免疫系统）、叶黄素（有助于眼部健康）以及维生素 E（能保护细胞不受损害的抗氧化物）
干烤坚果（30 克）	12～15克	富含锰（肌肉、神经发挥功能的关键元素）以及 5 克的蛋白质
菜籽油及其他植物油（1 汤匙）	14克	菜籽油以口感温和、易烹饪而著称，含 62% 的单不饱和脂肪酸、13% 的多不饱和脂肪酸，几乎不含会堵塞动脉的饱和脂肪酸
三文鱼（90克，煮熟的）	4～7克	这种多脂鱼富含抗炎的欧米伽-3脂肪酸（还可以增强心脏健康、降低血压以及控制血糖水平）
橄榄油（1汤匙）	14克	富含单不饱和脂肪，从而降低患心脏疾病的风险。选择特级初榨或初榨橄榄油，因为它们经过的处理最少，能够最大程度地保存其中的多酚类物质（促进心脏健康）

RW CHALLENGER PROFILE:
《跑者世界》挑战赛挑战者简介之

克里斯汀和詹姆斯·奥尔，从跑步中获得力量

2010 年是克里斯汀和詹姆斯心烦意乱的一年。他们尚在襁褓中的儿子约翰刚被诊断患有严重的甲型血友病（一种罕见的疾病，会导致自发性内出血，而且需要每日输血）。要是身上有点小伤口，其他孩子可能贴块创可贴就没事了，但约翰就要被送去急诊室。仅仅坐在浴缸里身上就会有很深的瘀痕。每周治病看护的费用高达 12 000 美元，他们还面临失去医疗保险的情况。他们刚搬家，离家人、朋友几百公里，还有个 4 岁的儿子吉米需要照顾……一时间，他们感觉脆弱且孤独。

“听到这个结果，然后明白这对他、对我们意味着什么……我们一家受到了巨大的打击，”现住在加州的门洛帕克、35 岁的克里斯汀说，“感觉地都裂了。”

以前，詹姆斯和克里斯汀偶尔跑跑步——只是为了健身而跑上五六公里，但在约翰的诊断结果出来后，跑步成了他们的日常用药：他们得以有时间思考新的现实问题，因关注约翰的一举一动而高度紧张的神经得到了缓解，而且暂时摆脱了恐惧的束缚。跑步让他们在无助和脆弱的深渊中有了依靠，从而挖掘出身体和内心的力量，而这种力量正是他们应对现实所亟须的。

“也许是为了汗水，或是新鲜的空气，或是成就感，”克里斯汀说，“但跑步一直带给我一种安宁感，让我感觉很安心。”

不久，五六公里的跑步显得不够了。他们想要更久的时间、更长的距离以及更多的自我治愈。于是，他们报名参加了一场全程马拉松赛——《跑者世界》挑战赛之 2010 年旧金山马拉松赛。

克里斯汀从高中以后就没跑过全马，而詹姆斯曾是一名曲棍球运动员，从没跑过全马。虽然全马训练需要付出汗水、忍受伤痛，但其约束性和规律性让他们始终能认真地对待跑步。跑步给他们带来了强大的治愈力。

“我们被迫好好照顾自己，”克里斯汀说，“要不是因为训练，我们可能最终只能依赖抗抑郁药物。”

训练的节奏给他们的生活带来了些许正常，而这种正常在生活的其他部分里是找寻不到的。詹姆斯会在凌晨 3 点 45 分起床跑步，然后 6 点去上班；克里斯汀则会把两个孩子放进一辆双人慢跑婴儿车里，每天推着车子在旧金山的小山上跑 13 ～ 16 公里。当进行亚索 800 时，她就把小推车停在跑道边上。

在无法出门的时候，她会在家里跟着 DVD 进行锻炼。他们轮流看孩子，让对方进行长距离跑。每完成一次 24 公里跑，她都兴奋得想再来一次。

“长距离跑让我获得了安慰，这也是对我付出的回报。”她说，“长距离跑让我充满活力并感到安心。即使是冒着雨或雾出去跑步，回到家我都会开心得合不拢嘴。别人看到我还以为我喝高了。但我只想告诉他们，‘你们不知道这种感觉有多好’。”

《跑者世界》挑战赛：2010年旧金山马拉松赛

他们肩并着肩一起跑了那场全马的前 27 公里。最终，克里斯汀以 4 小时 11 分完成了比赛，而詹姆斯的成绩为 4 小时 45 分。几个月之后，克里斯汀又以 3 小时 31 分完成了“华馆摇滚马拉松赛”。詹姆斯则以 2 小时零 1 分完成了半程马拉松。他们继续训练，然后参加了同属“挑战赛”系列的 2011 年大苏尔国际马拉松赛：克里斯汀实现了目标，成绩为 3 小时 38 分，而詹姆斯完成的时间为 4 小时 33 分，比旧金山的成绩提高了 12 分钟。在那之后，克里斯汀又在 2011 年加州国际马拉松赛上跑出了 3 小时 29 分的成绩。

“生活给了我们一个大大的酸柠檬，”克里斯汀说，“而马拉松训练就是想办法用它做出好喝的柠檬水。只有这样，我们才可能撑过这一切。”

EATING BEFORE YOU RUN, ON THE ROAD, AND AFTER YOU'RE DONE

05

跑步前、跑步中以及跑步后的饮食

在补充跑步能量方面，时机决定一切。若空腹出去跑步，你最后会累垮自己。出门前吃错了东西，你可能会一路狂奔——直冲厕所。要是跑完30公里后不注意补充体力，那下一场你可能就跑不了了。

在刚好足够和吃得太多之间保持微妙的平衡非常重要——前者会让你保持体力充沛，而后者会让你有呕吐感、肠胃痉挛，甚至更糟。如果没有掌握好平衡，那么你所有为增强双腿和肺部功能而付出的努力便都可能化为泡影。

“你在比赛日的表现，99% 与你在赛前吃什么、喝什么或不吃什么、不喝什么有关。”莉萨·多尔夫曼（Lisa Dorfman）说。她是理学硕士、注册营养师、运动营养认证专家、心理咨询师，还是迈阿密大学研究运动医学、营养和成绩项目的负责人。“即使是世界上最优秀的运动员，也会因为在赛前犯糊涂而导致痉挛。”

就像训练的其他很多方面一样，你可以遵循某些常规指南，但没有一个适合所有人的公式可以套。饮食种类、摄入量、忌不忌口……在这些方面，每个跑者都不一样。要找到一个适合自己的、简单又不会出错的办法，唯一的途径是利用训练时间来尝试不同的饮食方式，从而找到既能提供最多能量又不会让肠胃难受的饮食公式。

在本章中，你将了解到关于跑步前、跑步中以及跑步后饮食的一切知识。我们将提供一些工具来帮助你决定吃什么、吃多少以及何时吃。然

BART SAYS...
巴特如是说

不要空腹跑步。要试着寻找适合你的食物种类。要找到那种“令你舒服的食物”，也就是你喜欢吃、易消化并且令你在跑步时感觉良好的食物。

后，便完全由你来制订出自己的个人饮食方案了。

跑步前的饮食

跑步前吃什么完全由你的跑步时间和训练类型决定。很多人在跑步前没有时间（以及胃口）吃东西、消化，特别是在清晨。如果是一场持续 60 分钟以内的轻松跑，跑前不吃东西或仅适当饮水并不会对你有任何伤害（一定要保证饮水）。但如果是更长时间或更大强度的跑步——比如 1.6 公里重复跑或 16 公里跑——那么跑前饮食就很关键了。空腹出门你会很快疲劳，而且想达到目标配速会更难。

对于高强度的训练，如速度练习或节奏跑，跑前补充能量尤其重要，因为这个时候碳水化合物的消耗要比轻松跑时快得多。虽然体内储存的糖原可能足够撑过训练，但开始前“加满油”你会表现得更好。比较好的做法是：提前 2 ～ 3 小时吃一顿高碳水化合物的饭菜，或提前 30 分钟左右吃一点高碳水化合物的零食（能量胶或咀嚼糖也能凑合）。

挑战者亚当·沃尔（Adam Wall）来自纽约，全马成绩为 3 小时零 6 分。沃尔有两个孩子，他是一家银行电子交易业务的首席运营官，他在一次跑道练习中见识了空腹跑步的危害。在进行 1.6 公里重复跑之前，他忘了吃点零食，结果他“撞墙撞得很厉害”。“那种感觉极其怪异。胃里绝对一粒米都没有——身上没力。最后，我意识到，这次训练算是彻底毁了。”

假如想跑得远一些，比如 19 ～ 37 公里，那就要在前一天开始补充能量和水分。不一定要增加热量，只要保证碳水化合物占午餐和晚餐的主要部分就可以了。身体会吸收、储存营养，这样在第二天跑步时你就用得上这些能量储备了。中午那顿是主要的，晚餐可以少吃点，这样在睡觉前你有大量时间来消化。

在长距离跑的早晨，要提前 2 ～ 3 小时开始补充能量。每提前 1 小时增加 300 卡路里（因此，如果 1 小时以后跑步，则吃 300 卡路里食物；如果 2 小时以后跑，则吃 600 卡路里）。不管吃什么，一定得是碳水化合物含量高的。

Amby's Advice 安比的建议

你只能在 3 个时间段进食简单的、加工过的碳水化合物（包括糖）：即将跑步前、跑步中以及刚刚跑完步。不要在长距离跑中过量进食或饮水——导致胃部不适的风险很大。通过实践，找出什么东西是你能吃或能喝的，以及多少量不会导致胃病发生。

跑前补给

跑步类型	补给量	补给时间
低于 75 分钟	含 100 ～ 200 卡路里、高碳水化合物、低脂、低纤维食物	跑前 30 ～ 60 分钟
75 分钟或以上	跑步时提前 1 小时补充 300 卡路里	跑前 60 ～ 120 分钟
速度练习（1.6 公里重复跑、节奏跑、亚索 800）	高碳水化合物的一餐或含 100 ～ 200 卡路里的高碳水化合物零食	用餐为跑前 2 ～ 3 小时；零食为跑前 30 分钟

应该什么时候给身体“加油”，每个人的情况不同，但总的来说，跑前吃得越多，你就需要越多的时间来消化。吃完一顿两三百卡路里的饭菜，你可能 30 ～ 60 分钟之后就可以跑步。卡路里多过这个范围，你就得等 60 ～ 90 分钟之后才能跑步。上面的“跑前补给”一表可以作为简单的参考。

那么，完美的跑前餐是什么样的呢？应该是你熟悉的食物，容易被身体消化，低脂、低纤维、高碳水化合物，可以增强体力又不会让肠胃难受。（具体请参阅附录 B。）

跑步中的饮食

如果跑步时长少于 75 分钟，那么你可以依赖水、运动饮料和自身储存的糖原。只要超过这个时间，身体就会耗尽储存的糖原。肌肉能量耗尽，身体（更别提精神）便开始吃力。因此，在跑步中摄入碳水化合物可以保持血糖稳定，这样你就不会累到崩溃的地步。

关键在于要以一定的间隔进行补给。如果等到能量耗尽才去补充，那你就无法从饥饿感或无力感中恢复过来。肌肉被迫奋力追赶，你不能迅速恢复体力，而且到最后完成时也感觉无力。

挑战者凯莉·施瓦廷（Kelly Schwarting）来自华盛顿州的埃德蒙兹，参加过 11 场马拉松赛。她以一种痛苦的方式得到了教训。在为其首场全马而训练时，她打算只靠水和能量胶对付一下。

[WHAT WORKS 成功案例]

一开始就需要有补给策略

凯莉·施瓦廷，45 岁，华盛顿州埃德蒙兹人；客户经理，有 3 个孩子；
11 场全马；个人纪录：3 小时 32 分；“挑战赛”经历：2010 年多伦多马拉松赛

不要等感到无力或饥饿时才补充碳水化合物。要每 40 ～ 45 分钟吃一点能量咀嚼糖、能量胶或饮料，以避免“撞墙”。不要为了锻炼自己就不吃不喝地跑超过 16 公里。这样你不仅会毁了跑步的效果，还会留下阴影、怀疑自己在比赛时也会体力不支。我犯过这样的错误，结果在跑首场全马时非常紧张。

补水：要根据自己的需求

“我应该喝多少水？”这是个很简单的问题，但其答案往往并不简单或明确。

多年来，跑者们被提醒要补水、补水、补水——不管口渴与否，否则会有脱水的风险。最近几年，跑者们又被提醒说不要过度饮水，因为这可能导致低钠血症——一种有可能致命的病症，是由过量的液体摄入导致血钠水平降低而引起的。

这是怎么回事?

一方面，我们的确需要保持身体水分充足。水影响每一项身体功能的发挥——它帮助把营养物质运送到全身各处、排出肌肉中的废物、调节体温等。如果明显脱水（一般为身体失水量占体重的 2% ～ 3% 或更多），身体不得不更加努力地运转，以使各项功能维持正常。此时，血量降低、心脏被迫加快搏动，跑步对心血管的要求变得更加难以满足。于是，精神愈发难以集中，身体吃力程度突增。这种状况会危害你的健康，更不用说这会让你跑起来非常痛苦了。

另一方面，摄取水分过量也有它的危害。如果身体摄入的水量（或其他不含或含极少电解质的液体）多过汗液等流失的水量，则会导致低钠血症，或“水中毒”发生。在罕见、极端情况下，低钠血症可能引发疾病发作、昏迷甚至死亡。女性和马拉松新人们似乎更容易得此病症。“经验不足以及跑得较慢的选手过量饮水的风险更大，因为他们在赛道上待的时间更长，而且每到一处水站都喜欢喝点水。”迈克尔·伯杰龙（Michael F. Bergeron）博士说。他是美国运动健康与运动成绩研究所主任，该研究所设于南达科他州苏福尔斯市的桑福德健康中心。

“你跑得越快、起跑时水分补充得越好，跑步时汗流得越少，你就越不需要过分担心脱水、电解质流失过多，或喝水过多。”伯杰龙说。

那么，跑者们应该怎么做呢？虽然这个话题有很多争议，但还是有几条指导性原则得到了专家们的认可：

要量身定制方案。按照跑步时每小时补充 0.3 ～ 0.6 升液体的做法，虽然很多跑者可以保证水分充足，但流汗情况以及由此导致的液体和电解质需求因人而异——根据体型、速度、天气状况、热适应程度、遗传以及身体状况的不同而有变化。某个人每小时补充 0.5 升水可能就够了，但另一个人可能需要 1 升。出汗盐分大的人（跑完步皮肤上一层盐而且衣服上有渍）可能比其他人需要更多的液体或电解质。

以口渴程度为参照。 蒂莫西·诺克斯（Timothy Noakes），医学博士（MD），是《跑步的学问》（*Lore of Running*）一书的作者、南非开普敦大学运动和体育科学教授。他认为为解渴而饮水是最佳的策略。饮水超过或达不到这个需求，就会妨碍发挥并导致健康问题。但是，伯杰龙提醒，这种策略可能并不适用所有情况。例如，在非常干旱的气候下，嘴会非常干，而且干得很快，于是你可能会过量饮水；而在另外的情况下，只喝一点冷水可能就已经解渴了，但身体其实还需要更多的水分。

进行流汗测试（sweat test）。 如果想估算一下跑步时的体液流失量，从而得出补水量，你可以进行一小时跑，然后比较自己在跑步前后裸重的变化（见第 81 页的"流汗测试"）。但要记住，为了更好地估算你在全马比赛时的补水量，你必须完全按照比赛时的气候条件进行流汗测试。看看比赛时平均会是什么天气，然后确保按照那些条件来进行测试，并且要以比赛计划配速来跑。最好按不同的天气状况分别进行测试，然后在日志中记录下结果，作为比赛时的参考。

进行卫生间测试。 如果体内水分充足，尿液应该为浅黄色——柠檬水的颜色或浅稻黄色。因此，开始跑步前去一趟卫生间。如果尿液颜色发深——类似苹果汁，那么很明显水喝得不够。

小口喝，不要大口灌。 跑步时，手表设定为每 15 分钟响一次，以此来提醒你注意是否口渴。如果有需要就喝一点。注意一次只喝一点，这样你会更舒服。如果等到非常渴，然后一次猛喝 0.6 升的运动饮料，那么最后你会感到恶心，而且胃里像是有什么东西在晃来晃去。

不要只喝水。 任何跑步如果超过 45 分钟，都要饮用某种既含碳水化合物又含电解质的饮料，这样有助于维持体内电解质、液体平衡以及运动表现的稳定。市场上有很多符合要求的运动饮料，你只需看一看标签。碳水化合物帮助保持能量水平稳定，而电解质则有助于防止低钠血症（钠损耗）的发生、维持良好的体液分布。

考虑天气状况。 如果气温飙升，身体会出更多的汗，而且疲劳得更快。因此，如果天气特别热且潮湿，你需要比平时喝更多的水。要是真担心会脱水，那你最好跑得慢些，这样出汗就会慢一些，身体可以保持在平衡状态。

上路规则

为避免跑步时常犯的补给错误，请遵守以下上路规则：

练习，练习，再练习。在长距离跑中磨炼你的肠胃，从而让它适应一边跑步一边接纳食物和饮料。

注意饮食。查看每种能量胶、咀嚼糖或其他能量来源的营养成分，根据说明来决定每种来源对应的饮水量。

跟着喝水。吃完能量胶、咀嚼糖或能量块之后要喝水。但这时要是喝运动饮料，你就会增加上卫生间的频率或感到恶心。

随身携带。找一个轻便、舒服的腰包或跑步腰带，这样可以轻松携带你的运动糖豆、能量胶、咀嚼糖等。某些跑步短裤也有专门设计的口袋。如果没有这些装备，你可以用安全别针把包装袋固定在短裤上。

去掉包装。如果手滑，跑步时会打不开能量胶、咀嚼糖之类的包装。你可以把它们从原来的包装中拿出来，然后放入一包零食大小、带拉链的包中，在长距离跑或比赛的时候使用它。

细嚼慢咽。要慢慢食用能量胶、糖豆、咀嚼糖等物。要是吃得过快或试图把全部东西一口吞下，你可能会噎着或感觉总有东西下不去。

“我知道要吃点东西，但不知道要吃多少、什么时候吃。”一位跑者说，“我的训练完全漫不经心，成功全靠运气。”

试试不同品牌、不同口味的能量胶和运动饮料，看看哪些适合你的肠胃。每种品牌都有它独家的配方。可能某种产品在你身上的反应比另外一种要好，而且你可能偏好某些口味或口感。

在训练中尝试各种能量源时，一定要试试比赛时提供的那种。万一它不适合你，你就得做好带上自己的饮料去比赛的打算。

恢复期的饮食

结束一场跑道练习或长距离跑，精疲力竭地回到家后，你唯一想做的事就是冲凉，然后躺下休息，对吧？且慢！

“一场长距离跑或高强度训练后的半小时之内，你的所作所为将决定你下一场训练的质量以及能否健康地完成整个训练。”苏珊娜·吉拉德·埃伯利（Suzanne Girard Eberle）说。她是一名理学硕士、注册营养师、运动营养认证专家、通过资格验证的运动营养师，还是《耐力运动营养》（*Endurance Sports Nutrition*）一书的作者。

“跑完步之后的 30 ～ 60 分钟是身体恢复的黄金时间。这个时候，身体做好了重新储存糖原的准备，并且开始修复肌肉组织，从而让你为下一场跑步恢复活力。”埃伯利说。

运动，特别是剧烈运动之后，如节奏跑或

长距离跑，进入肌肉的血流量增加。同时，身体对胰岛素更加敏感，而胰岛素会来回在肌肉中运送葡萄糖。在那里，葡萄糖被转化成糖原并且储存起来以备身体之需。除此之外，胰岛素还会提示肌肉收集蛋白质，以开启肌肉修复的过程。再等下去，身体便不会那么轻松地吸收葡萄糖以及其他营养，最后你会感觉更疲劳。可能你不会立即有这种疲劳感，但经过数周、数月的高强度、长距离跑步（且没有正确地补充能量），这种累积效应会让你在比赛前就累垮。

“很多跑者完全错过了这段窗口期，结果遇到了麻烦。”埃伯利说，“他们开始需要更长的时间进行恢复，受伤的风险也增加了，而且训练看起来比原本更加困难。”

高强度训练之后——如间歇练习、节奏跑或 1 小时以上的长距离跑，最重要的就是补充能量，因为肌肉已非常劳累，而且肌糖原也消耗完毕。对于 30 分钟、低于最大心率 60% 的轻松跑，能量的补充便不那么重要。即便如此，埃伯利还是建议训练结束后立即吃东西，为的就是养成运动后进食的习惯。

那么你需要多少碳水化合物来进行恢复？答案是：将体重除以 0.9 得到一个值，然后吃与其等重的碳水化合物。例如，一个体重为 54 公斤的人建议食用的碳水化合物值为 60 克。要保证碳水化合物和蛋白质的比例为 4∶1，即同样一个 54 公斤的人建议食用的蛋白质值为 15 克。不要太纠结于完全按照这个比例，只要保证两种营养都能得到即可。两小时之后，再吃同样比例的碳水化合物和蛋白质（关于跑后餐的更多做法，请参见附录 B）。

那么你应该喝多少水呢？这个问题的答案差异很大，要根据身体状况、天气以及出汗量而定，最好做一下流汗测试。水分重新补充充足后，尿液应呈柠檬水的颜色。如果颜色更深——比如像苹果汁的颜色，或几小时没去洗手间，那就得再多喝些。

重新补水可能是身体恢复过程中最为关键的一步。水分支持了身体很多关键功能的发

流汗测试

你的体型、跑步距离、天气条件以及配速影响着你在跑步时应该喝什么。此“流汗测试”是一种估算液体需求量的好方法。在不同的季节、不同的训练内容、不同的天气条件下，以及在身体状况改变时，都需要重新进行此项测试。

① 跑步前称量自己的裸重。

② 以比赛配速跑 1 小时，记清跑步时的饮水量。

③ 跑完步后，脱去衣服，擦干汗液，然后再次称量裸重。

④ 用跑后裸重减去跑前裸重，并换算成升（1 公斤对应 1 升）。

⑤ 上一步得到的值再加上跑步时饮用的液体量。例如，如果体重减少 0.5 公斤，而且跑步时的饮水量为 0.5 升，那么你的总共液体流失量为 1 升。因此，你需要在类似的跑步中饮用 1 升的水和电解质，以保持身体水分充足。

挥，包括把营养物质和氧气通过血液输送到细胞、把废物冲刷出细胞等。埃伯利提到，如果脱水，“身体不得不加倍运转，以实现所有功能的发挥。”因此，你会觉得累，而且需要更长的时间来恢复。

跑出问题

在进行首次16公里跑时，戴尔·哈蒙德（Dale Hammond）做好了路上补给的充分准备。1小时后，他吃了一个能量胶并用运动饮料冲服下去。

“不到5分钟，胃痉挛使我直不起腰来。”36岁的哈蒙德说。他有3个孩子，来自华盛顿州斯波坎市。“我试着去坚持，但一提高强度，胃部就又开始痉挛。走了大约30分钟之后，我才终于能重新跑步。”

不止哈蒙德一个人如此。研究表明，超过1/3的跑者抱怨跑步时胃部不舒服。肠胃问题可以导致痉挛、反胃、胃胀以及腹泻，这些症状会让你的训练很痛苦，甚至无法完成。

从某种程度上来说，得胃病是不可避免的。跑步时，血液被转移到腿部肌肉上，胃肠道里的血液就少了，因此，正常的消化过程就被扰乱了。像比赛、速度练习之类的高强度跑步还会转移更多的血液，这就是很多人一到这种时候就得病的原因。然而，你可以采取一些方法来减少出问题的概率：

· **注意时间。**跑步前吃得越多，越需要时间来消化。一顿大餐之后，要等3小时才能跑步，而且跑前要上厕所，尽量排空肚子。咖啡、茶或任何热饮都会让肠道蠕动，但特别要注意咖啡因，它还有它自己的问题（更多有关咖啡因的内容，请参见第83页）。

· **把午餐作为主餐。**跑前24小时之内吃的东西，会影响你跑步时的肠胃感觉。把比赛或长距离跑前一天的午餐作为当天的主餐，这样你就有大量时间进行消化。另外，晚上要吃得少一些。

· **低纤维、低脂、低蛋白。**这些营养成分在日常饮食中是好的，但它们可能对跑步中的肠胃造成重大损害。远离某些蔬菜，像西兰花、菜花、卷心菜等，它们会导致胃胀、胀气。另外，脂肪和蛋白质也要尽量减少。

· **吃白色食品。**虽然在平常不吃加工过的碳水化合物，但可将其作为理想的跑前餐。像普通百吉饼、一般面条、精米之类的食物都很容易消化，能快速提供热量。

· **不要吃过多乳制品。**有些人不易消化牛奶、奶酪以及其他乳制品中的乳糖。这样的话可以试着用不含乳糖的豆奶、米浆或杏仁奶代替，或者寻找含活性菌的牛奶和酸奶，其中添加的有益菌可以帮助分解乳糖。

· **不要吃过量的碳水化合物。**你的胃一次只能处理一定量的碳水化合物，因此，如果吃能量胶，之后就要喝水而不是运动饮料；如果喝运动饮料，就不要同时吃能量胶。

· **注意甜味剂。**胶、饮料中的某些糖类，如山梨醇、甘露醇、果糖、葡萄糖及高果糖玉米糖浆等，会让部分跑者肠胃难受。不同的品牌使用不同的甜味剂，因此要注意查看配料表，找到适合自己的配方。

咖啡因

不少跑者喜欢跑前喝杯咖啡来提神并促进肠胃蠕动。长久以来，人们认为咖啡因会导致脱水，但最近的研究表明，情况可能并非如此。

一份 2005 年发表于《国际运动营养学与训练新陈代谢杂志》(*International Journal of Sport Nutrition and Exercise Metabolism*) 的研究表明，摄入适量的咖啡因（59 名男性每天共消耗 500 毫克，或 4 ～ 5 杯咖啡所含的量）对体液状态的影响与无咖啡因饮食相同。另外一组研究还发现，咖啡因可以降低疲劳度和自感用力度，提高速度，改善情绪、耐力、体力，还可以将成绩提高 3.2% ～ 4.3%。

咖啡因速查表

下面是一些常见饮料的咖啡因含量，供跑者参考：

- 现煮咖啡（235 毫升）：133 毫克（可能 102 ～ 200 毫克不等）。
- 星巴克拿铁咖啡（470 毫升）：150 毫克。
- 脱咖啡因咖啡（235 毫升）：5 毫克（可能 3 ～ 12 毫克不等）。
- 百事可乐（470 毫升）：63 毫克。
- 红牛（1 罐）：80 毫克。
- 可口可乐（470 毫升）：57 毫克。
- 好时黑巧克力棒（41 克）：25 毫克。
- 好时牛奶巧克力棒（44 克）：11.7 毫克。

不过，康涅狄格大学运动环境生理学教授劳伦斯·阿姆斯特朗（Lawrence Armstrong）博士提醒说，每个运动员对咖啡因的反应不同。有的人会提高成绩，而有的人感觉没影响或者胃不舒服。因此，重要的是，要在训练中测试一下咖啡因对你的影响。

挑战者史蒂夫·梅基（Steve Maki）在工作日只喝一杯咖啡。2010 年“飞猪”马拉松赛的早晨，他喝了杯咖啡，又吃了些含咖啡因的能量胶，结果出问题了。

“我以为没事，这样能清醒些，”梅基是一名会计，有 6 个孩子，他说，“结果大错特错！”

比赛进行 40 分钟后，他感到恶心、头晕，心率飙升。他不得不走了 1.6 公里左右，这让他 3.5 小时完成比赛的希望彻底破灭。“惨痛的教训给我上了一课。”他说。

阿姆斯特朗强调，关键要适量。目前，关于咖啡因的长期影响或每天超过 600 毫克的影响——无论好坏，都还没有研究结果。

“对于不喝咖啡的人，我未必建议他们去喝含咖啡因的饮料。”《南希·克拉克马拉松饮食指南》(*Nancy Clark's Food Guide for Marathoners*) 的作者、注册营养师、运动营养学家南希·克拉克（Nancy Clark）说，“但喜欢喝的人跑前喝咖啡也没什么问题。”

“此外，咖啡并不是唯一能让肠道蠕动的饮品，任何热饮（如热水、茶或无咖啡因咖啡）都可以。”克拉克说。

酒精

毫无疑问，跑完 21 公里或 42 公里已经够难的了。但要是醉酒或带着宿醉跑完这段距离，其中的危险性想想都让人觉得可怕。然而，很多赛事在水站或终点提供啤酒，而且许多马拉松选手在赛前一夜到酒吧狂饮。

啤酒的确有助于补充碳水化合物。有研究认为，适量饮用红酒、啤酒和白酒有助于提高 HDL（好）胆固醇水平，防止 LDL（坏）胆固醇堵塞动脉、引发心脏病，还能降血压。另外，红酒中的白藜芦醇（resveratrol）可以发挥抗氧化剂的作用，减少细胞损伤。

不过，美国运动医学会（American Council of Sports Medicine，简称 ACSM）认为酒精对跑者有明显的负面作用。跑前饮酒会损害体力、力量、速度、协调性、最大摄氧量以及肌肉和心血管的耐性，还可能导致脱水。此外，酒精会干扰肌肉吸收葡萄糖（首选的能量来源）的能力。

那么，到底该怎么做呢？难道边跑边喝？

喝一点红酒或啤酒不会对跑步有什么危害，只要你做得明智。比赛或剧烈运动前最好不要喝啤酒，跑步时可以喝一点，跑完步喝上一两杯也行。专家指出，前提是要先用无酒精的食品补充能量和水分。

下面有一些关于饮酒和跑步的指导性原则，以供参考：

· **等 48 小时。**美国运动医学会建议全马或半马前 48 小时内不要饮酒。其他专家则认为比赛前一天的晚餐时喝点酒没关系，前提是要同时摄入大量的碳水化合物和水。

· **先吃食物。**在赛后派对上拿起酒杯前，

INSIDE RUNNER'S WORLD 《跑者世界》编辑如是说

杰夫 · 登盖特（Jeff Dengate），35 岁，资深编辑，新泽西州泽西城人

经验教训：马拉松前一天的晚上吃东西要小心。

2009 年阿迪朗达克马拉松赛的前一天晚上，我在半夜吃了一个香肠三明治。我并不是说这两者有什么联系，因为那块三明治消化得很好。但是第二天，我胃里喝不下一点液体。不过我没有退却，坚持参赛，想用老派的方式完成比赛——不吃能量胶也不喝任何液体。比赛中有 35 公里我都处于第二的位置。大约过了 32 公里处，天热了起来，太阳照射在身上，我的头脑开始不清醒；接着，身体也失去了控制。我感觉不到脚接触地面，只能抬腿、放腿，前脚掌砸在路上，速度大幅下降而我无能为力。我又挣扎了一两公里，不甘心自己的一天那么早便结束了。最后，我只是完成了比赛而已，因为对我来说，边走边跑完剩下的路程也要比搭车来得快。有意思的是，跑过最后几公里后，我又喝得下佳得乐（Gatorade）和水了——太短了，也太晚了。我的成绩比预期差了 30 分钟。比赛中，我总是纠结于往肚子里填什么。我不喜欢胶类，而且大量的糖分让我感觉能量水平不均，忽高忽低。在大部分情况下，我不喜欢带着东西跑步，因此在较长的跑步训练中，我出门只带一瓶希多迈克斯（Cytomax）。

要先吃恢复餐（碳水化合物和蛋白质比例为4∶1的零食）并补充500～700毫升的水或运动饮料。如果你先喝啤酒，再进食喝水，就可能把重要的恢复餐抛一边了。

· **喝水。**为抵消酒精的利尿作用，每喝一杯酒精饮品，就要喝240毫升的水。

· **要限量。**专家认为，适量饮酒是可以的。但适量是多少？对于男性，就是一天两杯；对于女性，是一天一杯。那么一杯是多少？就是150毫升一杯的红或白葡萄酒，或350毫升一杯的啤酒，或40毫升80度的蒸馏白酒。

· **了解自身的风险。**假如你有某种健康状况，如心脏问题、高血压或I型糖尿病，那么饮酒令病情复杂化的风险更大。假如有酗酒的家族史，那你发生饮酒问题的风险更高。

经常遇到的问题

我在凌晨5点进行长距离跑，但我无法在3点起来吃东西，而且胃也受不了。请问我该如何为跑步提供能量？

如果你不能或不想在跑前吃东西，那也没关系。但要是这样的话，必须保证前一天的午餐和晚餐的碳水化合物含量要高，这一点尤其重要。可以尝试把午餐当成主餐，晚餐少吃一点，这样在跑步前你就有大量时间来消化食物。跑步时，也要比平常吃早餐更早一些开始补给。比方说，如果要跑3小时，那么起跑30分钟后就要开始补给，不能再晚。

我试过市面上所有品牌的能量胶、咀嚼糖，但没有一种能吃得下去！有没有什么“真正的”食物可以在跑步时吃？

试试蜂蜜、干果，甚至椒盐卷饼也可以。如果连这些东西都吃不下，那你可以喝运动饮料来获取跑步所需的碳水化合物以及电解质。

我知道跑步后应该补充能量，但我一跑完就感觉恶心，吃不下东西。怎么办？

剧烈运动后感觉反胃是正常的。研究表明，有氧运动能减少饥饿感并刺激抑制食欲激素的分泌。即使没有胃口，最好还是吃些东西，这会让你感觉舒服些，还能加快身体恢复。要是恶心得吃不下，你可以喝一些恢复性饮料、吃一些能量棒或能量胶来补充钠和能量，几小时之后再饱吃一顿。可以试试巧克力牛奶，既可提供4∶1的碳水化合物和蛋白质，又不会让胃难受。或者，也可以试一些清淡的食物，如麦乳、苏打饼加芝士，或一个香蕉。如果想试试水果奶昔，本书第87页开始会介绍它的做法。

跑前餐的食物建议

下面这些跑前餐都是高碳水化合物、低脂、低纤维，能够提供人体所需能量，让你跑出最佳成绩。它们富含营养，能够让你的身体在训练期间保持巅峰状态。请根据自己的口味选择食物进行搭配。

食物	营养信息①	健康受益
低脂水果酸奶 180 毫升 桃子 1 个，中等大小	231 卡路里 46 克碳水化合物	桃子中的碳水化合物可作为能量，钾和抗氧化物可以增强免疫功能；酸奶中的钙和维生素 D 可以保持骨骼健康
椒盐卷饼 60 克 鹰嘴豆泥 2 汤匙	263 卡路里 49 克碳水化合物	椒盐卷饼含简单碳水化合物以及钠（有助于防止脱水）；鹰嘴豆泥可以补铁以及少部分蛋白质
全谷物华夫饼 2 块（冷冻的） 枫糖浆 2 汤匙	294 卡路里 56 克碳水化合物	全谷物华夫饼含有慢速吸收碳水化合物，可长时间提供能量，而枫糖浆补充快速吸收碳水化合物以及 B 族维生素（帮助细胞生长和新陈代谢）
花生酱香蕉三明治：中等大小香蕉 1 个、全谷物面包 2 片、花生酱 1 汤匙	337 卡路里 53 克碳水化合物	全谷物面包中的碳水化合物作为能量，而香蕉中的 B 族维生素和钾帮助肌肉收缩；花生酱含蛋白质和健康脂肪，以及帮助恢复的烟酸
运动饮料 480 毫升	125 卡路里 28 ～ 30 克碳水化合物	带有电解质的液体有助于防止脱水，并在身体无法接受固体食物的情况下提供大量能量
蜂蜜全麦脆饼 60 克，蘸天然花生酱 1 汤匙	320 卡路里 49 克碳水化合物	易消化的脆饼能提供 B 族维生素，如硫胺素（维生素 B_1），而花生酱能长时间提供能量以及对心脏有益的脂肪
苹果肉桂燕麦圈 1 杯，加脱脂牛奶 1 杯以及中等大小香蕉 1 个	255 卡路里 55 克碳水化合物	谷物可提供碳水化合物且强化了维生素和矿物质，牛奶提供钙和维生素 D，香蕉增加 B 族维生素和钾
用 100% 全谷物面包做的火鸡三明治 苹果 1 个	420 卡路里 72 克碳水化合物	全谷物面包提供持久的能量，苹果可提供更多的能量、纤维、维生素 C 以及减少细胞损伤的抗氧化物

注①：根据美国农业部营养数据库估算，具体数值可能随品牌而变化。

跑后餐的食物建议

跑完步后，很重要的一点便是快速地（30 分钟内）进行能量恢复，以恢复糖原的储存并开始肌肉修复。下面这些零食可以满足身体对碳水化合物和蛋白质的需求，而且大部分中碳水化合物和蛋白质比例为 4∶1。另外，它们富含维生素和矿物质，能让你健康地完成整个训练。

食物	营养信息[①]	健康受益
低脂巧克力牛奶 240 毫升 新鲜水果 1 份	225 卡路里 40 克碳水化合物 9 克蛋白质	新鲜水果和牛奶有助于身体水分的恢复，同时可提供钙、维生素 D 以及其他维生素和矿物质
椒盐卷饼 30 克，蘸低碳水化合物（高蛋白）酸奶 180 毫升	275 卡路里 50 克碳水化合物 12 克蛋白质	椒盐卷饼提供碳水化合物以及有助于补充电解质的钠，酸奶增加钙和维生素 D
火鸡三明治：全谷物面包 2 片、熟火鸡肉 4 薄片以及蔬菜	310 卡路里 55 克碳水化合物 17 克蛋白质	含较多的蛋白质，是高强度训练后或高跑量周期的最佳选择
中等大小香蕉 1 个，压扁抹上花生酱 2 汤匙 恢复型奶昔 240 毫升	380 卡路里 55 克碳水化合物 12 克蛋白质	运动饮料可以补充电解质和体液，而香蕉提供钾，以帮助肌肉收缩；花生酱增加健康脂肪，还有烟酸可以帮助身体恢复
整鸡蛋 1 个（用不粘锅煎），加全麦英式烤松饼 1 个 新鲜蓝莓 1 又 1/4 杯 淡酸奶 180 毫升	400 卡路里 67 克碳水化合物 20 克蛋白质	这种搭配饱和脂肪低而纤维含量高：蓝莓含抗氧化物，有助于缓解肌肉疼痛，酸奶会增加钙和维生素 D，以保持骨骼健康；鸡蛋中的蛋白质、B 族维生素以及胆碱有助于保持免疫系统的良好状态，让肌肉做好运动准备
水果奶昔： 低脂香草酸奶 180 毫升 花生酱 2 汤匙 中等大小香蕉 1 个 脱脂巧克力糖浆 2 汤匙	415 卡路里 66 克碳水化合物 13 克蛋白质	剧烈运动后吃不下固体食物时，这种食物更容易被胃接受：酸奶提供钙和蛋白质，而花生酱提供健康脂肪和烟酸，巧克力糖浆增加碳水化合物和甜味
全谷物煎饼 2 块，加半杯罐头水果（不带汁） 英式茶 360 毫升，加入半杯脱脂牛奶和 1 汤匙蜂蜜	330 卡路里 65 克碳水化合物 13 克蛋白质	全谷物和水果补充身体中的碳水化合物，还能提供抗氧化物；茶可提供抗氧化物以及植物化学成分，从而防止你在数月的高强度训练中累倒；牛奶提供钙，而蜂蜜则提供能量及其他增强免疫的植物化学成分
空气爆米花 3 杯 低脂巧克力牛奶 240 毫升	280 卡路里 46 克碳水化合物 11 克蛋白质	爆米花提供碳水化合物、纤维及铁，加点盐还有助于补充水分；牛奶提供钙和碳水化合物。搭配在一起，它们可以满足对甜咸口味的爱好

注①：根据美国农业部营养数据库估算，具体数值可能随品牌而变化。

跑步后的凉饮

轻松跑低卡清凉品

轻松跑过后身体并不需要摄入大量营养来进行恢复，因此，本品选用杏仁奶——其热量几乎只有低脂牛奶的一半。每杯菠菜只有 7 卡路里的热量，是含铁量最丰富的植物来源之一，而铁可以帮助把氧气输送到肌肉。猕猴桃富含维生素 C，可以增加铁的吸收。冰冻的奶油香蕉给本品增加了一股凉意，并能中和蔬菜略带苦涩的味道。本食谱由注册营养师、运动营养师卡西 · 迪米克（Cassie Dimick）设计。

不加糖的杏仁奶半杯
新鲜菠菜 1 杯
猕猴桃 1 个，切片
香蕉半个（最好冷冻），切片

将杏仁奶、菠菜、猕猴桃以及香蕉放入搅拌机，搅拌至细腻均匀。

以上为一份

每份含：128 卡路里、28 克碳水化合物、6 克纤维、2 克蛋白质以及 2 克脂肪。

脆爽咖啡

咖啡因和碳水化合物一起能帮助身体恢复肌肉糖原的储存，效果比只有碳水化合物要快。天然的可可粉——非荷兰式或碱化的，含有抗炎的抗氧化物，而且热量低、味道好。香蕉富含钾，有助于保持体液平衡。杏仁不仅能增添脆爽的口感，而且还含对心脏有益的脂肪，能让你有饱腹感。本食谱由注册营养师卡西·迪米克设计。

冰冻咖啡 120 毫升
脱脂牛奶 120 毫升
香蕉 1 个（最好冷冻），切片
完整杏仁 2 汤匙
天然可可粉 2 茶匙

将咖啡、牛奶、香蕉、杏仁以及可可粉放入搅拌机，搅拌至细腻均匀。

以上为一份

每份含：252 卡路里、35 克碳水化合物、6 克纤维、10 克蛋白质以及 11 克脂肪。

美味惊喜

本品中的胡萝卜汁富含维生素 A，有助于调节免疫系统。鲜姜添加一种甜中带辣的口味，而且研究表明，姜可以缓解训练后的肌肉疼痛。牛油果含有对心脏有益的单不饱和脂肪，而辣椒中的辣椒素可以提高新陈代谢，帮助身体消耗更多的卡路里。本食谱由运动营养师、注册营养师伊拉娜·卡茨（Ilana Katz）设计。

胡萝卜汁 180 毫升
牛油果 1/4 个
新鲜柠檬汁 1 汤匙
清水 60 毫升
新鲜姜蓉 1 汤匙
辣椒 1 撮

将胡萝卜汁、牛油果、柠檬汁、水、姜以及辣椒放入搅拌机，搅拌至细腻均匀。

以上为一份

每份含：161 卡路里、23 克碳水化合物、5 克纤维、3 克蛋白质以及 8 克脂肪。

随行早餐

希腊酸奶和牛奶提供大量的蛋白质，用于跑后的肌肉修复。燕麦富含纤维且消化慢，能提供持久的能量。蓝莓中的抗氧化物含量高，有助于中和体内由训练产生的自由基。磨碎的亚麻籽提供一定的欧米伽 –3 脂肪酸，能够帮助降低胆固醇。本食谱由注册营养师卡西·迪米克设计。

脱脂牛奶 1 杯
冷冻蓝莓半杯

原味脱脂希腊酸奶半杯

老式生燕麦 1/4 杯

磨碎的亚麻籽 1 汤匙

将牛奶、蓝莓、酸奶、燕麦以及亚麻籽放入搅拌机，搅拌至细腻均匀。

以上为一份

每份含：290 卡路里、41 克碳水化合物、6 克纤维、22 克蛋白质以及 5 克脂肪。

枫糖南瓜派

南瓜富含纤维以及能保持眼睛健康的抗氧化物——β－胡萝卜素。绢豆腐增添了浓厚的口感，而且和豆奶一起作为蛋白质的非奶来源，让本品成为不耐乳糖跑家们的理想之选。研究表明，经常食用坚果及坚果酱（包括花生酱）可以降低患心脏病及 II 型糖尿病的风险。枫糖浆增加甜味并具有抗癌特性的化合物，而肉桂有助于保持血糖水平稳定。本食谱由注册营养师伊拉娜 · 卡茨设计。

原味豆奶半杯

罐装南瓜 1/3 杯

绢豆腐 1/3 杯

天然花生酱 1 汤匙

纯枫糖浆 1 茶匙

肉桂 1/4 茶匙

将豆奶、南瓜、豆腐、花生酱、枫糖浆以及肉桂放入搅拌机，搅拌至细腻均匀。

以上为一份

每份含：212 卡路里、17 克碳水化合物、5 克纤维、11 克蛋白质以及 12 克脂肪。

WEIGHT MANAGEMENT

06

体重管理

跟很多人的想法一样，斯科特·奥尔德（Scott Alder）在他的首场全马备赛训练开始后，便认为自己可以想吃什么就吃什么。毕竟，之前他已经一边跑步，一边按照珍妮·克雷格（Jenny Craig）的饮食计划努力减肥，而且体重已经下降。

但是，他开始备战 2010 年波特兰马拉松赛后，便很快把之前一直小心遵守的所有饮食规则都抛在了脑后。

“我开始增加跑量，而且确实放纵了自己。” 50 岁的奥尔德说。他是俄勒冈州波特兰地区一家软件公司的销售员。最终，他完成了比赛，但体重却增加了 7 公斤。他打算下次比赛前减掉这 7 公斤。

“我认识到，不能因为在进行马拉松训练，就随心所欲地吃东西。”

虽然很多人在备战全马或半马期间确实出现体重下降，但训练并不能保证一定如此。相当多的人体重不变，或者比赛时的体重甚至比训练前多了几公斤。事实上，2010 年塔夫斯大学进行的一项对 64 名马拉松训练者的研究发现，体重增加的训练者和体重减少的人数一样多。

为什么会这样？仅靠跑步——即使是马拉松训练，也并不能减少体重。如果想减肥，你必须同时减少卡路里摄入。

但是，要从哪里减？减什么呢？传统的饮食策略，像大幅减少热量摄入或不吃碳水化合物和脂肪，并不是最佳的方法——它反而会让你每次跑步都感到饥饿和无力。而且，如果你没有坚持到底，很可能体重最后还会反弹回来。

不过，在马拉松训练期间进行减肥也不是什么不可能完成的任务，关键在于保持均衡。你必须在正确的时间吃正确的食物，而且要恰到好处地减少卡路里摄入。

在跑步中减少体重

如果想在准备比赛期间减肥，你需要注意下面的一些规则：

趁早减。如果你打算大幅减少卡路里摄入，就要在开始训练前或训练的前 4 周进行，这个时候跑量和强度都还低。越接近比赛，你就越想把精力集中在合理补充能量以及速度练习和长距离跑的恢复上。

慢慢减。把目标放在每周减 0.2 公斤，这也就意味着，每天减少约 250 卡路里——相当于一条能量棒或一瓶汽水。经过一周，能减少 1 750 卡路里，即 0.2 公斤。通过慢慢地稍微调整饮食，可以避免让你产生严重的受剥夺感。身体会有时间来适应卡路里的减少，而且你更有可能长期地坚持下去。

保持均衡。为了保持跑步的活力，从而好好发挥、尽可能地消耗热量，你需要像每个跑者那样保持热量来源的均衡：应有约 55% 的热量来自碳水化合物，25% 来自蛋白质，20% 来自脂肪。拿掉这三种营养中的任何一种，你都会发现训练起来感觉更困难，身体不能好好恢复，而且总是感觉浑身乏力。一定要保证饮食中包含每一类的优质食物。对于碳水化合物，可以选择水果、蔬菜、全谷物、豆子以及小扁豆，它们还富含纤维（有助于更持久地保持饱腹感）、维生素和矿物质。要选择不饱和脂肪，如橄榄油、亚麻籽油、坚果、籽类以及牛油果。而蛋白质的最佳来源有瘦肉、低脂奶制品、鸡蛋、豆类蔬菜、豆类以及鱼类。

把握准时间。在跑步前及刚跑完步时，你最需要食物。跑步前，你需要碳水化合物来快速获取能量；刚跑完步时，你需要碳水化合物来恢复糖原的储量，以及蛋白质来帮助修复肌肉组织。要在训练前几小时，吃掉当天碳水化合物含量最高的一餐。如果想放纵一下，可以在刚跑完步不久吃甜品——在这 20 分钟的窗口期间，肌肉可以快速吸收糖类来补充消耗掉的能量。

吃些真正的食物。很多减肥食品中的碳水化合物、纤维或蛋白质含量太低，不能提供足够的营养来进行训练、保持满足感并让身体处于巅峰状态。“那些试图减少某物（如糖或脂肪）的食品常常不如全食品的营养多。”运动营养认证专家莉萨·多尔夫曼说，她还是一名有执照的心理咨询师以及迈阿密大学研究运动医学、营养和成绩项目的负责人。

对食品标签保持敏感。食品包装上写着“健康”、“有机”或“天然”字样，并不一定说明里面的东西对你有好处。要查看营养标

Amby's Advice 安比的建议

很多跑者高估了一场跑步消耗掉的热量，也低估了跑步后摄入的热量。遗憾的是，消耗大量热量很难，但摄入过多热量很容易——特别是吃快餐类、油腻的、甜的加工食品。如果可能的话，要避免食用加工过的包装食品，而选择全食品来替代。

签以及成分表来确定它是否健康，并与其他东西进行比较。研究表明，看营养标签的人比不看的人更有可能减轻体重。还有另一种情况，那就是过量食用减肥食品，认为既然奥利奥饼干是低脂的，那就意味着可以吃掉一整袋。2006年的一项研究发现，如果巧克力饼干上标着“低脂”而不是“常规”，人们便会多吃28%。研究者总结，低脂标签使人们低估了热量，并吃得更多。“即使吃的是脱脂或低糖产品，热量也会增加。”多尔夫曼说。搞清楚标签内容的真正含义是很重要的。

进行多样化训练。一周的大部分天数都进行跑步是在为减重创造条件，但身体如果长时间处于舒适范围，那么最终会达到一种稳定。“如果你以同样的配速沿一条8公里长的路线反复跑，”美国运动协会发言人、运动生理学家皮特·麦考尔（Pete McCall）说，“你的身体会在这方面变得非常高效。为提高速度或力量，你必须在训练项目的某些方面进行改变，如距离、强度（用力程度）或量（每周里程数）。”增加强度或进行不同类型的训练——如交叉训练、山地练习或长距离跑，会消耗更多的热量、加快减肥进度。本书附录D会介绍一些打破常规的训练方法，你可以在马拉松训练开始初期或前几周尝试一下。它们都是高

标签很重要

食品标签可能令人困惑。下面的方法可以让你读懂它们，这样你可以注意自己所吃的东西。

分量：先看分量。某些食品看起来像是装了一份，其实是两份。

脂肪：脂肪总量应不超过总热量的30%。

钠：在大部分情况下，每份中的钠含量应少于200毫克。

纤维：以每日25～30克为目标，或每1 000卡路里要搭配14克纤维。

饱和脂肪：来自饱和脂肪的热量应低于10%；理想情况下应低于7%。

反式脂肪：尽量完全避免。如果无法避免，应将总摄入量控制在每日2克以下。

成分：按重量降序排列。某种成分如果排在前面，说明它在该食品中占很大部分；如果排在后面，说明它在该食品中只占很少部分。

标签内容	真正含义
全天然	该食品经过最低限度的加工，不含人工色素或人工成分。钠、脂肪及盐的含量可能较高
减脂	每份所含脂肪量至少比原来减少25%。但要注意是否添加糖分，糖也会增加热量
低饱和脂肪	每份中的饱和脂肪含量等于或低于1克
低胆固醇	每份中的胆固醇含量等于或低于20毫克，饱和脂肪含量等于或低于2克

强度训练，一定要在之后安排一天的休息或轻松跑。

举重。跑者通常不去健身房。但举重练习可以帮助你消耗更多热量、增加瘦体重（去脂体重）以及减去脂肪。每公斤肌肉每日可多消耗 11 ～ 15 卡路里。因此，锻炼肌肉也会提高身体燃烧热量的能力。研究表明，每周增加 3 天的抗阻训练会增强跑者的腿部力量和耐力。身体越强壮，肌肉越能长时间地产生均衡的力量，从而让身体在疲劳状态下也能保持良好的姿势。麦考尔建议：每周进行两次腿部、胸部、背部及肩部的力量训练；每周进行 3 次或 4 次的重心练习，从而在跑步中保持身躯稳定。

做记录。《美国预防医学杂志》（*Ame-rican Journal of Preventive Medicine*）2008 年发表的一项研究表明，在 1 700 名超重的跑者中，每周超过 5 天写饮食日志的人所减掉的体重几乎是不这样做的人的 2 倍，而且他们能将体重保持下去。不过即使不是为了减肥，在找到自己的最佳跑步饮食以及可能不利于训练的坏习惯方面，你也可以从饮食日志中得到有价值的见解。至少要记 3 天日志，而且保证其中周末有 1 天。另外，要诚实：只有把一切都记下，它才能起作用！记录内容包括：

续表

标签内容	真正含义
低脂	每份中的脂肪含量等于或低于 3 克
轻	无标准定义。有时表示脂肪及热量含量低于同类产品（如果是橄榄油，则仅表示颜色较浅，但热量和脂肪含量不变）
无胆固醇	每份中的胆固醇含量低于 2 毫克。但除非产品里有鸡蛋或牛奶成分，否则可能不会这样标明
低热量	每份中的热量等于或低于 40 卡路里
少钠	每份中的钠含量至少比原来少 25%
低钠	每份中的钠含量等于或低于 140 毫克
超低钠	每份中的钠含量等于或低于 35 毫克
少糖	每份中的含糖量至少比原来少 25%
低糖	无标准定义
不添加糖	不含食糖，但可能有其他添加的糖类或甜味剂，如玉米糖浆、右旋糖、果糖、葡萄糖、麦芽糖或蔗糖。注意：美国心脏协会建议女性吃糖不超过 6 茶匙，男性不超过 9 茶匙
无糖	每份中的含糖量低于 0.5 克
强化	食品中添加了原来没有的营养物质
推荐膳食供给量（RDA）	政府建议健康成人每日应摄入的各种营养素、维生素以及矿物质的量

- 任何吃到嘴里的东西——三餐、零食、饮料及调味品。
- 吃东西时的星期、日期和时间。
- 热量、碳水化合物、脂肪、蛋白质、纤维、饱和脂肪以及任何你想留意的营养素。
- 烹饪方法（烘烤、炸、蒸等）。

饮食日志范例

周一，1 月 3 日

今天的目标：

- 2 000 卡路里。
- 饱和脂肪少于 15 ～ 20 克。
- 碳水化合物 275 克，蛋白质 125 克，脂肪 40 克。
- 纤维至少 28 克，钠少于 2 300 毫克。
- 身体锻炼至少 30 分钟。

餐别&时间	食物	卡路里	脂肪	碳水化合物	蛋白质	纤维	钠	活动
早餐								
早上零食								
午餐								
下午零食								
晚餐								
	总摄入量							
	目标	2 000	40克	275克	125克	28克	<2 300毫克	30分钟锻炼
	差异(+/-)							

WHAT WORKS 成功案例

控制食量

亚当·沃尔，36 岁，纽约州纽约市人；一家银行电子交易业务的首席运营官，有两个孩子；4 场全马；个人纪录：3 小时零 6 分；“挑战赛”经历：2009 年里士满马拉松赛

吃一小顿再加点零食，而不是只大吃一顿，这样会让你的身体更好。在马拉松训练之前，我一直吃的都是健康食品——只是吃得太多了，早、中、晚餐差不多各有 800 ～ 1 000 卡路里。后来，我意识到每顿饭吃少点，再吃点零食，身体会更好，而且这种方式更容易掌握。总体上，我摄入的热量少了，而且不感觉饿。不到两年，我就从 104 公斤降到了 81.6 公斤，全马成绩从 3 小时 54 分提高到 3 小时零 6 分。

- 从商场买的食品的品牌。
- 身体锻炼的时间和强度。

注意休息。研究认为失眠和肥胖有关系，而且认为睡眠不足的人体重可能更重。没有充足睡眠，你的能量水平、免疫系统以及情绪都会下降，唯一会上升的就是你的胃口。研究表明，睡眠较少的人会吃更多的零食，特别是高碳水化合物的零食。

避免体重增加

丽贝卡·博斯曼（Rebecca Bosman）过去一直都吃得很健康，甚至连沙拉都不加酱汁。但自从开始为她的首场马拉松赛进行训练，一切都变了。“我觉得，我跑了 25 公里，可以吃个芝士汉堡和炸薯条了。”她回忆说。

结果，博斯曼参加比赛时的体重比训练前增加了 3.2 公斤。

“你花了所有时间进行锻炼，想让体重往下走，结果它却往上爬。”来自密歇根州特洛伊市、两个孩子的母亲、30 岁的博斯曼说，“这真令人沮丧。”

很多其他选手也曾经历过博斯曼所经历的：训练期间体重增加。虽然跑得更多，消耗的热量更多，但在训练时吃回这些热量，甚至更多，则太容易了。专家们说，补偿过度是导致训练期间体重增加的最大问题之一。马拉松教练、健康顾问玛丽·肯尼迪（Mary Kennedy）是塔夫斯大学关于马拉松选手体重

[WHAT WORKS 成功案例]

坚持记饮食日志

罗伯特·内格尔，49 岁，亚利桑那州帕拉代斯瓦利人；律师，有两个孩子；
12 场全马；个人纪录：4 小时 10 分；“挑战赛”经历：2011 年大苏尔国际马拉松赛

我曾经进行过马拉松训练，但体重要么不变，要么变糟——会稍微上升。于是我开始记录自己的饮食以及热量。我开始控制自己的饭量，结果发现分量较小也能满足胃口。因此，我吃杏仁不吃一把，只吃 1/4 杯（为一份）：不吃 300 多卡路里，只吃 160 卡路里。能知道自己多吃了多少、有什么可以改进的地方，这真的帮了我的忙。记饮食日志可以让你看到当天、当周做了什么，找到最大的热量来源。例如，以前，每天早晨我都喝两杯加了重奶油的咖啡。通过日志，我意识到这样做的话，我还没吃一点东西就已经摄入了几百卡路里。因此，我改成加含脂量为 1% 的牛奶，而且只喝一杯咖啡，这样只有 37 卡路里。结果，我的胃反酸的毛病消失了，体重下降了 22.7 公斤，而且体脂降到了 15.6%。我现在穿的衬衫不是超大号了，而是中号。但最重要的是，我再也不用挨饿了。我几乎想吃什么就吃什么（但得是“正常”分量），也不用放弃甜点。我的体重曾经一度达到 102 公斤，后来按照阿特金斯饮食法降到了 82 公斤，但又反弹成 88 公斤。阿特金斯法开头不错，不过跟大部分饮食法一样，最后只能作为短期的方法，因为没人能一直坚持那样活着。你的生活得和别人合上拍。

增加的那份报告的第一作者。她发现很多人觉得自己有权吃更多的食物和不怎么健康的食物，原因就是他们正在进行马拉松训练。其他方面，如在救护站、长距离跑后或在庆祝活动上所吃的高碳水化合物零食也会让人额外增加体重。

不管是什么原因，想在训练时不增加体重，关键是要注意饮食。“注意吃什么、为什么要吃，这非常重要，”肯尼迪说，“训练并不能成为你随便吃东西的借口。”

她承认，训练期间的某些时候你会更饿，而且你应该吃得多一些。但重要的是，要坚持健康饮食的根本原则。

下面有些避免训练期间增重的方法，以供参考：

BART SAYS…
巴特如是说

我想80%的跑者希望自己再轻两公斤。不过，如果你以此为运动的目的和动力——而不是以此为生，那你在这方面得明智些。不要想着去剥夺自己的快乐。多出这两公斤天又不会塌。要努力达到自己的比赛目标体重，但不要过火。感觉良好和感觉轻而无力之间还是有明显区别的。

用非食物奖励来庆祝成功。完成首场长距离跑了、创个人纪录了或有其他成就了，可以奖励自己，只是不要奖励食物。可以给自己买双新鞋或其他新装备、去修修指甲、和朋友出去玩等。

咨询专家。很多跑者认为自己从运动营养师那里得到了很好的指导。一定要找有资格的注册营养师和运动营养认证专家。这两种资格都要求通过测评，并且得有长期的实践经验，因此可以保证你所咨询的那个人知道自己在说什么。“弄清楚自己的（热量）目标应该是训练时首先要做的事情之一，”肯尼迪说，“就像挑选运动鞋以及最适合自己的服装等装备那样，你应该在训练初期花一小时去咨询一下营养师，这样你才能明白自己真正的热量需求是多少。”

抛弃垃圾食品。如果你彻底地减少热量摄入，而且增加热量消耗，那受伤和疲劳是早晚的事。但如果慢慢增加训练且慢慢减少那些“额外的”热量（反正对你也没什么好处），你便能轻松地甩掉几斤，而且不会受疲劳和肌肉损伤的折磨。可以把汽水换成清水、把白面包换成全谷物面包、把巧克力豆换成干果和坚果、把冰淇淋换成脱脂的希腊酸奶……这些小改变所带来的效果会让你大吃一惊。

小心“运动”食品。有一系列令人眼花缭乱的饮料、各种胶和能量棒宣称对身体恢复和体力有好处，但它们中有很多产品含有大量热量和脂肪，大多数人在大部分训练中根本用不上。在长距离跑以及天热的时候，你会需要运动饮料或能量胶，但除此之外，最好还是坚持吃全食品。“由于训练，人们觉得这些产品都是自己需要的。”肯尼迪说，“搞清楚自己其实并不需要它们，这需要一些时间。”

磅秤上的男女

在减肥这方面，男人和女人之间有什么区别吗？是的，而且在这场性别之战中，女人不在胜利的那边。研究表明，男人比女人更有可能通过锻炼减掉身上的脂肪。一项最新的研究表明，对于女人，运动会加速食欲调节激素的某种变化（导致酰基化饥饿素水平上升以及胰岛素水平下降），从而让女人在训练后更加饥饿。因此，她们吃得更多，而且体重更易增加。研究人员推测，这其实是女性身体对抗能量不足的方式，为的是保护生殖能力（如果女性不能得到足够的热量，那么排卵以及生殖所必需的激素便会受到抑制）。而男性则不像女性那么受激素水平波动的影响，这降低了他们增加体重的可能性。

经常遇到的问题

健身房的机器能准确计算出消耗掉的热量吗？

如果在跑步机上跑步、在椭圆机上训练或蹬固定自行车，那么你实际消耗的热量值要比屏幕显示的数值低 10% ～ 15%。这是因为大部分机器并没有考虑你的体脂比例、身高、性别、年龄以及静息心率，或者是否握着把手（这样会减少身体负荷）。另外，机器上的机械辅助装置也会让身体少用些力。不过，这并不是说你应该完全忽视机器上的数据，而是要把热量读数当成自己进步的晴雨表。如果进行同样的锻炼而数字一次比一次上升，那说明你为减肥目标付出了更多的努力。

假如体重下降，我是否能跑得更快？

健康的选手每减掉 1 公斤的体重，比赛时每公里能提高约 2.75 秒。更确切地说，只要他们的体重处于健康范围（体重指数为 18.5 ～ 24.9）。减少体重可以增强最大有氧运动能力（最大摄氧量 VO_2 max），因为体重越小，吸入单位体积氧气所跑的里程越多。而且，由于减掉几斤让跑步变得更轻松，你便可以增加训练距离和速度。因此，减重有助于更大强度地进行训练。戴顿大学生理学家、教育学博士、跑者保罗·范德伯格（Paul Vanderburgh）设计了一个计算器，并命名为“飞奔障碍计算器”，试图使不同体重和年龄的人的成绩“均衡化”。此计算器考虑年龄、体重以及性别因素，因此可以用来进行比较，比方说一名 25 岁、体重 54 公斤的女性和她 55 岁、体重 75 公斤的母亲之间的差异。

走路和跑步消耗的热量一样多吗？

不。2004 年的一项研究发现，跑 1.6 公里比走同样距离要多消耗约 50% 的热量。为什么？因为走路的时候，双腿通常是直的，而且重心沿着一条水平而稳定的路线移动。而跑步时，身体重心实际上从一只脚跳到另一只。这种连续的重心起伏需要花费非常大的力气（来对抗重力）并且消耗大量能量。这就是为什么跑步比走路消耗更多的热量。另外，由于在走 1.6 公里的时间里你可以跑 3.2 公里，因此跑步可以在较短的时间里消耗较多的热量。这并不是说走路是浪费时间。走路是一种很好的锻炼

项目	每公里总消耗热量	每公里净消耗热量
跑步	1.03×体重（公斤）	0.87×体重（公斤）
走路（4.8～6.4公里/时）	0.73×体重（公斤）	0.41×体重（公斤）

形式，可以提高有氧适能、强化骨骼以及消耗热量。

跑步时，不管速度有多快，每 1.6 公里身体总会消耗 100 卡路里左右的热量。这是真的吗？

不完全对，100 卡路里只是估计。有若干因素对跑步时的热量消耗起作用，包括体重（身体越重，则跑步所需的能量越多，因此消耗的热量越多）以及性别（男人一般比女人拥有更多的肌肉，因此会消耗更多热量）。要确定一项活动的卡路里成本，最好的方法是确定它的“净消耗热量”，即运动中消耗的热量减去“静止代谢率”（坐在沙发上什么都不做时消耗的热量）。

还要记住，热量的消耗会随时间、根据下列几项因素的变化而变化：

体重减少。如果体重减少，特别是体脂减少，那么每公里的热量消耗会开始降低。由于身体负荷减少，跑完同样距离所需的能量（以及热量）也就减少了。

经验。跑得越多，则身体在生物力学方面会变得更高效。这意味着同样跑一公里，身体会比刚开始训练时花费更少的力。

强度。研究表明，训练强度越大，训练后身体保持快速新陈代谢的时间越长。在一项发表于《运动训练医学和科学》的研究中，运动员以 75% 的最大摄氧量骑 20 分钟自行车所消耗的热量，比他们以 50% 的最大摄氧量骑 30 ～ 60 分钟自行车所消耗的热量要多。

我听说以较低强度进行跑步会燃耗更多脂肪。这是真的吗？如果是的话，那么跑得慢些不就是最有效的减肥方式吗？

不完全对。更高强度的锻炼实际上消耗的热量更多。对于大部分的轻松跑和长距离跑，此时你是以 50% ～ 70% 的最大心率来跑，身体会消耗同样多的脂肪和碳水化合物。这些低强度的跑步让你的双腿和肺部更强壮，并且提高你的新陈代谢速度。不过，一旦你开始以更高强度进行跑步，以 80% ～ 90% 的最大心率进行锻炼（比如节奏跑或跑道练习），身体便开始消耗更大比例的碳水化合物以及更多的热量。由于体重的减少是热量摄入小于热量消耗的结果，因此热量消耗总量是关键。另外，强度更大的训练可以在训练后保持心率和新陈代谢处于较高水平，因此即使训练结束，身体也会消耗更多的热量。

训练期间，我非常想吃垃圾食品，而且糖果和巧克力吃得比平时都多。为什么我现在想吃这些东西而平时不怎么吃？

有种观点认为，对某物的渴望是身体告诉你它需要某种营养的方式。假如你很想吃咸的零食（含钠）或大量红肉（含铁），那么这种说法也许成立。但如果你对冰激凌、曲奇或糖块有瘾，则不太可能是缺乏某种营养的结果，而是你要么非常饿，要么抱有“我刚跑完15公里，应该吃点士力架”的想法。

当跑量增加的时候，热量的消耗会超出你的习惯量，于是你会感到饥饿痛，而且血糖的下降比平时更频繁。当这种情况发生时，你见到能吃的都想吃。不要去吃自动贩卖机里的东西，可以尝试多吃些顶饿而又有营养的食物，如坚果和豆类等。它们含有蛋白质，可以更久地保持饱腹感。可以以新鲜蔬菜和鹰嘴豆泥做零食，而且全天都要喝些液体补充水分（口渴很容易被误认为是饥饿）。液体的补充量（盎司）为体重（磅）的一半。如果体重为77公斤（170磅），则每天补充2.5升（85盎司）液体。如果很想吃甜的，则要提前安排、准备好下午的零食。试试水果、酸奶、格兰诺拉麦片（granola）或一个香蕉花生酱三明治。要是很想吃咸的，可以试试全谷物、高纤维、空气爆米花。假如你觉得无聊、开始漫无目的地吃东西，可以喝一些花草茶。上述这些零食都可以让你吃饱而不会发胖。

INSIDE RUNNER'S WORLD 《跑者世界》编辑如是说

肖恩·唐尼（Sean Downey），43岁，资深编辑，宾州唐宁敦人

经验教训：减少体重有助于跑得更快并且保持健康。

当我开始在《跑者世界》工作时，体重为104公斤。我跑步，但胫骨痛，从来跑不过16公里远。跑在一群身材都相当好的跑者中间会感觉有点别扭。2006年，我完成了自己的首场全程马拉松赛，又在接下来的两年里完成了3场全马。由于训练，我的体重开始慢慢下降。在2007年费城马拉松赛上，我突破了4小时，此时我的体重为94公斤。我感觉身体强壮且健康，虽然腰上还有一圈赘肉。我当时认为不需要改变饮食，只需要多跑步就行了。我开始写饮食日志，这让我很痛苦但非常有帮助。它让我意识到，需要注意的不是吃了什么，而是吃了多少。热量剧增不是因为吃了芝士汉堡和冰激凌，而是因为又要了一份炒菜。另外，饮食日志还让我重新认识了那些在正餐之间随便吃的零嘴——食品店的试吃、同事请吃的零食、儿子盘里剩的食物，因为我可不想把每样小东西都记下来。于是，我开始吃零食——一块水果足以打发自己。然后，我每顿饭都少吃一些，而且吃些别的东西。比方说，我吃小碗的麦片粥，而且加一些蓝莓。4个月内，我减掉了7.7公斤，腰围缩小了5厘米，然后参加了2009年里士满马拉松赛。我的体重一直在下降。在2010年里士满马拉松赛上，我跑出了3小时38分，把个人纪录提高了17分钟，而且腰带扣又缩小了一格。

RW CHALLENGER PROFILE:
《跑者世界》挑战赛挑战者简介之

托尼·迪盖塔诺，在跑步中超越自己

托尼·迪盖塔诺（Tony Digaetano）清楚地记得自己“打退堂鼓”的时期：那是在和朋友一起野营旅行时，他从一条筏子上翻了下来。当他试图把自己（125 公斤）翻回去时，他受到了无情的戏弄。

“这份嘲弄本意是好的，”这位来自伊利诺伊州克里特的软件设计师说，“但在我心里产生了很深的影响。”

然而，不断显现的迹象表明，他需要做些什么了。对得糖尿病的担心、高血压和高胆固醇一直折磨着他——身体总感觉很累，精力无法集中，而且肚子经常不舒服。

不过，在懈怠了 20 年之后，开始跑步对 37 岁的他来说并不容易。他踏上跑步机，按下几个按钮，然后每一秒都心生厌烦——也就 30 秒，他认为不该疼的地方都疼起来——先是小腿骨，再是腿肚子，后来是膝盖。

“不得不说，我的身体非常糟糕，”他说，“不过老实说，我的身体从没好过。”

但是，所有的疼痛都会过去，而他又回到了跑步机上并坚持了下来。跑步的感觉开始好起来，而且不管身体有多疼，在精神上，他感觉好多了。开始跑步后不到一年，他跑了一场半程马拉松赛。3 个月之后，他又完成了另一场，成绩为 2 小时 57 分。

“我觉得自己热爱这种身心的平和，与之相伴的是一种缓慢而坚定的节奏，”他说，“而且我非常喜欢看到这种在节奏和速度上可以衡量的进步，然后把这种进步带到比赛中来超越自己。”

他的妻子帕姆也开始跑步，于是他们一起训练、一起比赛。同时，他还开始少吃垃圾食品并通过写饮食日志来确保自己的饮食能够支持自己跑步。他戒掉了咖啡因、汽水以及人工甜味剂。吃的脂肪越少，他越来越不能忍受油腻食品。他减少了肉类的摄入，把火鸡换成牛排，最后什么肉都不吃了。3 年前，他的晚餐可能是两个瘦肉汉堡、油炸土豆丸和一两杯汽水。现在，他的晚餐会是全麦面条加碎西红柿和菠菜，或小扁豆玉米卷。首选饮品是水。

“我现在吃的东西是我以前连尝都没兴趣尝的——像红薯、菠菜、鹰嘴豆等食物。”他说，“我发现这些食物其实真的很好吃，这确实让我有信心能吃得下去。”

等到 2010 年 5 月参加“飞猪”马拉松赛时，他轻了 45 公斤并且深深地热爱着跑步。他以 4 小时 52 分冲过终点，情绪高昂，像是下个周末还能再跑一场全程马拉松赛。4 个月之后，他和帕姆一起参加了“空军”马拉松赛——那是帕姆第一次跑完 42 公里——并取得了 4 小时 43 分的成绩。

瘦了 45 公斤并且成为一名跑者，“我就像完全变了一个人”。他说。每天清晨 6 点，托尼便翻身起床，精力充沛地出门跑步，或开始处理当天的事情。他的睡眠好多了，精力也更容易集中，而且不再担心胆固醇、高血压或糖尿病。

“从我记事起，就从没感觉这么好过。”他说。

但他发现，自己最大的变化是跑步所带来的由外而内的转变。家人、朋友们都说，他比以前友好多了，也坦率多了。

“我想，马拉松训练给我的个人形象所带来的巨大提升，让我得以不那么内向。”他说。他不会去担心别人怎么看他，而是能够更多地为他人着想。

另外，他的生活也比以前更有方向感了，不仅仅是在跑步的时候。某些多年来一直都完不成的事情现在都完成了。

“在我为马拉松而开始训练之前，定下的目标很少能说得出口，没有具体量化，也很少能实现，而且几乎从没实现过。”他说，“它们只是希望而已。”

但是既然已经跑过了 42.195 公里，他便能证明自己有多强壮并且有勇气去追求他想要的生活。“从理智上明白自己能够做到任何事情是一回事，但真正地做到又是另一回事。”他说。

“我知道前面还有新的挑战，但不久我就会去征服它们。不管是铁人三项、越野跑、超级马拉松赛还是背靠背比赛，它就在那里，而我渴望更多。”

PART III

INJURY PREVENTION

损伤预防

我们经常说，在任何比赛里，最难战胜的挑战是站到起跑线上。然而，在报名参加全程或半程马拉松时，大多数人并没意识到这个挑战有多艰巨。

长期以来，我们收到了铺天盖地的电子邮件，都是关于各种伤害的：应力性骨折、肌腱拉伤、韧带撕裂、严重的足底筋膜炎、大腿扭伤，还有“跑步膝”，更不用说晒伤和水泡。不管身体的哪部分受了伤，精神上受到的影响往往比肉体上的伤害更糟糕——几乎在每个案例中都是这样。

“在全马比赛的前几天，我被诊断为应力性骨折。我崩溃了。”来自俄克拉何马州詹克斯地区、29 岁的挑战者凯蒂·利文古德（Katie Livingood）说。她不得不休息 6 周。“我哭了——大哭一场！为了某些东西这么努力地训练，最后却被剥夺了机会，这是个很大的打击。”的确，开始训练后，跑者们往往会发现，一旦在精神上、社交上以及身体上尝到运动所带来的好处，再加上每天都能从为实现目标而努力的过程中得到满足，休息就变得比跑步难得多。

“每当因受伤而退出训练时，我感觉自己在加速变老，”来自宾州韦恩县、45 岁的挑战者德布·德拉佩纳（Deb Dellapena）说，“我觉得自己不大健康，脾气变坏了，在小事上过分紧张，而且没办法做决定。”

在这一部分中，我们的专家以及“跑家”们将会告诉你如何预防各种损伤，以及当遇到损伤时——不可避免，该如何处理。

STAYING HEALTHY

07

预防受伤

在 20 世纪 70 年代中期，《跑者世界》医学编辑、医学博士乔治·希恩（George Sheehan）就确信他不是唯一一个被伤病所困扰的跑者：一份针对读者的调查表明，60% 的人反映自己的身体有慢性问题。"100 个人里有 1 个是运动天才"，不会受伤，希恩总结说。他经常因伤退赛。

运动医学上的进步令人惊奇，你也许因此便会认为我们得外胫夹或应力性骨折的概率会比希恩那个年代要小。但是，在第一次跑步热的 30 年后，我们还是会受伤。《跑者世界》网站上的一项调查表明，2009 年，66% 的受访者都曾受到伤痛的折磨。

我们采访了世界上最好的损伤预防专家，他们来自生物力学、运动足病学、理疗等领域，并从中发现了某些原则。据此，我们总结出了下面这些预防损伤的法则。结合这些指导法则进行训练，你便能多一些路上训练的时间，少一些等待康复的时间。

（1）逐渐增加跑量

受伤很容易，每个人都会遇到——你只要过多、过久地跑步就会受伤。"我坚信每个跑者都有一个受伤门槛。"理疗师、生物力学家艾琳·戴维斯（Irene Davis）博士说。她是斯波尔丁国家跑步中心主任，还是哈佛医学院物理医学和康复医学专业的一员。"这个门槛可能是一周 16 公里，或是 160 公里。但只要超过这个门槛，你就会受伤。"各种研究已经确定了几个门槛：每周 17.6 公里、40 公里及 64 公里。你的门槛是什么，有待于你自己去发现。

当然，你的目标是避免受伤。来自华盛顿特区的跑家、足病医学博士、运动足病诊疗师史蒂芬·普里巴特（Stephen Pribut）提醒跑者们注意各种"过"的危害——跑得过多、过早、过快等。所有的研究以及专家都承认这是在跑步中导致自我伤害的头号原因。身体需要时间来适应训练的变化以及跑量、强度上的增加。肌肉和关节需要恢复时间，这样才能满足更多的训练要求。如果在这个过程中过于仓促，那你可能会把身体累垮。

专家们已经认识到这个问题，而且很早便制定了一个简单易行的“10% 原则”：每周跑量的增加不要超过上周的 10%。假如第一周跑 16 公里，那么第二周跑 17.6 公里，第三周跑 19.2 公里左右，以此类推。

不过，有时 10% 的增加量可能也太多了。卡尔加里大学运动机能学副教授、跑步损伤科主任、生物力学家里德·费伯博士说，他看到很多跑者按照一份来自加拿大的、广为流传的 16 周方案奋力地增加跑量，结果在训练的第 3 个月开始受伤。与此同时，其诊所推出的面向初学者的 9 个月马拉松训练方案每周只增加 3% 的跑量。

“97% 的人成功地通过了整个训练并且完成了比赛。”费伯说。

要做龟，不要做兔。循序渐进地增加每周、每月的训练目标。要以“10% 原则”为指导，但还要认识到，对你来说 10% 也可能太冒进了——特别是如果你很容易受伤。5% 或 3% 的增加量可能更适合。除了按照“高强度日—轻松日”或“高强度日—轻松日—轻松日”这样的节奏安排训练，很多顶级跑家还采用定期（如每月一次）减少 20% ～ 40% 周跑量的训练体系。但是注意：跑量不是唯一的问题所在。专家指出，如果采取过于冒进的方式进行山地跑、间歇跑或越野跑——其实训练中的任何变化，都会产生问题。记录详尽的训练日志有助于发现自身的训练门槛。记录下你的周跑量以及训练后的感觉，并从中找出某些规律。例如，你可能会发现膝盖疼痛的记录只出现在跑量超过 60 公里的那周。

（2）听从自己的身体

这一条可能是最老、最被广泛提及的避免损伤的建议，但仍然是最好的：如果不忍着疼痛跑步，你便能把它们消灭在萌芽状态。大部分跑步损伤不会莫名其妙地出现，也不会趁你不备而发难。它们会发出信号——疼痛、酸痛、持续的痛，但是否采取措施则取决于你。“跑者可能会犯糊涂，想硬撑过去。”费伯说，“他们需要更关注疼痛并弄清其根源。”如果不这样做，而是试图调整步伐来适应疼痛，那可能会给其他方面带来伤害。

在首次出现非典型性疼痛（随着跑步而加重或导致步伐变换时不舒服）时，要休息 3 天。如果愿意，可以代之以低强度步行、水中训练或自行车训练。到了第 4 天，以比平常慢得多的配速跑正常轻松日的一半距离。比方说，如果你通常以每公里 5 分 40 秒的配速跑 6 公里，那么只需以每公里 6 分 50 秒的配速跑 3 公里。成功了？非常好。奖励自己再休息一天，然后以每公里 6 分 20 秒的配速跑 5 公里。如果感觉不疼，你便可以回到原来正常的日常训练中。如果还疼，再休息 3 天，然后重复上述过程，看看第二次是否管用。如果还是不管用，那么很明显你有两个选择：休息更长的时间或找个时间去咨询运动医学专家。

（3）减小步伐

步伐过大是常见的错误，可能会导致效率下降、受伤概率增加。如果减小步伐，那每迈一步身体落地会更轻柔。“小一点的步伐一般能够降低冲击力，从而减少损伤。”生物力学家阿兰·赫杰克（Alan Hreljac）博士说。他是加州州立大学萨克拉门托分校的一名退休研究员。

在过去的10年里，戴维斯一直在研究跑者改变步伐的能力。“我们发现，可以通过调整跑步和走路的步态来减缓疼痛、改善功能以及减少受伤的风险。”她说。

假如跑步损伤很频繁，那你可能需要试试把正常的步伐稍微迈小点——缩小10%左右。“这有助于减小步伐，从而更多地交换脚步。”戴维斯说，“追求步数或重复数要胜过追求大步幅，因为前者可以减少身体的冲击负荷。”当进行这方面的改变时，要先跑一个短距离，如400米。假如你所受的伤与步态有关，那可以去看理疗师。来自博尔德运动医学中心的亚当·圣皮埃尔（Adam St. Pierre）是一名运动生理学家，他还是一名成绩为2小时54分的马拉松跑者。他注意到，那些得外胫夹、应力性骨折或大腿拉伤的人每分钟的步频通常低于160步（每只脚80步）。提高步频，比如到170步——往往会减缓症状并防止复发。他说，这种改变还伴有其他有益的变化，如更好的跑姿以及摆臂——这两项都会提高成绩。

（4）进行力量训练以平衡身体

跑在路上时，身体每一步都承受着200多公斤压迫式的、向内以及向外扭转的力。这时，你需要有所依靠，以让身体适当对齐——有什么比肌肉更好的呢？根据费伯的观点，强化臀部肌肉尤其重要。他声称他的诊所通过臀部疗法已治愈了93%的膝部受伤患者。

“强化臀部肌肉是有效康复的最佳手段，而不是哪儿疼医哪儿（如膝盖）。”他说，“如果臀部肌肉——外展肌、内收肌和臀肌得到加强，那你的腿部直至脚踝的稳定性都会提高。”

你不需要练出发达的肌肉，只需要充分进行上身、臀部以及下肢的力量练习，从而让骨盆和下肢关节在运动中处于恰当的位置。“健康地跑步应该尽量对称且流畅。”斯坦福大学医学院运动医学副教授、医学博士迈克尔·弗雷德里克森（Michael Fredericson）说，“如果肌肉不平衡，那么身体会失去对称性。这时，你便开始遇到问题了。”圣皮埃尔则建议训练臀中肌的力量，而臀中肌控制股骨的转动并且

冷疗法

冰敷伤处可以减轻肿胀和炎症——如果做得正确。当冰接触皮肤时，它会减少流向该区域的血量。一旦把冰拿开，血液就会流回该区域并在这个过程中将“毒素”冲刷出去，密歇根州大急流城的加尔文学院总教练约瑟夫·戴克斯特拉（Joseph Dykstra）如是说。冰敷时要记住以下几个关键点：

跑后冰敷。跑完步回到家后尽快冰敷——不要在跑前。“如果把某个部位冻麻木了，你就不清楚那个地方感觉如何。最后可能会造成伤害，耽误自己。”戴克斯特拉说。

冰敷15～20分钟。时间如果再长些，则会有冻伤的危险；如果只有10分钟或更短，则不会起到消炎的作用。有些发红是正常的，但如果开始感觉麻木，就要把冰拿开。为预防起见，可以把冰裹在T恤衫或纸巾里，而不直接接触皮肤。

在跑步中会影响腿部和骨盆的生物力学特性。“在只进行跑步和骑自行车的人身上，臀中肌往往很弱，因为这些运动用不到它。”他说，“侧向或左右运动会用到它。”通常，在跑得较短、强度较低的时候，这项弱点不会造成什么麻烦。“可是，只要一增加跑量或强度，身体便会因此超出生理力学的界限，然后你就会注意到它了。”他说。

（5）RICE 法

如果遇到肌肉、关节疼痛，没有比“休息、冰敷、压迫和抬高”（RICE）这套措施更好的即时治疗方法了。这些措施可以镇痛、消肿、保护受损的组织，从而加快痊愈。RICE 法唯一的问题是，太多人只注重冰敷而忽视了其他 3 项。冰敷可以减轻炎症，但冰了跑、跑了冰一直循环而不给组织足够的恢复时间，这就有点像一整天节食减肥，到了晚上 6 点却大吃特吃一样。因此，佛州迈阿密地区的骨科康复专家布鲁斯·威尔克（Bruce Wilk）给这个缩略词加了一个字母，使之变成了 PRICE。“P”代表“保护”，意思是伤情好转前不要跑步。

RICE 法在受伤后立即实施最有效。假如脚踝扭伤或大腿拉伤，你要有休息几天的打算。一次冰敷 10～15 分钟，一天进行若干次。最好自制一个冰袋——塑料袋里装一些冰块和水（冻过的蔬菜也可以）。可能的话，要把受伤部位抬高（脚和脚踝受伤好办，臀部或大腿受伤就不那么容易了），以减轻肿胀。另外，压迫还可以进一步减少炎症、缓解疼痛，特别是第一次重新跑步的时候。根据受伤位置来使用 ACE 绷带，这可能是最简单的肿胀包扎方法。不过，加州帕洛阿尔托的运动足病诊疗师阿莫尔·萨克西纳（Amol Saxena）采用 Coban 绷带（一种自粘式非处方产品）作为压迫敷料，然后在肿胀消退后使用肌内效贴布或 Darco 胫腓骨踝部骨折固定支具。“贴布会轻轻地提拉皮肤，让更多的血液流向受损部位。”他说。他还指导选手——包括 2008 年奥运会铜牌获得者沙兰·弗拉纳根（Shalane Flanagan）如何使用贴布。

（6）在平地上跑步

另外一个对跑步损伤可能有重大影响但很少被研究到的因素是路拱。无疑，人们总是靠着路左边迎着车流跑步。从安全上考虑，这是对的，但这样做会因肢体不平衡而产生不利的影响。这是因为在斜面上左脚落地的位置要比右脚低，而且左脚落地后倾斜，不容易做到适度内翻，而右脚则处于容易过度内翻的位置。身体以这种方式——左右不平衡每分钟迈出 160～180 步，而且，一公里接一公里、一天接一天、一周接一周地重复。来自密歇根州莱克奥里恩的优秀马拉松选手、理疗师克林特·韦尔兰（Clint Verran）在他的诊所里见识了这种在拱形路面跑步的后果：跑者中左臀受伤的概率要比右臀高。

确实，想摆脱这种拱形沥青路面很不容易，而且从安全上考虑我们必须在路的左边跑步。这两条对你很不利。为了避免再遇到新的麻烦，你需要记住：路拱可能会带来些问题。假如你正增加跑量，那要提防受伤；假如伤愈复出，则要尽量把一些跑步训练放在平坦的路面上，如自行车道或土路。当地田径场的表面也很坚实且基本平坦，用来做慢速跑非常好。（当在跑道上进行较快的间歇训练时，出于保持左转的需要，身体给双脚、双腿施加了不同的扭力。因此，容易受伤的人要十分小心。）还可以考虑跑步机。想要左右平衡地跑步，没有比跑步机更好的平面了。最起码，它为初级跑者、伤愈复出的跑家，甚至是想增加跑量而不想受伤的马拉松选手提供了一个很好的平台。

（7）不要太频繁地比赛或快速跑

研究发现，受伤和频繁地比赛之间有某种联系。这种联系可能延伸到速度练习上，因为间歇跑也要求强度接近最大。因此，假如你一周进行一次或两次快速练习，然后在周末参加比赛，这样的强度会非常大，而且得不到足够的休息，特别是周周都如此。有些专家建议跑者——特别是容易受伤的人，对于定期进行速度练习持谨慎态度。对追求名次或奖励的人来说，这种练习可能还好，但对跑在中间或后面的选手呢？“速度可能会提高 5%，但受伤的风险会上升 25%。”韦尔兰说，“风险与收益一比就知道这很不划算。我认为，大多数选手在训练时不超过节奏跑的配速也可以达到目标。”

要知道，比赛对身体是个很大的冲击，因此要给自己足够的恢复时间。如果想为了某一具体目标而提高速度，可以每周增加一次速度练习，但要有明智的判断。即使是奥运会金牌获得者，也只会安排 5% ～ 10% 的训练来进行 5 公里配速或更高配速的跑步。假如你刚伤愈复出或患有担心恶化的慢性疾病，那就考虑韦尔兰的建议：以节奏跑配速（5 公里配速每公里加 15 ～ 22 秒）进行快速练习。

（8）有选择地进行拉伸

跑步训练很少能像拉伸这样神圣，也极少像它那样在近年来饱受争议。没有研究能完全证明热身时进行身体拉伸会减少过劳性损伤。“将近 10 年了，大家对此仍没有什么结论。”威斯康星大学麦迪逊分校博士后研究员迈克尔·瑞恩（Michael Ryan）博士说，“而且据我所知，现在还没有。”然而，也很少有这方面的专家准备放弃拉伸活动。原因如下：跑者身上肌肉紧张的部位可以预见，受伤部位也差不多是那些地方，因此他们应该提高那些部位的灵活性。双腿后面的肌肉群——腘绳肌和小腿后

保证安全

交叉训练有助于在无法跑步时保持健康，但要谨慎地选择项目，来自华盛顿特区的跑家、足病医学博士、运动足病诊疗师史蒂芬·普里巴特如是说。某些活动可能会使伤情恶化。请根据下面的表判断某项活动对你所遭受的伤情是否安全。

项目	固定单车	椭圆机	游泳	划船机
跑步膝	有时	有时	安全	不安全
髂胫束综合征	有时	有时	安全	有时
小腿拉伤 / 跟腱疼痛	安全	安全	安全	安全
足底筋膜炎	安全	安全	安全	安全
外胫夹	有时	不安全	安全	不安全
应力性骨折	有时	不安全	安全	不安全

群肌，便属于“跑者最应该拉伸的肌肉”。腘绳肌和髋屈肌的灵活性似乎能改善膝盖功能，而灵活的小腿可以保持跟腱和足底筋膜的健康。

几乎没有证据能显示拉伸运动能防止过劳性损伤。即便如此，鉴于膝盖和跟腱问题是跑者最常遇到的问题，如果这些部位存在因肌肉发紧而导致拉伤的可能，专家们还是建议增加相关肌肉的活动范围。在训练前，坚持做动态拉伸，利用受控的腿部活动来改善活动范围、放松肌肉，以及提高心率、体温和血流量，从而跑得更有效率。

“它会是心理准备的有趣部分，能帮助你放松，可以作为不错的热身活动。”超级马拉松冠军得主、蒙大拿州波兹曼地区的理疗师尼基·金博尔（Nikki Kimball）说。静态拉伸（肌肉伸展至某一位置保持 30 秒或更长时间）可以留到跑完步再做。“如果某一部位发紧，需要拉伸——腓肠肌、腘绳肌、髋屈肌、髂胫束或股四头肌——跑完步再做。”金博尔说，“只要做法得当，就不会有什么伤害。”

（9）交叉训练可以提供有效的休息和恢复

跑步让身体承受了很大的压力。专家们确认，每一步的力度可以达到体重的 2 ～ 3 倍——跑坡时甚至更大。因此，身体的肌肉、关节以及结缔组织在吸收冲击的过程中受到磨损也就不足为奇了。所以，专家们一致认为，大多数选手会得益于每周至少一天的非跑步安排，而且容易受伤的人应该避免连续几天跑步。于是，交叉训练成了一个很好的代替。

利用交叉训练来作为跑步的补充，可以改善肌肉平衡以及避免受伤。游泳、骑自行车、椭圆机训练、划船等活动可以消耗大量热量，改善有氧适能，但要注意不要让易受伤部位的情况变糟（见第 109 页“保证安全”）。

（10）穿合脚的鞋

这些年来跑鞋的变化很大。它们可以更好地“呼吸”、更适合不同的脚宽，而且所用的材料更好。最重要的是，选择更多了（比赛、训练、跑道、越野等各种分类），甚至还有以模仿赤足跑步而设计的极简主义跑鞋（但是，没有科学证据表明不穿鞋可以减少受伤风险）。当然，你得弄清楚哪种鞋最适合自己，而这并不容易。

“没有哪双鞋能完美到适合所有人。”J. D. 丹顿（J. D. Denton）说，他在加州戴维斯拥有一家跑步用品商店并经营了 14 年。不仅没有这样一双鞋，而且也不可能说某双鞋能根除某种伤病。丹顿和他的员工很谨慎地将提出医疗建议和推荐顶级跑鞋区分开来。“我们很注意，不会说‘这双鞋能治好你的足底筋膜炎’。”丹顿说，“鞋子不是被设计用来疗伤的。我们的目标是，确保你能穿上最适合、在脚上能发挥最大作用的鞋。”

其他人则不像丹顿那么谨慎。他们指出，虽然某双鞋不能保证治愈某种伤病，但合适的鞋在适合的人身上能够起到作用。韦尔兰说他已经能够通过推荐一双更合适的鞋来帮助患者克服伤痛。“这是常有的事，”他说，“只不过在于能否找到一双鞋来适合某种脚型。”

不要指望鞋子能治好你因训练失误或肌肉不平衡而导致的伤痛。不过当你需要新鞋时，要去专卖店咨询专业人士的意见。研究表明，最合适的鞋子才能发挥最佳作用。要询问店员："为什么这双鞋最适合我？"如果对回复不满意，就再找另一家。要记录穿某双鞋跑过的里程，这样你便知道什么时候该换一双。在训练日志中记下买鞋日期。换鞋的频率要参照很多因素。一双结实的训练鞋，你应该至少能穿 550 公里——再多出两三百公里也是合理的。轻量训练鞋会穿得少一些，而比赛用鞋则少得更多。不管哪种鞋，最好在训练日志中记下购买日期，这样你就能知道大概什么时候该再买一双了。

（11）保持训练方案的灵活性

最激励人的莫过于报名参赛、把它排进日程表，然后为之努力。这样做可以帮助你克服在家偷懒的想法出门跑步，还可以让日常训练步入正轨，从而避免受伤。但是，要在训练安排上留几周的缓冲时间，这样万一受了伤也好有挽回的余地。"要保持一定的训练弹性，以允许发生事情时停下一两天。"韦尔兰说，"没人希望自己的训练像纸牌搭的房子那样脆弱——几天没训练就全毁了。"

大部分全马和半马的训练方案都会在每周以及整个训练期间安排充足的缓冲时间，以此来保证灵活性。因此，最好按照方案进行训练，不要试图马虎对付或在比赛前突击训练。

冰浴（ice baths）

在《跑者规则手册》一书中，作者马克·雷米开玩笑说，通过冰浴来减缓肌肉疼痛这种想法是一场精心设计的恶作剧，是跑步大佬们为了捉弄容易上当的新人而想出来的——而且他拒绝相信这种做法。

"我只知道，我从没做过冰浴，"他写道，"而且也没这打算。"

抛开玩笑不说，他的观点很好理解。坐进一个盛满冰的浴缸里，这看起来像是古代的某种酷刑——也几乎是任何人在跑完 30 公里或速度练习后最不想做的事情。事实上，来自加州圣路易斯奥比斯波的挑战者希拉里·特劳特（Hillary Trout）过去常常做相反的事：跳进热水池里作为跑后放松。

但研究表明——经验丰富的跑者也发誓，冰浴有助于减缓艰苦训练所带来的疼痛，从而强劲地恢复活力。2007 年的一项研究发现，冰浴可以减缓 90 分钟跑步后所造成的身体疼痛和肌肉损伤。

"在我的选手中，所有既想完成高强度练习而又不想受伤的人都做冰浴。"金博尔说。她建议在长距离跑、速度练习和重复跑坡训练之后进行冰浴，"或是在任何训练后——只要强度大到第二天身体会疼"。

在冰浴的过程中，皮肤下的血管会收缩，以保存热量，加尔文学院总教练约瑟夫·戴克斯特拉如是说。当身体从水中出来后，血液会涌回去重新温暖皮肤。在这个过程中，血液会把剧烈运动后积累的毒素冲刷出去。冰敷核心肌肉也是基于同样的概念。"但这个会冰冻一大片区域，因此效果很好。"戴克斯特拉说。

那么长时间泡在热水里如何？不是个好主意，专家说。实际上，这样做可能会进一步导致肌肉和关节出现炎症，并且延长恢复时间，还会加重脱水现象，圣皮埃尔说。

对于冰浴，金博尔建议先往浴缸中加入冷水（10～15℃），直到坐进去时水会达到腰部，再加冰，然后在里面坐 10～20 分钟。

“第一次会很可怕，但四五次之后就不会痛苦了。”金博尔说，“虽然不舒服，但身体能够适应。”

此外，还有很多方法可以让人更易接受，她说。穿上氯丁橡胶袜或皮划艇鞋、喝一杯热饮、身上裹一件夹克或羊毛衣、戴帽子、看杂志来消磨时间，等等。如果天气允许，金博尔甚至利用大自然进行冰浴——在长距离团队跑之后和伙伴们浸到一条冰冷的河里。“你甚至感觉不到冷。”她说。

在第一次完成 25 公里跑和 30 公里跑后，特劳特尝试了冰浴。刚开始时很难受——“我都尖叫起来了。”她说，但她确实适应了。“双腿拿出来后，那天剩下的时间里感觉更好了，”她说，“比我以前泡在热水里感觉好多了。”

至于雷米，他还是不相信。他发誓自己从没做过冰浴，而且将来也不会去做。“我最沾边的举动也就是在冲凉的最后把水调成凉的，”他说，“然后把喷头对着双腿冲。”

BART SAYS...
巴特如是说

一直以来，我觉得人们犯的最大的错误就是，在高温下跑步时以手表来做判断。如果天气温暖而潮湿，你必须随时调整。刚跑一段时，要看看自己的配速，如果不能坚持下去，就慢一点。一两公里之内你便会知道自己能否以当时的配速坚持那段路或那场训练，或者是否需要做调整。

保证路上的安全

2007 年，在跑完首场马拉松赛后，挑战者克里斯托弗·桑福德出门进行了 6 公里轻松跑。从安全角度来看，他做的每件事情都是对的：在人行道上跑并且逆着交通方向。他跑到了一个教堂停车场的出口车道，这时有辆车停下来准备右转。他以为对方已经看到自己了，于是开始横穿街道。

“接下来我所知道的就是，自己滚在她的汽车前盖上，旋在空中，然后掉到地上。”桑福德说。

他的鼻梁摔断了，盆骨移位，脸部、肘部、膝盖多处擦伤，而且上唇也伤得不轻。他认为正是因为穿了紧身衣和长袖衫才让他免于受到更严重的伤害。医生说，可能是他的太阳镜护住了他的双眼。最后，他花了 8 周时间进行理疗，并且有 6 周时间没有跑步。

“一想到更坏的可能性，总的来说，我能生还已经相当幸运了。”桑福德说，“我得到的教训就是，不要想当然地认为司机看到你了。”

在美国，跑者和开车人的碰撞事故时有发生。虽然各州、联邦政府并不专门追踪与跑者有关的车祸情况，但《跑者世界》搜索了报纸和网上的相关报道后发现，2009 年前 10 个月有将近 20 名跑者被轿车或卡车撞死，而 2004 年以来有超过 40 人死亡。《跑者世界》对 2 400 人所做的一份调查显示，138 名受访者（6%）曾在跑步时被车撞到，虽然大多数人只受了轻伤或没受伤（只有两人差点丧命）。

为了防止与车辆的“亲密接触”，最好严格遵守一些路上的基本规则：靠街道左侧跑步以面向车流、穿戴明亮或反光服饰、不要听音乐或戴耳机以注意车辆的接近。

但正如桑福德所学到的，谁都无法保证你不会被撞。司机们手握着方向盘却越来越分心：设定 GPS 导航、打电话、发短信……根据美国运输部的报告，在 2009 年发生的 150 万起导致伤亡的车祸中，有 20% 与分心驾驶有关；16% 的车祸死亡与分心驾驶有关。

作为一名跑者，保护自己是很重要的。下面的一些指导方针可以帮助你保证安全：

克服高温

由于住在佛州的劳德代尔堡，克里斯 · 卡诺（Chris Cano）必须了解自己已受到高温伤害的迹象。

“我开始对很小的事情发怒——汽车开得太近了、地上有垃圾，不管事情有多琐碎，都会激怒我。”32 岁的卡诺说。他已经完成了 5 场全马以及 13 场铁人三项。“我开始出现皮肤擦伤、口舌发干的状况，并且感觉比平时更热。刚开始的时候，我还安慰自己说只是这几公里身体还没准备好，”卡诺补充说，“不一会儿，我就明白发生了什么。”

视野探索

如果外面漆黑一片而你要出门跑步，那么距离多远司机会看到你？对此，《跑者世界》撰稿人利萨 · 郑（Lisa Jhung）做了一项户外实验并演示了最好的情景，以及最差的情景。

能见度	着装 / 携带物品
800米	**头灯或手持光源** 白色光是肉眼在夜里能清楚看到的颜色。由于你的运动导致光线随之移动——头灯幅度小而手灯幅度大，司机应该可以认出你是个跑者
400米	**反光背心或闪烁的红灯** 如果戴头灯或拿手电筒感觉不舒服，那你至少要穿一件反光背心或佩戴一盏闪烁的红灯。司机不一定能识别出你是个跑者，但也不容易忽视你的运动。灯的光源应该是很亮的 LED，而背心上则应有一半覆盖着反光物质
130米	**亮色马甲或上衣** 这有助于引起司机的注意。黄绿色和鲜亮的橙色是最佳选择。袖子上如果有反光条，则更可以帮助司机觉察到你的运动
90米	**反光装饰** 在 90 米以内的任何距离上，你的性命就全看司机的反应时间了。帮自己一个忙，穿些带反光装饰的衣服和鞋子吧
15米	**白色T恤衫** 虽然白色 T 恤衫在深色 T 恤衫前显得明显，但两者的差别可以忽略不计——特别是在司机开得很快的情况下
9～12米	**深色衣服** 穿着深色裤子和深色衬衫跑步，你就是在自找麻烦。除非到眼前了，否则司机不会注意到你

路上的规则

① 不要假设司机能看见你。实际上，要设想司机看不见你。

② 逆着车流跑步，这样的话，如果来车犯了错，你还可以及时做出反应。

③ 在停止标志或信号前，等待司机挥手让行——然后你挥手致谢，之后通过。

④ 与过往车辆保持至少 1 米的距离。

⑤ 时刻准备跳上人行道或路肩。

⑥ 一群人跑步，遇到有车通过时，要形成一列纵队。

⑦ 转弯时，要打手势，以表明方向。

⑧ 要尊重司机在路上的权利。

⑨ 跑步时携带有效身份证件，并在手机背面贴上紧急联系人的信息。

⑩ 与警方核实当地的交通规则。

⑪ 到达山顶时，要注意：司机的视力可能因阳光照射而突然下降。因此，要穿高度可见的衣服，而且时刻准备离开道路，直到车辆翻过山。

⑫ 如果想戴着耳机跑步，则只戴一只耳塞。你需要保证能够听到外界的声音，比如车辆接近的声音。

⑬ 假如你在黎明或晚上跑步，则要注意路上的疲劳驾驶者——人们可能刚起床，故而感到疲倦，或是忙碌一天后赶着回家。在清晨，要注意挡风玻璃上有霜的开车人——他们可能看不清你。

现在卡诺意识到了那些迹象，打算很快使自己清凉一下。他改成步行、喝些水、补充 100 ～ 200 卡路里、找片阴凉地，甚至去宾馆凉快一下。

“首先我要接受的是，我的训练结束了。”他说，“接下来的目标就是平安地回家，并确保第二天能再次跑步。”

的确，卡诺所学到的正是大多数跑者最难领悟的一件事情。“人们在高温下不可能达到在凉爽气候下的强度。”道格拉斯 · 卡萨（Douglas Casa）博士说，“人们很难理解这点。”他是康涅狄格大学科里 · 斯特林格研究所的首席运营官，并且通过了体育训练认证。

即使不提高速度，高温天跑步也会使身体负担过重。高温跑步时心率会飙升，体温也会上升，而且流向肌肉的血液会减少，以致腿部肌肉不能有效地发挥作用。血量缩减、身体脱水，心脏被迫加大负荷，从而把血推向腿部以及皮肤来降温。

更重要的是，中暑，如痉挛和热衰竭等，可能会在核心体温仅比正常情况高出几摄氏度的情况下发生，而且还往往与流汗导致的脱

比赛日预测：高温对全马配速的影响

很多人已经研究了气温达 25℃ 时对全马成绩有何影响。一份发表于 2007 年的研究关注了 140 场全马的气温和成绩，结果发现 10℃ 几乎是全马选手的理想温度。数据表明，速度较慢的选手比较快的选手更容易受到气温上升的影响。气温每上升 5℃，水平为 2 小时 25 分的全马选手，其成绩会下降 1.1%，而水平为 3 小时的全马选手，其成绩则下降 3.2%。粗略地估计，你可以把这些发现扩展至水平为 4 小时以及 5 小时的全马选手身上，成绩的下降可能会更大，因为这种逐步下降可能部分是由于选手暴露在各环境条件下的时间长短。

10℃下的用时	15℃下的用时	20℃下的用时	25℃下的用时	30℃下的用时
3:00:00	3:05:24	3:10:48	3:16:12	3:21:36
4:00:00	4:07:12	4:14:28	4:21:36	4:28:48
5:00:00	5:09:00	5:18:00	5:27:00	5:36:00

水有关。假如体重因流汗只下降了 2%，那训练成绩可能会因脱水而下降更多——常温下高达 20%，高温下为 60%。卡萨对越野选手的研究表明，身体每失去约 1% 的水量，心率则会每分钟增加 5 下。因此，清楚自己的出汗率非常重要。（见第 78 页的“补水：要根据自己的需求”）

卡萨说：“选手们在训练时很少中暑，但在比赛时很容易遇到麻烦，这是因为他们为了跑出某个成绩，而不顾身体发出的异常信号。”

另外，如果选手在冷天训练而在异常炎热的时候比赛，或者热浪突然来袭，也可能出现问题。2007 年，在芝加哥马拉松赛上便发生了这一幕。当时，在比赛开始不到 4 小时，正常会在 5 ～ 17℃的气温突然升高到 31℃。最后，组织者暂停了比赛，但仍有 185 名选手被送往急诊室，并且有 1 人死亡。

不过，将大热天里正常的不适感和需要医疗救助的中暑区别开来可能会很难。当身体遇到高温问题时，跑者往往会提前或在强度不及平常时便感到疲劳。例如，在进行 5 公里重复跑时，你可能会在第 2 个 5 公里便筋疲力尽，而平时都可以坚持完整个训练。“把速度降下来，然后改天再跑。”卡萨说，“通常，选手们的头顶和脖子会感觉怪异，会有头晕目眩、头痛、恶心、呕吐、食欲不振以及口渴等症状。”

“如果你觉察到这些症状，在几乎所有情况下，最重要的就是把强度降下来，”卡萨说，“如果强度大，那就降下来；如果强度中等，那就改为走路；如果正在走，那就赶紧进屋，或找阴凉地休息一下。”

高温下的身体变化

2008 年，安比·伯富特来到康涅狄格大学环境实验室，同科里·斯特林格研究所首席运营官道格拉斯·卡萨博士一起研究人体在高温下跑步时所发生的变化。他连续几天都采取同样的训练方式——以每公里 5 分 19 秒的配速跑 1 小时。第一次跑步时的温度为 12℃，第二次为 32℃。结果发现，在高温下跑步时，其心率、体温以及出汗量剧增到降低成绩而增加健康风险的程度。对此，医生表示这是正常的。

身体量测指标	12℃	32℃
心率/下	158	175
直肠温度/℃	38.88	39.69
乳酸浓度/（毫摩尔 / 升）	0.978	4.04
出汗量/千克	0.767	1.534
失水百分比/%	1.3	2.6
血浆容量/%	–0.2%	–10.9%

高温下跑步的要诀

- 跑步距离短于天气凉爽时的正常距离。
- 跑步速度慢于天气凉爽时的速度。不要指望能达到条件稍好时的成绩，在高温下那是不可能的。
- 和朋友们一起跑步，或者让别人知道你要跑去哪里以及什么时候回来。
- 给自己 8 ～ 14 天的时间来适应炎热天气，逐步增加训练长度和强度。在此期间，身体会学会降低心率、核心体温并且增加出汗率。
- 在一天里最凉爽的时候跑步，通常为日出前或刚刚日出后。
- 在阴凉地跑步——小路或两旁有树的公路，以避免阳光直射而吸热。
- 穿轻薄面料的衣服或尽量少穿衣服，以利于汗液蒸发。
- 倾听自己的身体，感觉不对时要慢下来。
- 跑前、跑中及跑后要适量饮水，但注意不要过量，过量会导致低钠血症——一种由于血液被过度稀释而引起的、可能致命的疾病。

高温何以伤人

在害人的热疾病发作前觉察到它们，并进行处理是很重要的。这些疾病几乎都可以通过适量饮水（详见第 78 页的“补水：要根据自己的需求”）以及让身体适应环境来进行预防。

热痉挛

症状：剧烈运动中或运动后腹部、手臂、小腿或大腿处发生痉挛，脱水，口渴，出汗。

处理方法：休息、拉伸并按摩受影响的肌肉；摄入含盐的液体或食物，如运动饮料等，以保持水分；休息并补充水分后，可以回到训练中。

热衰竭

症状：大量出汗、脸色苍白、身体虚弱、头痛、眩晕、恶心、疲劳、呕吐、尿量减少、肌肉协调性下降。

处理方法：停止跑步、躲进阴凉处、脱去过多的衣物、躺下并抬高双腿、用冰袋给身体降温。若症状持续，则去看医生。等待 24 ～ 48 小时之后再重新开始跑步。若重新跑步，则要逐步增加强度和跑量。

中暑

症状：意识模糊、呼吸急促、头晕、心率增加、迷失方向感、不理性行为、呕吐、极度高温（通常达 40℃甚至更高）。

处理方法：停止跑步、紧急求助、躲进阴凉处、脱去过多的衣物以及将身体浸入循环有力的凉水中（2 ～ 4℃）。一直冷却，直到体温降至 38.9℃。如果所有的中暑症状你都有，那么要去看医生。经医生同意后，再重新开始跑步。

INSIDE RUNNER'S WORLD 《跑者世界》编辑如是说

戴维 · 威利，44 岁，《跑者世界》总编辑，宾夕法尼亚州伯利恒人

经验教训：抽出时间来补充水分。

我以自己的惨痛经历了解了中暑这回事。那是在 1989 年，我大学毕业回到家，刚好可以和父亲一起参加当地的一场 10 公里比赛。我当时睡眠不足，而且训练也不够，但我决定那次要突破 40 分钟。比赛是在 6 月份一个炎热的下午举行的。我起跑很快，而且只去了一个水站，其他全都略过了——因为没时间！冲过终点后，我的周边视觉出现了类似罗夏测验中的墨渍图。我摇摇晃晃地走进医疗帐篷，在那里，我得到了一瓶佳得乐并被告知可能得了热衰竭。然后我吐了。假如那时我有现在的知识，那天可能就已经突破 40 分钟了——差了 7 秒，一点儿也不意外！而且，也不会把暑假的前两天给毁了。不过，至少我已经转变了。现在，我绝不会漏过一个水站。在进行长距离跑之前，我会在沿途的灌木丛或邮筒里藏一些瓶装水和运动饮料。虽然我的 10 公里跑还没突破 40 分钟，但至少饮水不足已不是理由了。

What it takes to... / 我是怎样……

减掉45公斤，并以2小时49分跑走结合完成全马

伊恩·基特利（Ian Kitley），29岁，英国剑桥人

软件工程师

比赛经历：3场全马；个人纪录：2小时49分

“挑战赛”经历：2011年布拉格马拉松赛

我年轻时跑过越野，但总被甩在人群后面。随着年龄的增长，我的跑步兴趣消退了，于是就不跑了。后来，大约3年前，我的一个朋友抱怨自己的体重，而且找了个跑步项目想试一试，于是我主动提供帮助。最终，我们有十几个人开始每周聚在一起跑上几次，从此着了迷。到了第二年，由于跑步水平的提高，我总会参照时间而不是距离来跑。有一天，我意识到这样跑下来的距离和全马训练所需的距离差不多。我会一次跑2.5小时，最后能跑32公里。于是，跑一场全马的想法开始折磨我。

大约那个时候，我发现自己在进行长距离跑时会很疲劳，而且还没跑完就会感到精疲力尽。15公里的距离，跑了5公里左右，我的内心就在呐喊：“我想走，但我不能，因为我必须跑完全程！”随着时间的推移，我对自己的训练项目更加了解，于是我凑出了一份跑走结合的计划，并且自我感觉良好。每当进行15公里以上的训练时，从起点开始，我会跑10分钟，然后走45秒。

每次步行休息之后，当我再次开始跑步时，我会发现自己的力气多了很多，而且之前经历的疼痛都消失了。在随后的一周里，我的身体能够更快地恢复，从而我回到训练中。步行休息使我更快地增加了跑步距离，并且同时降低了受伤的风险。

带着“如果有可能，那就追求点疯狂”的想法，我参加了都柏林马拉松赛，打算突破3小时。结果，我做到了，取得了2小时56分的成绩，而且我非常享受比赛，于是又接着参加了在罗马和布拉格举行的马拉松赛。在这两场比赛中，我都采用了跑走结合的方法：在罗马，每跑5公里则走40～45秒，成绩为2小时53分；而在布拉格，每跑10分钟走

在寒冷天跑步

挑战者吉尔·特纳（Jill Turner）曾经在气温低至零下22℃的时候跑完32公里。她开始对自己在寒冷天气下的训练感到骄傲，甚至对此怀有期待。

“如果你穿得很暖和，这样的经历很令人愉快。”41岁的特纳说。她完成了10场全马，现住在加拿大阿尔伯塔省的埃德蒙顿。“我沉

30 秒，成绩为 2 小时 49 分。结果让我都感到惊讶。

在我开始这段跑步旅程时，体重为 120 公斤。今天，我的体重为 75 公斤。只有当我对吃进嘴里的东西开始认真对待的时候，体重才开始下降。以前，我的饮食不怎么好，但也不怎么差。只是在大部分情况下，它时好时坏。大约在 2009 年 10 月，当我开始对饮食认真起来后，我做的第一件事便是确保吃早餐并且把三餐在一天里分布开，而不是在饥肠辘辘的时候大吃特吃。同时，我还开始更多地自己做饭，而不是每周一次、两次甚至更多次地叫外卖。通过自己做饭，我可以按照分量把饮食限制在自己真正想吃的食物上，这就不会有别人给我什么我就得吃什么的感觉。

终于，我可以平和地对待垃圾食品了。以前，我每次把它从饮食中拿掉，随后却大吃起来。现在，我允许自己每天吃一点，周末时可以再多吃点。这样的话，我不会吃得太多，也不用对自己的放纵而感到难过。我还找到了一些比垃圾食品更健康的替代品，如脱脂酸奶和干果，这些东西同样让我很享受。我喜欢上了替代食品，而且（通常）它们比巧克力和饼干更有益于我的健康。

这段跑步旅程、这些经历在很多方面帮助了我。我以前从没付出如此多的努力来实现什么事情，但这种努力已经让我看到，只要用心，自己就能取得巨大的成就。我减掉了体重，而且能够设定并实现目标，这说明，我能够做出一个承诺并且能坚持下去，直到成功实现它。我还学会了将大的挑战分成若干小的、更容易实现的任务，从而可以完成更大的挑战。

现在，我可以把这些技能应用到生活的各个方面。在工作中，我发觉自己对自己的能力和想法更自信了，还可以更清晰地将它们表达出来。与此同时，我注意到其他人更愿意听我发言、给予我更多的尊重。

减掉了这么多体重，而且跑得如此之快——我知道所有这些听起来是多么不寻常、怪异以及疯狂，但这已是我生活的一部分。我所取得的成就是我从没想到自己能够实现的，而现在，我只希望自己能继续下去。

醉于周围的宁静、壁炉里木头燃烧的味道、新鲜而凉爽的空气以及那种温暖而舒适的感觉中。当我回到家时，头发和睫毛上挂着冰溜，我感觉自己像个奔跑的勇士。”

专家认为，虽然特纳说得很随意，但她对寒冷天训练的态度非常好。降雪会造成一些危害（见第 124 页的“雪中跑步的技巧”），但如果处理得当、保持干爽并且不降低强度，就没有理由不能在寒冷天跑步。

“只要有合适的装备并采取适当的预防措施，那么几乎在任何环境下——不管有多冷，都没有理由不能去享受运动。”约翰·卡斯特拉尼（John Castellani）博士说。他是美国陆军环境医学研究所的一名运动生理学家，曾帮忙编写了美国运动医学会关于在寒冷条件下进行训练的指导方针。“在冬天，最重要的是路况。除此之外，没什么能妨碍人们跑步。”

研究表明，如果以最大摄氧量的60%——维持轻松跑所需的强度——进行训练，身体便能产生足够热量来抵御严寒。但如果强度比这低、穿衣不当或身上变湿，就会出现问题。这些因素都可能导致身体受到体温过低或冻伤的侵袭，卡斯特拉尼说。

“训练强度对核心体温是否下降起着重大的作用。”他说，“通常，通过训练所产生的热量等于身体在寒冷中损失的热量。”

当身体损失的热量多于产生的热量并且核心体温低于35℃时，就会出现体温过低的现象。其症状差异很大，但通常起初为严重颤抖、麻木，然后会发展为意识模糊、身体缺乏协调性，在极端情况下甚至会导致死亡。

在雨雪天或皮肤被汗浸湿的情况下，体温过低的风险最大，因为水从身体带走热量

三个关于寒冷的常见问题

当外面很冷时，我似乎总是发抖。为什么会这样？我需要感到担心吗？

发抖是一种本能反应。身体发抖的目的是，增加热量的产生以弥补其损失。如果你在运动时发抖，这通常说明你的运动强度没有产生足够的热量来弥补损失，运动生理学家约翰·卡斯特拉尼博士说。你最好加快速度、多穿衣物或尽快补充能量。

跑步时，我的脚趾有时会发麻，而且在整个跑步过程中也没有暖和起来。为什么会这样？

如果脚趾发麻，那说明流向它们的血液不足，而且你有可能得了冻疮。最好停下来，找个能暖和脚趾的地方。为了从一开始就预防脚趾发麻，要确保所穿的鞋有足够大的鞋头，并且一定要穿能提供较多遮挡、较少网眼的冬季跑步鞋，以助于保持双脚的温暖和干燥，比尔·罗伯茨（Bill Rokerts）教授说道。他是美国双子城马拉松赛医学总监、明尼苏达大学（圣保罗）医学院家庭医学和社区卫生系教授。

连指手套比分指手套更能暖和双手吗？

连指手套比分指手套更能暖和双手，因为前者的散热面积较少。如果天气非常寒冷，可以在连指手套里戴一副薄手套作为衬里。当双手因运动变暖后，可以拿掉连指手套；如果双手变冷，再戴上连指手套。

的速度比空气快得多。因此，在4℃的潮湿天气下，低体温的发作速度是在更冷但干燥的天气下的2倍，卡斯特拉尼说："有一件事我们不希望人们在寒冷天去做，那就是弄湿自己。"

在下面的情形下，你需要多加注意：进行长距离跑或比赛（在户外4～6小时）时，身上会被汗浸湿或当前训练强度所产生的热量不足以弥补损失的热量。在这些情况下，重要的是采取额外的预防措施。卡斯特拉尼说，一定要穿带拉链或开口的衣服，以便排出皮肤上的汗水，要多带一件内衣，还要好好补充能量。

冻伤是另外一大风险。它发生在皮肤温度低于0℃的情况下，常见于鼻子、耳朵、脸颊、手指和趾头。冻伤后，一开始会感觉寒冷、刺痛、灼烧、疼痛并发红，后来会发展为麻木，最后则会感觉僵硬。刮风和潮湿的天气是最容易冻伤的时候。当风寒指数（wind chill）低于–7℃时，暴露在外的皮肤在30分钟或更短时间内便会形成冻疮。

双子城马拉松赛医学总监比尔·罗伯茨在气温低于–6℃或风寒指数达到–4℃时不会出门，他说："低于这个温度，你得做好准备。假如没做好防护，你可能很快就会被冻伤。"

在天冷的时候，你的比赛成绩不一定就会变差——只要肌肉能保持温暖。当气温下降时，包括地形和风速在内的很多因素都会影响到跑步经济性。卡斯特拉尼说，其中的限制因素就是你可能得穿很多衣服，多到身体的活动范围受限。

冬季注意事项

在此，专家以及对付寒冷天气经验丰富的挑战者们提供了一些方法，以帮助你在冬季坚持训练。

不要想太多。在寒冷天气下跑步，最大的障碍来自心理。冬季跑步最糟糕的部分就是出发前几分钟的恐惧，大多数跑者对此表示赞同。"不要被寒冷天吓住，"来自阿尔伯塔省埃德蒙顿的挑战者艾丽萨·梅斯纳（Alissa Messner）说，"绝没你想的那样糟。"

保护好四肢。卡斯特拉尼解释说，当身体核心体温低于35℃时，皮肤会收缩，以限制热量从身体流失，并且引导血液流向体核以及内部器官，这就是为什么在你出门时，双手、双脚、耳垂以及鼻子——离体核最远的地方——会最先被冻住。因此，一定要戴帽子、连指或分指手套、围脖、巴拉克拉法帽[①]、头带以及穿排汗的袜子。如果在积雪中跑步，要套轻便的鞋套，以防止鞋子潮湿。不用去涂凡士林或其他润滑剂——它们对抵御寒冷没有任何帮助。

遮住嘴部。冷空气会让你在跑步时感觉喉咙有灼烧感。这是因为它会使你的气道发干，造成某种收缩，罗伯茨解释说。但这并不会对肺部造成什么伤害。为了防止这种灼烧感，可以用围巾或巴拉克拉法帽遮住嘴部，从而将空气预热后再吸入。

分层着装。穿几层轻薄的衣物，以便随体温增减。衣物层之间可以留住空气，起到隔热作用。里层要穿轻便的涤纶或丝质的贴身衣

① 巴拉克拉法帽：一种完全包住头和脖子的帽子。

What it takes to... / 我是怎样……

拖着重建的膝关节参加马拉松赛

托德·威尔逊（Todd Wilson），48 岁，弗吉尼亚州切斯特菲尔德人
作物生产服务公司（一家农业供应商）的规划经理
比赛经历：7 场全马；个人纪录：3 小时零 5 分
“挑战赛”经历：2009 年里士满马拉松赛

成年后，我的马拉松追求之路始于 2006 年。那时，46 岁的我“很荣幸地”接受了双膝前十字韧带（ACL）的置换手术。

我对需要做置换术并不感到非常吃惊，因为在高中时我受过一次伤（被一个非常粗鲁的后卫弄的），而且右膝接受了重建手术。那一次，我的整个膝盖都毁了——前十字韧带、内侧副韧带（MCL）、后十字韧带（PCL），还有肌肉。膝盖骨粉碎，甚至神经也被切断。30 年过去了，我估计那次修复的保质期已经到了。

我不明白，为什么切除了双膝反而唤醒了自己内心埋藏已久的对跑步的渴望。我年轻时跑过步，全马个人最好成绩为 3 小时零 5 分。但在正常生活的种种干扰下——妻子、孩子、工作，跑步已经退居其次。于是，我成了一个典型的、超重的、整天坐办公室的中年人；现在，还要对付一对坏掉的膝盖。

在手术康复期间，我的理疗师开始让我跑步。在此期间，当我在跑步机上摸索时——为恢复肺部和膝部功能——我发现自己非常享受。我的体重下降，身体变得结实并且身上的能量比过去 15 年的任何时候都多。我想我的健康多少得归功于那对糟糕的膝盖！

为庆祝手术一周年，我跑了一场 10 公里，接着在同一年又跑了一场半程马拉松和一场全程马拉松。

我又完成了 5 场全马，其中最后一场是 2009 年在里士满作为《跑者世界》挑战者而参赛的。在另一场全马训练时，我右膝的老毛病突然犯了，并且在主持一场腰旗橄榄球比赛时因一个失误而加重。于是，我第 4 次躺在手术刀下。这一次他们发现，我的膝盖软骨有点磨损，还有一些炎症。另外，手术中还发现置换的 ACL 正在恶化，不可能支撑太久。

物，便于排汗；中层为抓绒衣；外层为可以挡风、防潮的衣物。不要穿棉质衣物，因为它能吸收并保存皮肤上的水分。“一旦开始出汗，身上便形成了一个小的潮湿环境，这会吸走身上的热量。”卡斯特拉尼说。

不要穿得过多。穿的衣物能让你感觉与实际相差 −9.4 ～ −6.7℃即可。出门时你应如果 ACL 持续恶化并且膝盖失去稳定性，那么它们必须再次被置换。我装了一个支架来分担跑步时关节所承受的一些压力，这样我应该可以争取些时间。医生告诉我，最后我可能需要做膝关节置换术。跑得越多，我就越快需要动这个手术。

但我仍会继续跑步，可能没那么远，当然也没那么快，但我将继续跑步——直到跑不动为止。当我跑不动了，我便知道自己已经把能跑的都跑完了。有些人可能认为这是种消极的态度，但就像那句老话说的："与其锈掉，不如用坏。"

有人问我，如何拖着重建的膝关节跑完了全马。对我而言，这需要对跑步的热爱，而且这种热爱克服了跑步带来的苦难。对于大多数跑家而言，苦难也是我们所爱的一部分。因此，从这个意义上来说，在完成我的各种挑战时，上帝额外恩赐了一些我所爱的东西。

尽管我所受的伤没有一个是跑步造成的，而马拉松也可能不是疗伤的最佳方案。即使如此，我也不后悔。也许对我来说，用最后的几年时光尽可能多地跑步不是件最棒的事情。但是，回首过去，我真的想不出哪一段路我会选择不去跑。我热爱跑过的每一公里——即使是曾经讨厌去跑的路程。

跑者们都不可抑制地想知道下个转角会遇到什么。我认为，对我而言，这是跑步必不可少的一部分。我所经历过的以及正在持续的这段旅程也有令人沮丧的一面。说真的，这次的恢复比其他时候都慢，而且直到最近，挫折还是多过收获。我必须以马拉松教给我的毅力坚持下去。我安慰自己说，事情不会是这个样子，它只不过现在是这个样子。总有下一个弯等待你去转，转过之后，又是一场新的冒险。

我再也不会把跑步当成很自然的事情。这个秋天我就 50 岁了，而且下半身时不时地疼痛，因此，我一次只跑一天。我再也跑不出 3 小时零 5 分的全马成绩，但没关系，因为我现在踏上了新的征程。

我现在跑步，因为我曾经有过不能跑的时候，而且将来会有不能跑的那天。我继续跑步，并无比感恩上帝允许我跑过的每一段宝贵的路程。我曾经"奔跑却不困倦"，而且会继续下去，直到有一天是时候该"行走而不疲乏"。

该感觉稍微有点冷。随着热身活动的进行和体温的升高，你会感觉舒服些。要减少身体过热、流汗过多的风险，否则会加剧寒冷的感觉并可能导致体温过低。"要穿带拉链和开口的衣服，这样汗液可以蒸发出去。"罗伯茨说，"如果穿的衣物不排汗，那你很快就会发冷。"

关注风寒指数。当你查看天气预报时，要关注风寒指数，即风吹到皮肤上的真实感受。根据美国国家气象局的资料，风速的增加可以降低体温。如果气温为零下18℃而风速为24公里每小时，那风寒指数为零下27℃。在这个温度下，暴露在外的皮肤在30分钟或更短时间内便会形成冻疮。

保护私处。当外面刮风时，男人应该穿挡风内裤或者能挡住生殖器的衣物，罗伯茨说。风一吹，身体便容易冻伤。“风不会去挑部位，”他说，“而会直接穿透你的紧身衣裤。”

迎风起跑。起跑时要迎着风，因此，回家时风会从后面吹来。这样的话，当你已经疲劳并且出了很多汗之后，风会从背后吹来，这样你会好受些。

在室内热身。当气温在冰点以下时，可以试试把部分热身运动放在室内进行。可以先在跑步机上跑，等双腿感觉就绪但身上还没出汗时，便出门跑步。

饮食同常规训练时一样。“按温暖时的方式进行水分和能量的摄入。”卡斯特拉尼说。即使不想如此，寒冷天身上出的汗可能比大热天少，因此喝水不会那么多，另外寒冷也会削弱你的渴驱力。但是，身体却同样容易脱水，从而导致疲劳，有损发挥。一定要在出发前好好补充水分。同样，一定要补充能量。在寒冷天气下，你可能会消耗更多能量，特别是当你必须对付雪堆和结冰地面时。另外，发抖，身体生热的本能反应，也会消耗肌肉用来生成能量的葡萄糖。

尽快除寒。潮湿的衣物会增加热量损耗。跑完步要尽快换上干燥、温暖的抓绒衣、运动服等衣物。

雪中跑步的技巧

有的人可能觉得在雪中跑步很疯狂，但对于那些生活在寒冷气候下的人来说，这是一个无法回避的现实问题。下面的一些技巧可以帮助你在冬天的冰雪世界里坚持训练：

注意脚步。压实的积雪能提供较大的附着力，而刚下的雪会盖住结冰的路面。要在积雪已经被推开的街道上跑步（只要可以安全通车），但要注意路上的薄冰。如果没有冰，就在人行道上跑。

气温在冰点时不要出门。冰点时（刚好在0℃左右）的积雪是最滑的，罗伯茨说。“这个时候我就不跑步了，”他说，“路面附着力很差，而且你可能一踩上冰就立即摔倒了。”当温度低于0℃时，路面的附着力会好一些，他补充道。

做好疼痛的心理准备。为了穿过不均匀的积雪路面而不至于在冰雪中滑倒，你必须调整脚步。因此，要为跑后身上额外的疼痛而做好准备。“即使脚和脚踝做出很小的调整，”梅斯纳说，“结果也会使某处的某个部位拉伤。”来自明尼苏达州明尼阿波利斯的挑战者韦恩·霍斯曼（Wayne Horseman）对此表示同意。“肩膀容易向内牵拉下来，从而导致脖子和肩膀疼痛，”他说，“在积雪的小路上跑步以及穿梭于结冰的路面，都会对小腿和脚踝造成伤害。”

减小步伐。当在冰雪上跑步时，要减小步伐，以防止滑倒。在恶劣的天气条件下，精力要放在积累训练时间上，不要追求速度或距离。可以使用像Yaktrax这类防滑产品来避免跌倒。

在室内训练。如果路面结冰，那可以在跑步机上进行训练。要是你接受不了跑步机，则可在自行车或椭圆机上进行同样时长的交叉训练（见第 149 页开始的“备用计划”）。

保持变通。为了避免错过训练，始终要有 B 计划。假如你通常在早晨跑步，那么也要接受在下午跑。假如街道成了溜冰场，那就去健身房。重新调整训练总比干脆不训练强。即便只能进行 20 分钟的训练，你也会感觉更舒服。

结伴而行。尽量和同伴或一群人跑。假如一个人，则要让别人知道你的路线以及打算跑多久，还要带手机，霍斯曼说。“寒冷天不是一个人在野外跑步的好时候，”罗伯茨说，“要在家附近准备几条安全的紧急路线，这可以让你在天气变坏时找到暖和的屋子。”

皮肤问题

2011 年大苏尔马拉松赛前 4 周，挑战者斯科特·弗朗西斯（Scott Francis）感觉相当自信。他解决了膝盖上的一些问题，而且做好了比赛的准备，除了一点：大脚趾甲下面起了一个水泡，而且已经发红、发肿，还疼。这使他不得不缩短长距离跑。“我不知道到底是应该停下来还是继续跑，或是拿钳子把那鬼东西给扯掉。”弗朗西斯说，“我不想把训练搞砸。”

他去看了一个足病医生，拿掉了水泡，并且休息了 3 天。“我绝对低估了它的危害。”他说。

在训练时，我们容易担心大腿拉伤或发生骨折。然而，正如弗朗西斯所意识到的，那些看起来只是表面上的问题——如水泡、皮肤擦伤、晒伤或足癣，也同样能制造麻烦。即使肌肉和骨骼功能都正常，一小片受刺激的皮肤也可能让你退出。

“对于很多皮肤上的小病而言，选手们要么不认为那是跑步引起的，要么干脆忽视它们，”辛辛那提大学运动皮肤病科主任、5 场马拉松跑者布莱恩·亚当斯（Brian Adams）说，“但它们确实会妨碍训练。”

幸运的是，大部分皮肤问题很容易处理和预防。如果处理得当，它们不会扰乱训练。

水泡

如果鞋子摩擦皮肤，便可能造成水泡。水泡很令人烦恼并且会让人感到疼痛，很可能会让你跑不了步。炎热和潮湿为水泡的形成提供了条件，因为这两者会造成皮肤肿胀。因此，水泡常见于炎热的夏季以及雨天。在通常情况下，水泡是鞋子不合脚的产物。

处理方法：假如水泡的大小小于铅笔上的橡皮擦，那你可以不去管它，让它自己好。如果你想继续跑步，而且不想它变大，则可拿一块斜纹棉布，在上面剪一个水泡大小的洞，然后对准水泡盖上棉布，最后用纱布裹起来。假如水泡更大，那么挤出其中的液体会有助于缓解疼痛：取一根针，用酒精擦拭消毒，然后刺开水泡边缘，将液体挤出。你会很想把那层皮揭掉，但最好不要。“那样会导致感染，而且下面的皮肤会发炎并且疼得厉害。”在马里兰州切维切斯以及华盛顿特区工作的足病医师李·费尔斯通（Lee Firestone）说。接着，在挑破的水泡上贴上一块创可贴或其他包扎物，如盖上一块中间切孔的斜纹棉布并用纱布包扎。假如跑步后发现袜子带血并且水泡已经破裂，那么要用抗菌肥皂清洗水泡，再涂上新斯波林（Neosporin）之类的消炎药膏。如果水泡周围发烫，有红色斑纹或者绿色分泌物，这表明已经感染了，需要去看医生。

预防措施： 穿合脚的鞋子是抵御水泡的第一道防线。跑步前，在双脚容易磨到的地方涂上凡士林或运动润滑剂，或者在出现水泡的地方贴上创可贴。假如你出去两小时或更长时间，那就别涂凡士林，亚当斯提醒道。涂了也会失效。费尔斯通建议使用布基胶带贴住容易起水泡的部位，他说：“它稍黏一些，在皮肤上贴合得更好，而且不容易和袜子拉扯。”如果跑步时感觉脚上某一部位开始发烫——表明脚和鞋有摩擦，那离起水泡不远了，这时就要松开鞋带、调整袜子。袜子脚趾处皱到一起或者袜缝没对齐都会对皮肤造成刺激。亚当斯建议采用“消除水泡的系鞋方法”，从根源上防止产生摩擦。

消除水泡的系鞋方法

下面的鞋带系法有助于防止脚跟滑出鞋外——那样会导致水泡发生。辛辛那提大学运动皮肤病科主任布莱恩·亚当斯建议大家采用：

① 正常系鞋带，直到两边都只剩最后一个孔。

② 将鞋带穿过同一侧的鞋孔。

③ 将鞋带拉到对侧，穿过步骤 2 所形成的鞋带圈。

④ 拉出鞋带、绷紧并打结。

皮肤擦伤

和水泡一样，摩擦也是皮肤擦伤的主犯。任何与皮肤摩擦的物品——短裤、运动文胸或棉质 T 恤衫，都可能造成皮肤发红、变粗，而且可能引起疼痛，进而导致感染，甚至会让你连冲凉都忍受不了。潮湿和高温会加重炎症。在男性选手中，乳头发炎很常见。

处理方法： 用肥皂和水清洗患处，涂抹抗菌药膏，并贴上黏性创可贴。这样一来，伤处一般可自行痊愈。

预防措施： 穿戴可以排汗的专业服装。剪掉衣服上的标签。确保衣服合身：如果太紧了，衣服会勒住皮肤；太松了，衣服上多余的地方会刺激皮肤。男性最好使用乳贴——大部分跑步用品商店都买得到。在容易发炎的部位涂上凡士林、阿夸弗尔（Aquaphor）之类的药膏，或运动润滑剂。

晒伤

在太阳底下待的时间过长，皮肤会呈亮红色，这表明皮肤受到了伤害。“晒伤是身体发出的警告，”常驻芝加哥的皮肤病专家、跑过 10 次马拉松的跑者布鲁克·杰克逊（Brooke Jackson）说，“就像是把肉放上烤架。”而患皮肤癌的风险则更令人担心。研究发现，马拉松选手以及室外运动员得恶性黑色素瘤的风险更高（见第 127 页的“皮肤癌”一文）。

处理方法： 晒了一天后，如果皮肤发红并疼痛，可以采用冰敷按压、涂药水、冲冷水澡、泡燕麦浴或服用泰诺（Tylenol）等方法来减缓不适。如果情况严重、出现水泡，则要小心受到感染，最好进行治疗。涂抹芦荟汁有清凉的效果，但要注意芦荟胶，杰克逊提醒道。胶类一般都含酒精，而晒伤处最不能抹的就是酒精——保湿液还行。

预防措施：亚当斯说，上午10点到下午4点之间要避免出门跑步。这段时间是紫外线最强的时候。如果在积雪遍布的地方跑步，则太阳的作用效果会更强。要戴帽子和太阳镜来保护脸部和眼睛。跑步时，男的应该穿上衬衫，女的应避免只穿跑步文胸。“在服装上采取某些防晒措施是预防晒伤的最佳途径。”杰克逊说。可挑选可以防紫外线的跑步服装，或穿深色衣服（比浅色衣服阻挡更多的紫外线）。要用防晒系数（SPF）为30或更高的防晒霜。使用的防晒霜应标明“广谱”——可以提供长波和中波紫外线的防护。出门前必须抹足防晒霜——涂抹全身应该需要一个烈性酒杯那么多的防晒霜。出门前20分钟涂抹，这样可以让皮肤有时间吸收。如果要进行长距离跑，则需每小时重新涂抹一次，亚当斯说。

皮肤癌

2006年发表于《皮肤病病学文献》(*Archives of Dematology*)的一项研究表明，跑者身上明显有较多的非典型的痣以及雀斑，这说明他们患恶性黑色素瘤的风险较高。该项研究的作者们还暗示：除了暴露于太阳下的时间更长——跑得越长，风险越大，跑者的这种较高风险还有可能与耐力运动对免疫系统的抑制有关。另外，流汗也可能使皮肤对紫外线的照射更加敏感，以致吸收更多的紫外线。

“出门（跑步）对身体来说是件很好的事情——可以保持健康，但对皮肤来说，却是件糟糕的事情。”皮肤病专家布鲁克·杰克逊说。即便如此，还是有很多方法可以预防或提早发现皮肤癌。

除了用衣物遮挡皮肤以及出门前涂抹防晒霜，最重要的是要了解自己的皮肤，杰克逊说道。要知道自己身上的痣长什么样子，看看大小或颜色有无变化，还要注意是否有新的损伤。小的脓疮应该在一周左右愈合。如果没有愈合或者出血、变大，则应去看医生。“必须了解自己的身体，而且要知道什么情况是身体出了问题，就像能判断出自己发生扭伤或外胫夹那样。”杰克逊说。每年到皮肤病专家那里进行皮肤癌检查。专家可以观察出你身上的细微差异，并发现早期征兆。杰克逊说：“诊断越早，预后效果就越好。”

正确的动作

动态拉伸

你也许听说过，跑前拉伸是个很大的错误。的确，研究表明，如果在运动前进行静态拉伸——将肌肉保持在一个拉长、固定的位置 30 秒以上，那可能会有损表现（这些拉伸可以留在跑后进行）。但是，动态拉伸——利用腿部受控的移动来改善活动范围，能放松肌肉，提高心率、体温以及血流量，从而帮助你跑得更有效率。下面这套跑前常规动作是由超马冠军得主、蒙大拿州波兹曼的理疗师尼基·金博尔针对跑步所用的肌肉而制定的。开始时要慢，注意体形。练习变得容易后，可以加快速度。刚开始几轮可以用小幅动作，然后逐渐增加活动范围。

（1）提腿动作

站立时，将一条腿摆向外侧，然后在另一条腿前摆向身体的另一侧。一条腿重复 10 次，然后换另一条腿重复上述动作。如果身体感觉摇晃，可以抓住一个固定的物体。

（2）挺直站立

一边向前走，一边将脚跟踢向臀部。当此动作变得容易时，可以尝试边慢跑边踢。每踢一下换一边，每边重复 10 次。

（3）峰状拉伸

将身体摆成“山峰”状，臀尖朝上，将右脚放在左脚踝后。保持腿部伸直，将左脚跟向下压，然后提起。一边重复 10 次，然后换另一边重复。

（4）踢毽式

将左腿提起，膝盖弯曲、向外。试着让右手轻拍左脚内侧，但手掌不向前翻。一边重复 10 次，然后换另一边重复。

（5）玩具士兵式

背部、膝部保持绷直，腿部绷直、提起，弯曲脚趾，迈步向前。当你能舒适地做此动作后，可以增加跳跃动作来让它变得更有挑战。每迈一步换一边，每边重复 10 次。

（6）剪蹲行走

大跨步向前，前膝超出脚尖或略微在后。后膝垂向地面，身体重心降低。上身保持直立，收紧腹部肌肉。每迈一步换一边，每边重复10次。

黑趾甲

有人把它视为“荣誉勋章”，而有人则认为它是有碍观瞻的“战争创伤”。当趾甲（通常为第二个指头）撞击鞋头时，就会形成黑趾甲。当这个力被传递回甲床时，便会造成趾甲下出血。下坡跑会对趾甲施加更大的力，让脚趾状况变得更糟。黑趾甲往往是不合脚的鞋子造成的，因为鞋头不够深。

处理方法： 只要趾甲不疼，就不用管它，而且黑色的部分会在几周内长出去，亚当斯说。如果趾甲变形或趾甲盖脱落，则容易感染，因此最好去看医生。一定不要光脚去淋浴室、宾馆以及更衣室，这些地方容易携带导致感染的真菌。

预防措施： 购买合脚的鞋子，并且用第126页上的方法系鞋带，这样会减少脚在鞋中的移动量，防止趾甲撞击鞋头。

足癣

这是跑者中最常见的小毛病之一。“真菌喜欢温暖、黑暗、潮湿的地方，而跑者的脚是最湿、最温暖的。”亚当斯说。足癣会导致瘙痒、烧灼感以及脚跟或脚趾间干燥开裂。但是，跑者往往不知道自己得了足癣。“如果皮肤干燥、瘙痒超过一个月，而且用了保湿品也没有好转，那就要去看医生。”费尔斯通说。

处理方法： 在大部分情况下，一天使用两次疗霉舒之类的非处方药可以对付足癣症状。

6种跑后拉伸姿势

这 6 种姿势是由瑜伽教练、《跑者世界》投稿人塞奇·朗特里（Sage Rountree）针对跑者身体最紧张、最薄弱的地方而制定的，可以改善活动范围和力量，让肌肉、关节保持健康。此外，身体平衡、核心肌肉力量以及注意力也都得到了锻炼。结合起来，这些练习可以作为理想的跑后常规活动。

每种姿势保持呼吸 5～10 次（或者更多）的时间。你可以按顺序先完成身体一侧的拉伸，再进行另一侧，或者也可以在一个姿势上完成身体两侧的拉伸，然后进行下一个姿势。

（1）三角式

好处：拉伸内外侧臀部和腿部，增强核心肌肉和大腿的力量。

动作：采取宽开脚站姿，右脚向前，左脚与右脚保持一定角度。身体靠向左腿，右臂高举。

（2）金字塔式

好处：拉伸臀肌和腘绳肌，增强股四头肌和核心肌肉的力量。

动作：臀部抬起，身体弯向左腿。可以根据需要来弯曲膝盖，以保持腘绳肌的舒适度。

（3）股四头肌剪蹲拉伸

好处：拉伸前腿的腘绳肌、后腿的髋屈肌及股四头肌。

动作：右膝触地，臀部压向左脚跟。右手勾住右脚。

（4）鸽式身体前屈

好处：拉伸臀部肌肉，包括梨状肌以及髂胫束。

动作：左脚跟置于右髋前，左膝触地。身体前屈，俯向左腿。

（5）头触膝式

好处：拉伸大腿和小腿。如果双腿太紧，可以用束带作为辅助。

动作：双腿伸直，头部触膝。

（6）快乐婴儿式

好处：拉伸大腿和腹股沟，有助于缓解背部紧张。

动作：身体转为背部着地，两膝分开，然后抱住大腿，放低双腿或双脚，但是头和尾骨不能离开地面。

交叉训练

为充分利用交叉训练的时间，请注意下面的一些事项：

定期进行。在身体状况良好、天气也不错的时候就进行交叉训练。这样的话，如果下大雪或身体受了伤，你也能立即投入训练并从中获益。“要想让自行车练习起到速度练习的效果，这需要一段时间来锻炼股四头肌的力量。”运动生理学家斯科特·穆尔（Scott Murr）说。他是《跑得更少，跑得更快》（*Runner' s World Run Less Run Faster*）的合著者，并与他人共同制定了热门的 FIRST 马拉松训练项目。

跟着感觉走。心率区间会因具体的运动而不同，穆尔说。例如，在进行跑步速度练习时，身体可能会习惯于将心率提高到每分钟 163 下，但在自行车上这个值可能要降低 10 ～ 15 下，因为骑自行车时身体并不承重，所调动的肌肉群较少，而且不需要摆动胳膊。因此，最好根据自己的感觉调整强度（见第 30 页的“衡量训练强度”）。3 次取得奥运马拉松选拔赛资格的汤姆·麦格林教练将强度分为轻松强度（65% ～ 70%）、交谈困难但可持续强度（80% ～ 85%）以及谈话不成句的 5 公里跑强度（85% 以上）。

耐心、积极。当进行一项新的运动时，一开始总会感觉别扭。但只要坚持下去，穆尔说：“用不到 4 次，你就会感觉舒服一些。”

预防措施：穿袜子前必须把脚擦干。穿排汗的袜子，并且跑完步立即冲凉。不要在公共淋浴房、更衣室或游泳池边光脚走路，而要穿凉鞋或拖鞋。费尔斯通建议每天换鞋来让鞋子保持干燥。跑完步后，脱掉鞋、取出鞋垫，让鞋子晾干，防止湿气积累。

交叉训练

《跑者世界》的编辑凯蒂·奈茨（Katie Neitz）总是每周跑 6 次，甚至还试过一天两跑。在从一次骨盆的应力性骨折中康复之后，她决定尝试一种三天跑步加三天水中跑步或游泳的全马训练计划，而那时，她对其效果还存有怀疑。令她惊讶的是，训练计划很管用。“我感觉自己的心血管系统负荷很大，但双腿像是在休息，”35 岁的奈茨说，“在每次跑步前，身体都像是恢复了。”比赛那天，她的成绩接近其个人最佳。“整个比赛下来我感觉身体有力、心情愉快，真是太好了！而且我没受伤！”

的确，交叉训练能够促进身体健康、防止受伤，并且帮助伤后康复、跑后身体恢复以及给开始乏味的训练带来乐趣。“交叉训练可以提升心率、增加血流量并促进肌肉张力和细胞适应性。身体享受所有这些好处却不会受到跑步的冲击。”汤姆·麦格林说。

麦格林让那些为马拉松而训练的选手在

4 天跑步的基础上增加两天的有氧交叉训练，如骑自行车或椭圆机训练，以及两天的力量、灵活和平衡练习，如核心运动、瑜伽、普拉提等。

即使如此，麦格林以及其他教练都提醒人们要正确地进行交叉训练。不管是因为无法跑步，还是只为让自己的比赛训练更加完善，如果以“做了总比不做强”的方式来进行骑自行车、游泳或椭圆机训练，那你可能会感觉无聊、不满或者更糟——受伤。为了取得对跑步有帮助的收效，你要选择效果跟跑步尽可能接近的活动，要带着目的去从事每项活动，并且要保持足够高的强度，从而将心血管和肌肉机能提升一个层次。

“训练强度不够高是大多数选手在进行交叉训练时犯的最大错误。”运动生理学家斯科特·穆尔博士说。他与他人一起推出了热门的 FIRST 马拉松训练项目。FIRST 提倡每周进行 3 次跑步训练，外加两天的骑自行车、游泳或划船。“跑步的人喜欢跑步。在水池里或自行车上，他们会练上三四十分钟，但不怎么积极，然后便感到厌倦、灰心，于是就不练了。感到厌倦是因为他们的强度不当。你只有专注于某项训练，才能做得更好。”

要想交叉训练取得收效，最好还是尽早将其融入你的日常训练——不要等到道路结冰或膝盖出了问题。如果把健身房当成最后的手段，那你就没有机会让肌肉尝到有氧锻炼的好处。麦格林让选手们只坚持一种交叉训练——如游泳、椭圆机训练或骑自行车，这样他们便能精通该项活动。“除非你的肌肉已经得到锻炼，否则很难维持在有氧状态。”他说。

“要经过一段学习曲线才能达到有效的交叉训练。”穆尔说，“要是没在自行车上骑上几个月，那你不可能一上来就完全按照计划进行练习。要早点将其融入你的日常训练。否则的话，交叉训练的质量就达不到其应有的水平。”和麦格林一样，穆尔也建议大家坚持某一种交叉训练——不管是骑自行车还是游泳，而不是随意地换来换去。

[WHAT WORKS 成功案例]

将交叉训练融入马拉松训练

玛乔丽·帕特里克（Marjorie Patrick），43 岁，加州圣地亚哥人；生物学副教授，有 1 个孩子；6 场全马；个人纪录：3 小时 46 分；“挑战赛”经历：2011 年大苏尔国际马拉松赛

我努力把交叉训练融入自己的训练体系中——去健身房进行固定自行车、椭圆机或举重练习。但如果去不了健身房，我就出去走路，比如走着上班或绕着校园走。上一季度，出于工作和家庭的需要，我去不了健身房，结果我的上半身以及核心肌肉不够强壮。我很享受训练之间的休息，因为我认为这有助于恢复我的跑步动力，并让身体得以休息，而且休息过后我总能跑得更快、更好。我确实得平衡家庭、职业和跑步的需要，否则自己会不快乐。我总是努力去快乐跑步。要是跑得不愉快，或跑步成不了乐趣，那我就得休息一下。

骑自行车

不要太痴迷于把自行车里程理解为骑车时间，穆尔说。只要注意按跑步所需的时间来进行骑自行车训练即可。如果你平时跑 8 公里要花 45 分钟，那么就骑 45 分钟的自行车。“但要好好骑，强度也要大。”穆尔说。

理想的替换目标：节奏跑、跑道练习、主动恢复期的活动。

如何转化训练效果：骑自行车运动可以很好地训练双腿进行快速交换——这也是你跑步时希望做到的。选择某一阻力，从而让自己踩出较快的节奏——模拟快速交换腿，每分钟 170 ～ 180 步。跑步时应以此为目标。对于骑车的跑者来说，节奏很重要。大多数跑者在骑车时倾向于以慢节奏来“蹬大齿轮”。然而，以每分钟 80 ～ 100 圈（RPM）的节奏快速蹬车收效会更大。

比如说，你的速度练习通常为 6 × 800 米，间以 400 米慢跑作为恢复，而且 800 米需要 4 分钟，400 米慢跑需要 3 分钟。那么，在自行车上，你可以以中等阻力骑 4 分钟，节奏在每分钟 95 ～ 105 圈，然后再减少阻力轻松地蹬 3 分钟，不用管每分钟圈数。这样重复 6 次——就像在跑道上那样。

[WHAT WORKS 成功案例]

重新设定比赛目标

约翰·沃尔特（John Walter），61 岁，艾奥瓦州安克尼人；记者，有两个儿女以及 1 个孙女；两场全马；个人纪录：3 小时 48 分；“挑战赛”经历：2011 年大苏尔国际马拉松赛

年过 60 岁之后，我决定重新开始自己的跑步生活。在参加了 2009 年得梅因马拉松赛之后，我开始备赛 2011 年大苏尔马拉松赛。对我来说，周末的长距离跑真的是一场如登山般的冒险——一种身体上的挑战，而日常生活则大多是脑力上的、抽象的挑战。我希望能不受伤地完成大苏尔赛，并且开始以 4.5 小时——名次在小组前列——为目标进行训练。然而，计划进行 6 周后，我的膝盖开始疼痛。核磁共振检查发现，我的半月板有轻微撕裂，还有些骨水肿。于是，我进行了一个月的交叉训练。我的心血管状况看起来不错，体重下降了，而且膝盖也因用了可的松而没什么痛感。不过我仍担心完不成比赛，还担心膝盖会在跑马拉松时受更多的伤。我的理疗师认为我可以参加比赛，虽然不是没有风险；我十分渴望参赛，甚至巴特·亚索也对此持积极的态度。但是，我确实需要权衡膝盖遭受更大的伤害并导致恢复期延长的风险。也许是上了年纪的人容易想得长远。当看着自己收藏了 30 多年的比赛号码布时，你会感慨于自己还在跑步。这也是我对大苏尔赛以后的打算——仍能跑步。要做这种跑还是不跑的决定，还是得根据那些基本的准则——像耐心、信念以及持久等。在对所有这些信息进行评估之后，我决定放弃大苏尔马拉松赛。风险回报比似乎并不占优。不过我还是去跑了步，参加了 10 公里比赛并取得了小组第三的成绩——也许只是个很小的成就，但我希望它能让我的康复之路、未来的马拉松之路走得更好。

为了获得与节奏跑相同的效果，要把自行车调为中等阻力，以获得适中的强度感觉；每分钟圈数为 90 ～ 95，并维持与节奏跑一致的时长。如果在正常情况下你的 6.5 公里节奏跑部分为 27 分钟，那么在车上热身 10 分钟之后，要逐渐增加阻力并在随后的 27 分钟内保持节奏稳定——每分钟 90 ～ 95 圈。如果节奏降至每分钟 80 圈，则要减少一些阻力。

假如用骑自行车代替轻松跑——比如说想为第二天的跑道练习省省腿力，那阻力要低，节奏要快（每分钟 95 ～ 100 圈），且时长与跑步一致。“有挑战性的不是阻力，而是要持续一小时快速地摆动双腿。”穆尔说，“这样的锻炼可以给你带来非常好的心血管收益，而且不会毁了你的股四头肌。”提醒一句：如果在户外骑车，你仍然需要保持高节奏。大多数跑者喜欢蹬大齿轮，这会导致第二天的肌肉疼痛。

好处： 骑自行车有助于加强股四头肌的力量，给爬坡带来好处。在通常情况下，跑步会更多地调动腘绳肌和腓肠肌，而且一般不会给股四头肌施加压力。另外，由于骑车不是一项负重的活动，因此，受过伤的人也可以通过骑车来维护自身来之不易的健康。

避免受伤： 使用自行车脚套或自锁脚踏，从而让双腿完成整个运动过程：踏下踏板、回拉踏板、蹬起以及转过最高点。这样可以调动更多的肌肉，训练效果也就更好。另外，车座一定要调整到位。坐在车座上，一只脚将踏板蹬至最低处，这时，你的膝盖应略微弯曲——腿不应伸直（车座过高）或弯成近 90°（车座过低）。

其他事项： 可以先骑固定的自行车。穆尔说，骑车是不错，但由于阻力无法确定，因

INSIDE RUNNER'S WORLD 《跑者世界》编辑如是说

沃伦·格林（Warren Greene），39 岁，品牌编辑，宾州埃梅厄斯人

经验教训：寻求关怀要找跑步的人。

2006 年，我做了运动疝气修补手术，后来臀部开始剧烈疼痛。在随后的 5 年里，医生们一直想搞明白那儿为什么会疼以及如何治疗。我去看过运动医学医生、脊椎推拿师、背部专家、理疗师以及按摩治疗师，甚至考虑过针灸。他们没有一个能让疼痛消失，而且无数次的核磁共振检查也没发现问题的根源。但是，在增加了核心训练并补充了鱼油之后，疼痛得到了控制。搞不清为什么会这样，也没什么解决方案，这令人感到沮丧。但是，由于我所找的医生本身就是跑者或者其工作专门针对跑者，所以，自始至终我都能继续跑步。他们给了我有用的训练建议，而且能够找到让我继续跑步的方法。他们从不会说:“好吧，那就别跑了。”对于自己所跑过的路程，我心存感激。我已经跑了 23 年，而且非常热爱训练。我习惯了健康并且非常珍惜训练中得到的情谊——特别是现在，我有了一个 4 岁、一个 6 个月大的孩子，生活中多了很多的责任。我和朋友、同事们一道参加了 2009 年里士满马拉松赛、2010 年波士顿马拉松赛，还有 2011 年大苏尔马拉松赛。去年夏天，在一个海拔 1 800 多米的地方，我和大学时一起越野的一个伙伴，在他婚礼的前一天完成了一次 15 公里的试跑。路上很艰辛，但野外的风景实在太美了——这是我无论如何都不能错过的。

此训练效果很难复制，或者两次训练很难相比较。你可以在户外进行骑自行车训练，但训练过程经常会被路上交通、红绿灯以及其他障碍所打断。

游泳

游泳可以作为跑步疲劳后理想的恢复方式，因为它对身体没什么负面影响，而且锻炼的是跑步用不上的上半身肌肉和核心肌群。“在游泳池中玩耍、运动20分钟是一项非常有助于身体恢复的事情，”穆尔说，“特别是在长距离跑之后。”

理想的替换目标：轻松跑、长距离跑或比赛后的主动恢复、受伤期间的锻炼（无法进行负重练习）。

如何转化训练效果：假如你的游泳经验不那么丰富，那建议你要上一些课程。游泳很讲究技术，除非你有相关基础以及相应的上身耐力，否则很难得到很好的有氧收益，穆尔说。

比如说，如果要进行20分钟的游泳锻炼，你也许得游一会儿，打一会儿腿，再走一会儿。要在20分钟内持续运动。

每周去一次游泳池，利用浮板打一会儿腿，休息15秒，然后重复3次。一定要从臀部打腿，不要从膝部。或者，你可以每周在泳池里进行一次20分钟的无停歇运动，打腿或游泳都行。要是你不太会游泳，这就有难度了。完成之后，冲凉、换好衣服，然后根据自己的感觉判断训练难度。

好处：游泳是一项全身运动。它除了是一项有氧运动，还可以锻炼你的上半身、下半身以及核心肌肉，另外还可以提高身体的灵活性。穆尔说，正确地打腿有助于提高脚踝的灵活性，这样一来，跑步时迈的每一步都能将身体推得更远。

水中跑步

深水池中的跑步可以模拟跑步时的臂部运动和腿部运动，而且不会对下肢关节产生任何影响。因此，假如一个人的伤情（如应力性骨折）需要在几周不进行负重活动才能愈合，这便是一项很好的锻炼。不过，由于水的密度比空气的大，双腿会交换得更慢，因此不能像在自行车上那样进行快节奏的练习。

理想的替换目标：受伤且不能负重活动期间（如发生应力性骨折）的锻炼。

如何转化训练效果：穆尔说，抛开浮力腰带，如果想在没有腰带的情况下跑步，你必须费更大的劲才能保持身体直立，这样做本身就会提高有氧训练的质量。接下来要注意身姿。由于身体容易向后倾，所以需要有意地努力模仿正常的跑步姿势。做到这步之后，你就可以像麦格林在“备用计划”（见第149页）中推荐的那样进行间歇训练了。

椭圆机训练

椭圆机训练同样可以调动参与跑步的那些肌肉，这是一项很好的有氧锻炼，还可以消耗相当多的卡路里。穆尔说，由于它是一项负重活动却又不会像跑步那样对身体造成冲击，因此对于那些受了伤、正努力重新跑步的人来说，它是个很好的选择。

前160 000公里如何保持健康

作者：安比·伯富特

我认为自己很幸运。60多岁的我已经跑了超过160 000公里了，而且受伤的次数很少。你也许会认为在损伤预防及康复领域——受过伤的就算不上专家。

但是要知道，每次受伤——虽然只是偶尔，都让我心爱的跑步生活无法继续。于是，我想方设法尽快、尽量健康地重新上路。在这个过程中，每发现一个管用的诀窍或别人一句没用的承诺，我都认真地记下来。

在这里，我列出了几条注意事项。它们就贴在我办公室的墙上、电脑的正上方——这样我就可以时常看到、想起它们，免得犯什么愚蠢的错误。对我而言，一套方案最重要的是能让我健健康康地跑步，而不是去提高成绩，因为现在的我对如何多跑几年步更感兴趣，而不是如何减少比赛用时。

休息即治疗。休息得越早，治疗得就越快。不要尝试带伤跑步。一有非正常疼痛的迹象，就休息3天。3天之后，试着慢跑一小段。如果那种疼痛还能感觉到，就再休息7天。还不管用？那你可能得去看看当地最好的运动医学方面的医生了。

对付小伤小痛，要用冰和消炎药。要立即使用冰和消炎药，特别是脚踝、膝盖周围的肌肉疼痛以及其他软组织创伤。不过，10天之后要停用消炎药。消炎药只是为了短期处理某些特定的、容易解决的问题，而不是用来处理慢性疼痛的——那需要做认真的检查来确定病因。

交叉训练有益于身心健康。对于我们中的很多人来说，“心”的健康与“身”的健康同样重要。交叉训练可以很好地减少或消除跑步时那种脚、腿左右交替承受的冲击力。在恢复期，你可以尝试骑自行车或椭圆机。而对于伤后康复来说，由于要求身体完全

理想的替换目标：轻松练习、跑道练习以及节奏跑。对于正伤愈复出、可以做负重活动的跑者来说，这也是项理想的锻炼方式。穆尔提醒，不要用它来恢复身体，因为它所调动的肌肉与跑步一样，因此肌肉得不到恢复。

如何转化训练效果：假如你刚从伤病中康复，暂时不想跑步，那你可以先进行1周低强度的椭圆机训练，第2周以轻松配速进行一些跑步练习，第3周增加一次椭圆机上的间歇练习，第4周在路上进行间歇跑。通过这种方式，你可以逐渐过渡到快速跑步阶段。

避免受伤：每个椭圆机都不一样。它们的运动模式会有所不同，因此要尝试不同的机器，从中找到最适合你的那种。麦格林喜

避免受到冲击，因此你需要让身体不承受体重。换句话说，你需要坐着或者消除重力。在这种情况下，游泳、水中慢跑（aquajogging）以及划船都是最佳的锻炼方式。

要小心对待拉伸和力量训练。不管是你的好友还是理疗师，每个人都会建议你在受伤时进行拉伸和力量训练。好吧，可能在某些时候确实需要做这些——但不是在身体还受着伤的时候。首要的事情是恢复健康。然后去尝试一些新的东西，但还是要慢、谨慎地去做。否则的话，拉伸和力量训练可能不会治疗或预防损伤，反而会造成损伤。

谨慎地对待任何新的尝试。变化可能会带来收效，但也可能暗含风险。你会受到各种诱惑：换跑步鞋、换跑姿、尝试山地或速度练习，抑或是换个场地训练（从公路换到公园或小路上）。所有这些都可能对你有益，但是，如果锻炼计划变得太快，那你就是在冒险。相反，我们要循序渐进地做出改变。

耐心，耐心，还是耐心。绝大部分的跑步损伤会突然消失——几乎跟它们的出现是一个节奏，不过它们不会跟你事先声明。假如你有比赛要参加但又不给身体疗伤的机会，那你就是在自找麻烦。反过来，如果你心态放松些、保持乐观并相信自己很快就能重新健康地跑步，那么它就会发生。

表现得像个运动员。记住：你是一名运动员。要表现得像个运动员。你可能在想："啊？这是什么意思？"我的意思是：要想身体健康，你必须保持专注、自律以及持之以恒。正是这些品质让你当初能拥有健康的身体，能顺利地跑步；这些品质也是你恢复健康所需要的。不要抱怨——过分抱怨，有一点抱怨没关系；不要放弃。相信自己，相信身体惊人的再生和自愈能力。保持坚定和积极的心态，很快，你便能重新上路。

欢弧步旋转器，因为在上面的训练非常接近跑步——你可以一边迈步一边摆臂，就像跑步那样。"因此，很多跑者可以达到有氧区间，并维持这种状态。"麦格林说。

划船机

假如你身体健康，没有伤病，那可以每周进行一次划船机练习，这样能让全身以及心血管系统得到很好的锻炼。它可以让你的核心肌肉、上身、膝部、腿部以及臀部得到加强。由于划船运动对上半身的耐力和力量要求很高，而这两项通常是跑者所缺乏的，因此，很短的一段练习也可能很困难。"对于大多数人来说，想轻轻松松地划上20分钟是不可能的。"穆尔说。

理想的替换目标：跑道练习和节奏跑。

如何转化训练效果：我们习惯用每公里分钟数来衡量训练强度，但大部分划船机（测功计）显示的是500米配速。通过测试FIRST训练营营员，穆尔发现，男性选手划船的平均速度为2分20秒（500米），而女性平均为2分45秒（500米）。对于大多数人来说，以这样的配速划15～20分钟会是很大的挑战。

避免受伤：在划船时膝部比在骑自行车或跑步时的弯曲程度更大，因此，划船可能会加重膝部的旧伤。另外，如果划船方法不对，也会伤到背部。因此，穆尔建议，刚上划船机时，最好在身边安排一位在行的教练来指导、纠正你的姿势。

GETTING HURT AND GETTING OVER IT

08

损伤及其处理

从髂胫束综合征到跟腱炎，受伤的方式有无数种，但受伤的原因通常大同小异。

“毫无疑问，导致受伤的首要因素是过快地增加跑量、山地练习或速度练习。”超马冠军、蒙大拿州波兹曼地区的理疗师尼基·金博尔说。

在很多情况下，还有生物力学方面的深层次原因——臀大肌、臀部与股四头肌无力，过度内翻，以及肌肉不平衡——一旦跑量增加，这些问题就暴露了出来。因此，除了不要让身体疼痛，进行强化训练、防止旧伤复发也很重要。“如果不解决那些根本原因，伤病是不会消失的。”亚当·圣皮埃尔说。他是博尔德运动医学中心的一名运动生理学家，全马成绩为2小时54分。

最常见的损伤

当然，我们希望每个人在训练时都能保持健康，不需要用到下面的指南。但是，以防万一，我们简要地对一些最常见的跑步损伤及其处理和恢复进行了说明。

跑步膝

跑步膝，又叫髌股关节综合征，是指髌骨下的疼痛，通常在长距离跑、跑后或下坡、下楼梯时发作。

症状： 在开始跑步时会感觉剧痛，后来疼痛消失，跑完步后再次感到剧痛。随着病情的加重，膝盖内外都会疼痛，甚至会持续一整天。

原因： 股四头肌、臀部或臀大肌无力，这些都可能导致过度内翻（脚过度向内翻转）以及膝盖运动轨迹不良。跑步时，身体过度前倾也可能对膝部造成影响。

最佳疗法： 增加额外的休息天数，并且至少减少 50% 的跑量，直到疼痛消失，这是华盛顿特区运动足病诊疗师史蒂芬·普里巴特的建议。要避免下坡跑或身体过度前倾，因为这样会给膝盖施加更多的压力。要加强股四头肌的锻炼，因为它控制着膝盖的运动轨迹。普里巴特建议进行直腿抬举练习：身体平躺，一条腿伸直、抬起 30°～ 60°，然后放下，这样快速做 10 次，然后换另一条腿，两条腿各做 10 次为一组。初练时可一次做 5 组，逐渐练习达到 10 组。

最佳预防方法： 强化股四头肌，这样可以给膝盖提供更好的支撑，让它们在正确的轨迹上运动。另外，还要锻炼臀大肌以及臀部肌肉，从而加强核心力量并辅助股四头肌。这也有助于纠正过度内翻。

安全的替代性训练： 椭圆机训练、游泳或水中跑步。

髂胫束综合征

这是由髂胫束损伤所造成的。髂胫束是在大腿外侧、连接髋部和胫骨的结缔组织。跑步时，随着膝盖的弯曲、伸展，髂胫束与骨头产生摩擦，从而导致摩擦过度、发炎。

症状： 膝盖外侧隐约疼痛，一般在跑步的前几公里开始。随着病情的加重，疼痛会向腿部上下发展，甚至在下楼梯或下坡时也会疼痛。

原因： 过快、过多地增加跑量会导致髂胫束发炎，在拱形路面跑步也会出现这个问题。“我认为很多人还不适应那么长距离的跑步。”普里巴特说。患有髂胫束综合征的人，他们的臀部外展肌一般较弱，因为与髂胫束相连的肌肉不得不代替无力的臀外展肌发挥作用，并且还要协助臀部保持水平，导致髂胫束工作过度、压力过大。这种状况在坡路上常常会更加严重。

最佳疗法： 一旦有疼痛的迹象，就要休息一两天，改为轻松跑，然后将一周左右的跑量减半。同时，还要检查所穿的鞋，可能需要穿矫形鞋或一双能更好地支撑足弓的鞋，来矫正足部翻转。“髂胫束受的伤会很难康复，因为那里的血流量不是很大，而且很难拉伸。”来自密歇根州莱克奥里恩的优秀马拉松选手、理疗师克林特·韦尔兰说道。他的建议是：斜躺在一个泡沫轴（foam roller）上，然后在膝盖和臀部之间上下滚压，以此来刺激血液流向该区域，这样做还可以放松拉紧的髂胫束、减缓疼痛。普里巴特建议大家使用较软的、白色泡沫材质的泡沫轴，而不要用较硬的、PVC 材质的泡沫轴。你可以去体育用品商店或在线购买。普里巴特还建议大家进行站姿侧身拉伸练习：站立姿势，左脚交叉至右脚前；上身向左弯曲，双手举向头顶；膝盖保持挺直，上身尽量弯曲并保持 15 ～ 20 秒；然后交换双腿，在另一侧重复动作。

另外，为加强臀部外展肌，普里巴特建议进行蚌壳式或侧抬腿练习。

- **蚌壳式：** 侧身躺倒，双脚并拢；膝盖向外打开，同时两脚面保持接触。每条腿重复 15 次。

· **侧抬腿。**侧身躺在垫子上，上腿绷直，下腿略弯；上腿慢慢抬起，抬到不能再抬，然后放下。每边各重复10次为一组。初练时可一次做5组，逐渐练习达到10组。

最佳预防方法：普里巴特建议，逐步增加跑量和强度（每周跑量增加不超过10%），并且练习减小步伐。如果有训练手表，可以设定每分钟响70～90下，而且跑步时确保每响一下就要踏下一步。臀部外展肌可以通过侧步走、侧抬腿以及单腿下蹲练习来加强。

· **侧步走。**用带子在膝盖下方束住双腿；以半蹲的姿势向右走10步，然后向左走10步。逐渐练习达到每边走15步。

· **单腿下蹲。**单腿站立，另一只脚脚尖指向前方；将重心移到站立那条腿的前脚掌，降低身体至蹲姿。重复做3组，每组每条腿各做10次。

安全的替代性训练：游泳、水中跑步以及椭圆机训练。徒步及骑自行车会使髂胫束病情加重。

腘绳肌拉伤

很多原因会造成腘绳肌拉伤，包括步伐过大或腰部以上过度前倾。过多地进行速度练习，甚至过快、过量地进行山地练习也可能导致腘绳肌拉伤。“重要的是要慢慢地逐步开展山地练习、速度练习以及一般的快速跑练习。”普里巴特说。

症状：长时间感到疼痛和肌肉发紧，你不得不放慢速度、减小步伐。情况严重时会感到尖锐性疼痛。

原因：腘绳肌的问题通常由肌肉无力、紧张所致。通常，造成拉伤的原因是提速时双腿打开过大，即所谓步伐过大。

最佳疗法：轻松跑步并减小步伐。大腿疼时要避免拉伸该部位，防止再次拉伤。情况好转后，要加强腘绳肌的锻炼。3～5周内不要做速度练习。

最佳预防方法：当重新开始速度练习时，不要以5公里或10公里配速来进行，因为短距、高速的间歇跑会使腘绳肌的状况恶化。要坚持练习较长距离的间歇跑，如全马配速间歇跑，然后是半马配速，而且只有在低速、不受伤地跑完2～3周之后，才能进展到距离更短、速度更快（5公里以及10公里配速）的间歇跑。

安全的替代性训练：游泳或椭圆机训练。避免骑自行车，防止给腘绳肌施加压力。

足底筋膜炎（PF）

足底筋膜炎又称跖腱膜发炎。跖腱膜是从脚跟延伸至脚趾的一组肌腱和韧带组织。由于受到过大压力，跖腱膜过度拉伸而撕裂，从而导致炎症。

症状：足弓或足跟感到钝痛或有瘀伤，通常在早晨刚起床以及刚起跑时感到疼痛。在大部分情况下，起跑四五分钟后疼痛消失。

原因：普里巴特说，最常见的原因是过度足内翻以及鞋子过度磨损；突然增加山地、速度练习，或前脚掌跑步也会诱发足底筋膜炎；突然改变步态也可能是原因之一。长时间站立会使问题更严重。足弓高的人患足底筋膜炎的风险更大，而且往往因为穿着不带足弓支撑的鞋（如人字拖）或赤脚走路而使情况恶化。

普里巴特鞋底按压测试法

鞋底如果在错误的位置弯曲会导致足底筋膜炎。为了确保跑步鞋的硬度合适，可以将鞋头朝下、以 45° 或更大的角度向下按压，如下图所示。鞋子的弯曲位置应该是在前脚掌，不应该在此之前或之后。下图左边鞋子的弯曲位置适当，而右边鞋子的弯曲位置太靠后。

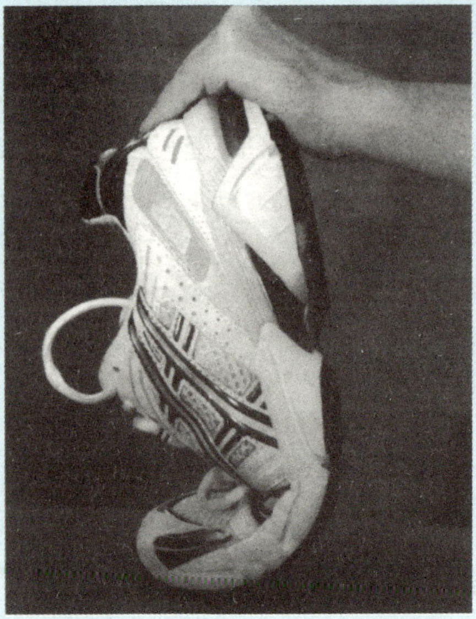

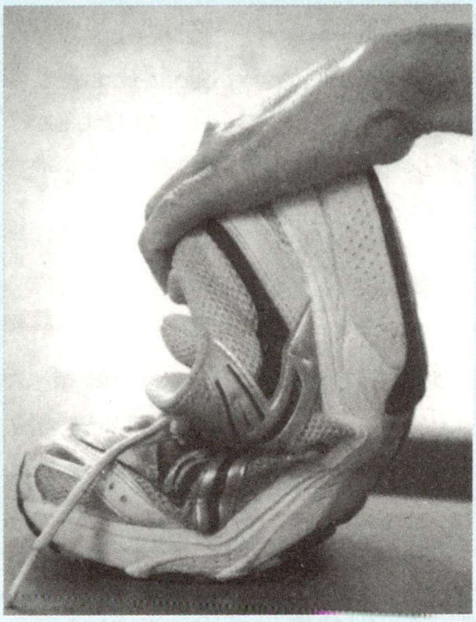

What it takes to... / 我是怎样……
身患癫痫但坚持马拉松训练

杰米 · 拉波斯塔，35 岁，亚利桑那州谢拉维斯塔人
亚利桑那州瓦丘卡堡一家政府承包商的技术编辑 / 作者，有两个孩子
“挑战赛”经历：2011 年大苏尔国际马拉松赛

跑步给了我力量。它让我重新过上了没患癫痫时的生活，也让我重新拥有了曾被疾病夺走的勇气和自信。得知自己患有这种病时，我感到非常害怕——你无法控制，而且它会跟着你一辈子。在我刚被确诊时，医生让我停止跑步，说是跑步对于我的身体而言强度太大，于是我照做了。但病情还是经常发作，而且所有的药物治疗对此无能为力。最终，我寻找到了能让我跑步并进行马拉松训练的医生以及合适的药物治疗组合。当我刚开始训练

最佳疗法：不需要停止跑步——只要坚持在平地上跑，但不要做速度和山地练习。“如果四五分钟后症状消失或第二天才疼，那就可以跑步。”普里巴特说，“但要是疼得跑不了，那就别跑了。”

一定要穿硬底鞋，这样可以减少跖腱膜的拉伸。可以按照“普里巴特鞋底按压测试法”（见第146页）来检查鞋底，确保所穿的鞋在前脚掌部位可以弯曲。对于女性来说，带跟的鞋子有助于减轻跖腱膜的紧张程度。圣皮埃尔建议，每天两次冰敷该部位：将脚放在一瓶冻住的水上滚动，每次5～10分钟。他还建议用一个高尔夫球按摩足底，以增加该部位的血流量。对着墙进行小腿的拉伸，每边拉伸10～30秒，然后重复10次。另外，可以进行脚趾弯曲来强化足内在肌。在采取了减少跑量、检查鞋子、进行拉伸等措施后，如果3周之内仍然不见好转，就要去看医生。最好向医生咨询一下矫正鞋垫的建议。

最佳预防方法：不要穿人字拖或其他后开口的鞋类，因为它们无法给脚跟提供支撑。每跑500～800公里就要更换跑步鞋。将小腿拉伸作为常规项目；小腿肌肉如果太紧，就会迫使跟腱提拉足部导致过度内翻，而过度内翻会给跖腱膜施加更大的压力。通过强化臀肌来防止过度足内翻。

安全的替代性训练：水中跑步及游泳。骑自行车或使用椭圆机训练有助于保持状态，但前提是身体不会感觉疼痛。

阿基里斯腱炎

阿基里斯腱（即跟腱）连接着两块主要的小腿肌肉和脚跟后部，在压力过大的情况下，跟腱发紧并产生炎症。

症状：开始时感到钝痛，逐渐发展到踮起脚时也会疼痛，并且发展成剧痛及肿胀——即使是在不跑步的情况下。

时，我的女儿们骑着自行车跟在后面，以防我的癫痫突然发作。现在，我可以自己跑步了。我会告诉家人我的跑步路线以及要出去多久，而且我会随身戴着医用识别腕带。服药让我感觉很疲劳，而且没有胃口，因此我无法在早上跑步，而且必须注意饮食。过去，我喜欢去远郊、在小路上跑，但现在，我都是沿着公路、在人多的地方跑步。癫痫发作时我便无法出门，因为我已经很累了。有的时候，我会累到第二天也无法跑步。每天，我都不知道会发生什么——天气是好是坏，癫痫会不会发作……我知道，尽管如此，我仍然有力量、有决心抹上防晒霜，系好鞋带，出门跑步；而我能有这种想法，才是最有意义的。这让我感觉自己正在重新掌握自己的人生。

原因： 过度训练、速度以及山地练习都可能导致跟腱出现问题。有研究发现其中还与基因有关系。另外，穿的鞋太软也可能是导致这一问题的原因。如果脚跟落地时小腿肌肉有灼烧感，跟腱就可能拉伸过度了。有时，跟腱甚至会受一次失足（你可能都不记得）的刺激而受伤。

最佳疗法： 跟腱发炎还继续跑步很危险——会将问题拖成慢性。你需要交叉训练并休息几天。假如只是早期的拉伤，那么休息几天可能就足以使你康复。但假如你还是像往常那样跑步，那么病情可能会变得更严重，导致半年都无法跑步。

最佳预防方法： 避免剧烈的小腿拉伸，不要穿人字拖以及高跟鞋，避免刺激跟腱。

安全的替代性训练： 水中跑步、游泳以及骑自行车。不要做椭圆机训练，它会使小腿肌肉及跟腱紧张。

外胫夹

外胫夹也叫胫骨内侧压力综合征，特征是胫骨周围肌肉微小撕裂，从而导致疼痛。

症状： 跑步时肌肉发紧、疼痛，热身或停止跑步后，疼痛消失。可能有触痛。

原因： 外胫夹常见于新手以及长时间休息后又重新开始的跑者，通常在训练初期或跑量增加过快之后发生。“可能仅仅是因为小腿对新的变化还没做好准备。”韦尔兰说。另外，过度足内翻、在拱形路面跑步或跑步鞋过度磨损都可能导致外胫夹。

最佳疗法： 刚开始感到疼痛时，要休息一天，然后慢慢增加跑量，每周增加量不超过10%。跑后立即对胫骨部位冰敷10～15分钟。假如疼痛伴随跑步全程，并辐射至一大片区域，则可能是胫骨应力性骨折，要到医生那里进行骨骼扫描，以排除这种可能性。如果两周内症状没有消失，则要去看运动足病专家，可能需要用器械进行矫正。

最佳预防方法： 预防外胫夹最简单，也是最好的方法就是：循序渐进地增加跑量，尽量在软软的路面上跑步，并且要穿合脚的鞋。“加强股四头肌和臀肌有助于更好地吸收跑步冲击力。”圣皮埃尔建议说。还可以练习增加步频，以更小、更快的步伐跑步（每分钟160步以上），可以减少每一步的冲击力，从而可以预防并减轻外胫夹症状。采取任何改变都要循序渐进。

安全的替代性训练： 自行车、水中跑步以及游泳。不要做椭圆机训练。

应力性骨折

与跌倒导致的急性骨折不同，应力性骨折是由长期积累性的压力作用于骨骼所致。在跑者中，这种情况多发生在脚部（跖骨，在脚趾正下方部位）或胫骨。

症状： 一跑步便感觉疼痛并且疼痛加剧。如果不处理，甚至只是站立也会不舒服。

原因： 训练过度、步伐过大以及身体承受过量的冲击，步伐太重且没控制好也是原因之一。如果跑步时长、强度或频率增加得过快，骨骼会来不及自我修复。应力性骨折在女性身上比在男性身上更常见，其原因往往在于营养

如何衡量训练强度

- 60%～75% 的强度：轻松、可以交谈的跑步。
- 80%～85% 的强度：交谈起来比较困难，但可维持较长时间。
- 85% 以上的强度：无法说出完整的句子（比如 5 公里跑）。

缺失、雌激素水平过低以及热量摄入不足。

最佳疗法： 要有 3～4 个月无法跑步的预期。需要休息多长时间取决于骨折严重程度以及部位。假如忍着痛继续跑步，最后发现是骨折，你就要花更长时间来康复。要停止一切冲击性训练。

最佳预防方法： 逐渐增加跑量，并且在软软的路面上跑步。“不要去水泥路面，平坦的沥青路面要好一些。”普里巴特说。

安全的替代性训练： 游泳以及水中跑步。所有冲击性训练要有医生指导才可进行。

备用计划

汤姆·麦格林曾 3 次获得奥运马拉松选拔赛参赛资格，目前是提供在线教练服务的“专注与飞翔”项目的教练。他为受伤的跑者设计了第 150 页的一个 8 周的交叉训练方案。根据这个方案，你用 3 周时间来逐渐提高交叉训练的强度，然后用 3 周时间来维持这样的训练水平。在最后的两周，你可以重新开始跑步（只需要休息两周？那就只做方案中第 7、第 8 周的训练内容）。不过，没有医生批准，不要开始跑步。如果时间紧张，则优先进行医生规定的理疗练习，然后进行有氧锻炼。如果交叉训练后伤处感觉更糟，则要停止该项训练。

各项训练

椭圆机训练： 摆动两臂（不要握着把手）。

椭圆机“间歇跑”（45～60 分钟）：5 分钟热身；2 分钟高强度 / 2 分钟低强度练习交替进行 8～14 次；5 分钟冷身。在间歇部分，平均强度要维持在最大心率的 80% 以上且持续 30 分钟。椭圆机“长距离跑”（60～120 分钟）：10 分钟热身；7 分钟高强度 / 3 分钟低强度练习持续交替进行；10 分钟冷身。

水中跑步： 像在陆地上那样跑步——抬膝、摆臂。水中“间歇跑”（45～60 分钟）：10 分钟热身；50 秒全力跑 / 10 秒轻松跑交替进行，10 次为一循环，完成 3～5 个循环。每完成一个循环，轻松跑 2 分钟。最后，冷身 10 分钟。在间歇部分，平均强度要维持在最大心率的 80% 以上且持续 30 分钟。水中“长距离跑”（60～120 分钟）：10 分钟热身；10 分钟高强度跑 / 2 分钟轻松跑持续交替进行；10 分钟冷身。

骑自行车： 有经验的可以在路面进行。否则，要继续骑固定自行车或参加动感单车课程。自行车“间歇跑” / 动感单车（45～60 分钟）：1～3 分钟爬坡；恢复身体，时间是爬坡的一半。在间歇部分，平均强度要维持在最大心率的 80% 以上且持续 30 分钟。自行车“长距离跑”（60～120 分钟）：10 分钟热身；10 分钟高强度 / 2 分钟低强度练习交替进行；10 分钟冷身。

备用计划

周数	周一	周二	周三	周四	周五	周六	周日
1	无训练，轻度拉伸或瑜伽	理疗／力量和柔韧练习	30～60分钟交叉训练（强度65%）	水中间歇跑（强度80%，30分钟）	30～60分钟交叉训练（强度65%）	椭圆机长距离跑，时间与正常长距离跑一致	休息
2	水中间歇跑（强度80%，30分钟）	30～60分钟交叉训练（强度65%）	动感单车（强度80%，30分钟）	30～60分钟交叉训练（强度65%）	水中间歇跑（强度80%，30分钟）	骑自行车，时间与正常长距离跑一致	休息
3~5	椭圆机间歇跑（强度80%，30分钟）	水中间歇跑（强度80%，30分钟）	动感单车（强度80%，30分钟）	30～60分钟交叉训练（强度65%）	椭圆机间歇跑（强度80%，30分钟）	骑自行车，时间与正常长距离跑一致	休息
6	椭圆机间歇跑（强度80%，30分钟），之后跑10分钟：跑、走各1分钟交替	水中间歇跑（强度80%，30分钟）	动感单车（强度80%，30分钟），之后跑10分钟：跑、走各1分钟交替	30～60分钟交叉训练（强度65%）	动感单车（强度80%，30分钟），之后跑10分钟：跑、走各1分钟交替	水中跑步，时间与正常长距离跑一致	休息
7	椭圆机间歇跑（强度80%，30分钟），之后跑12分钟：跑2分钟、走1分钟交替	水中间歇跑（强度80%，30分钟）	动感单车（强度80%，30分钟），之后跑12分钟：跑2分钟、走1分钟交替	30～60分钟交叉训练（强度65%）	椭圆机间歇跑（强度80%，30分钟），之后跑12分钟：跑2分钟、走1分钟交替	骑自行车，时间与正常长距离跑一致	休息
8	椭圆机间歇跑（强度80%，30分钟），之后跑15分钟：跑4分钟、走1分钟交替	水中间歇跑（强度80%，30分钟）	动感单车（强度80%，30分钟），之后跑15分钟：跑4分钟、走1分钟交替	30～60分钟交叉训练（强度65%）	椭圆机间歇跑（强度80%，30分钟），之后跑15分钟：跑4分钟、走1分钟交替	水中跑步，时间与正常长距离跑一致	休息

肌肉痉挛

尽管挑战者弗兰克·特罗伊洛（Frank Troilo）完成了12场全马，减掉了11公斤体重，取得了波士顿马拉松报名资格，并且跑出了3小时14分的个人最好成绩，但是，有个挑战他

什么时候要去看医生

作者：安比·伯富特

肌肉疼痛总是伴随着训练的过程。这是迫使身体跑得更远、更快的自然代价。但是，你可能很难分清哪些疼痛可以坚持、哪些疼痛应该立即让医生来处置。

一般的肌肉疼痛，通常可以通过多休息一天或用轻松的交叉训练代替跑步来解决，但有些疼痛则要求更认真地处理。不过，那些正在为马拉松比赛而训练的人常常推迟去看医生的时间。他们不想费事去跟医生预约，结果拿到的处方是“别跑步，即愈”。

“总之，人们拖了很久也不去看医生。”密歇根州莱克奥里恩的马拉松高手、理疗师克林特·韦尔兰说，“在很多情况下，他们来找我的时候都已经出现了严重的问题，而且他们的训练已经受到了消极影响。”

如果遇到以下情况，请一定要停止跑步，马上去看理疗师、运动医学医生、骨科医生或足病医生。

疼痛部位不对称。“如果身体一边疼痛而另一边不痛，则可能需要查一查原因。”来自蒙大拿州波兹曼地区的理疗师、超马冠军尼基·金博尔说。

疼痛持续超过 72 小时。“对于大部分的伤痛，人们都希望能在 3 ～ 7 天时间内解决。”华盛顿特区的运动足病专家史蒂芬·普里巴特说。一旦有疼痛的迹象，你应该休息、减少跑量并且进行交叉训练。但如果疼痛继续，最好预约一下医生。“不应该带着疼痛跑步。”他补充道。

不跑步时也疼。如果在休息、减少跑量之后，该部位仍然疼痛，甚至站着或走路时也疼，最好去看医生。“假如在日常生活和活动中仍能感觉到疼痛，那就表明情况有些严重了。”韦尔兰说。

疼痛剧烈且集中于某一小片区域。“肌肉疼痛没有关系，但只要出现集中性疼痛，那就要去查一查。”金博尔说。

疼痛加剧。如果在休息、减少跑量之后，疼痛更加严重，则要去看医生。“我想提醒大家的是：跑步应该是件有趣的事情。”韦尔兰说，“人们希望跑步可以成为终身的习惯，但如果身体总是带着痛苦去跑，那它就不可能成为终身习惯。”

似乎始终无法避免：肌肉痉挛。山地、平地、冷天、热天……他似乎总是在跑过 32 公里后与其相遇。

“总是先感觉腘绳肌正中间发紧，然后扩展至整条肌肉。”来自宾州梅地亚、有两个孩子、现年 45 岁的特罗伊洛说。

2010年，在参加波士顿马拉松赛时，特罗伊洛被迫走完了最后的6公里。“我能感觉到时间在一分一秒地溜走。”

特罗伊洛的情况并不特殊。在任何全马或半马比赛的最后阶段，你都能看到捂着大、小腿的选手。他们扭曲的表情显示出他们身体上的疼痛和心理上的失望。虽然肌肉痉挛是选手最常见的问题之一，但其产生原因仍有很大争议。

“我们还在试图找到肌肉痉挛的根源。”北达科他州立大学运动训练学教授凯文·米勒（Kevin Miller）博士说。“我们对此了解不深。最可能的解释就是因人而异。对于有的人来说，脱水会引发痉挛；而对于其他人来说，则可能是因为疲劳。还有可能是两者共同作用的结果。”

还有人认为肌肉痉挛源于身体内的电解质缺失，也就是说，跑者没有摄入足够的盐分来弥补随汗液流失的钠，从而导致钠的严重缺失（钠可以帮助身体保持、分配水分）。这也解释了为什么在大量流汗时容易抽筋——特别是在炎热、潮湿的天气里。“最终，身体会在钠的流失量和摄入量之间失去平衡。”美国运动健康与运动成绩研究所主任迈克尔·F. 伯杰龙博士说。

这种痉挛一般先从一小片区域或肌肉群开始，并逐渐扩散至身体各处。可能小腿先开始抽筋，然后逐渐转到大腿、胳膊、胃以及其他地方。

还有些研究者认为痉挛是由肌肉负荷过大、疲劳以及控制肌肉收缩的神经肌肉生理过

让医生来帮你诊断、疗伤

① **描述症状。**疼痛开始时你在做什么？疼痛最初持续了多久？问题往往是由过劳引起的，而有些问题则是由某次创伤引起的。

② **告诉医生做什么事情会减轻或加剧疼痛。**如果得了跑步膝，那么爬楼梯可能会引起疼痛；而如果得了应力性骨折，则只要一承重就会疼痛。

③ **明确病情的发展。**从你感觉疼痛到现在，它有什么变化吗？

④ **说明你做过的事情。**你是如何应对疼痛的？你是否采取了减少跑量、吃止痛药的措施？还是带着疼痛跑步？

⑤ **讲讲你的病史。**描述一下你以前受过的伤或得过的不相关的疾病，以及你的处理方式。

⑥ **带上你的鞋。**医生往往可以从鞋底的磨损情况分析出根本的原因。他们还可能希望观察你跑步并评估你的步态，从而找出如过度足内翻之类的问题。

⑦ **带上你的跑步日志。**跑步日志里记录着你的行程、跑步鞋购买日期、跑步路面类型、参加过的比赛以及个人成绩等。普里巴特说：“这会对伤情诊断很有帮助。”

程紊乱引起的。导致这种情况发生的因素可能有：某些遗传上的因素、训练的强度和时长超过运动员习惯的限度或者赛前的肌肉损伤——也许是没有进行充分减量。通常，这些痉挛可以通过在生物力学或步伐方面做些改变而得到缓解。

增强式训练、泡菜汁……针对肌肉痉挛有各种各样的建议，但采用拉伸这种办法肯定没错。它可以有效地使诱发痉挛的状况得到缓解，特别是对与疲劳或负荷过大有关的肌肉痉挛。

“拉伸可以马上止住抽筋，”米勒说，“另外还可以迫使你停下来休息，从而降低疲劳程度。”

预防痉挛

想避免遭遇痉挛？你可以参考下面这些简单的策略：

了解自身风险并做好相应的准备。预防痉挛的最佳方法，就是在出门跑步前先了解自身面临哪些风险。假如你经常抽筋，可能是与你所服用的某些药物有关。如果想在比赛中不那么疲劳，你就一定要按照比赛的强度进行训练，并正确地进行减量。另外，在湿热天气里进行比赛时，要意识到自己遇到痉挛的风险会提高。

注意补水——但也要适当地保持钠的平衡。伯杰龙建议人们适量补水并摄入足够的盐分，特别是在跑步前后。根据流汗测试的结果来决定自己的补水需求。

试试增强式训练。跨步弹跳、垂直跳跃以及单腿弹跳等练习叫作增强式训练。它可以强化肌梭——其中包含的肌纤维间分布着细小的神经末梢。有人从理论角度进行了解释：当这些肌梭疲劳时，肌肉便会发生痉挛，因此加强对肌梭的锻炼有助于增强其耐久性。

解除痉挛

下面的 3 种拉伸有助于解除痉挛：

腓肠肌拉伸。未抽筋的那条腿向前迈出一步；后脚平踩在地上，脚尖向前；慢慢将身体重心转移至前腿，直到抽筋的小腿感觉到拉伸；保持 20 秒，然后放松并重复。

股四头肌拉伸。用手在身后勾住抽筋那条腿的脚；身体站直（不要向前倾），膝盖向后拉并靠向臀部，直到大腿感觉到拉伸；站立腿保持伸直，大腿不要分开；保持 20 秒，然后放松并重复。

腘绳肌拉伸。身体站立，未抽筋的那条腿稍微弯曲，并让其承受大部分体重；抽筋的那条腿在体前伸直，并且只有脚跟触地；身体稍微下蹲，抽筋的腿脚趾向上、脚面向后弯向头部；保持 20 秒，然后放松并重复。

训练过度

麦立·尚克（Meleah Shank）为她首场波士顿马拉松赛所进行的训练已经进入第 5 周了。她感觉自己的身体很强壮。她一直忙于很多事情：跑步、记日志、每周教 3 节动感单车课程、准备参加一场半马比赛作为调整、平均每周跑 80 公里……半马前一周，她的孩子病了。于是，她取消了动感单车课程，但还是继续努力训练。冲浪城半程马拉松赛后，她带回了 1 小时 39 分的个人最好成绩，但同时也带回了另外一个不那么好的“奖赏”：发烧、咳嗽，并在 4 天后发展为肺炎。

“我的免疫系统早就岌岌可危，”尚克——这位来自加州莱克福里斯特、两个孩子的母亲说，“结果，我把它推向了崩溃的边缘，导致我的整个训练基础被削弱了。”

她休息了 10 天才感觉能够重新上路，然后花了一周才跑得像以前那样舒服，而身体状况恢复到生病之前的水平又花了她一周时间。

“那段生病的日子让我知道了身体的厉害——它想让你慢，你就得慢。”尚克说，“可惜我知道得太晚了！”

尚克已经亲身体验到了过度训练的后果，而估计有 10% 的跑者都深受其害。如果恢复时间太少，那么原本稳定的训练状态和你的身体都会“染病”，受到危害。

“正是训练和恢复之间的不平衡，导致身体在很长时间内无法维持已有的训练和竞技水平。”印第安纳大学运动心理学家杰克·拉格林（Jack Raglin）说。

“而且甚至往往不是训练太多造成的结果，”运动心理咨询师、心理学家、西弗吉尼亚大学副教授克里斯滕·迪芬巴赫（Kristen Dieffenbach）说，“可能只是由于你的身体没有得到充足的水分、营养或充分的休息，就导致身体的恢复存在漏洞。”

“大多数运动员都低估了休息和恢复在训练过程中的重要性”，斯坦福大学运动生理学家、营养科学家斯泰西·西姆斯（Stacy Sims）

What it takes to... / 我是怎样……

身患类风湿性关节炎但取得了波马报名资格

琳达·诺莱特，47 岁，加州圣何塞人，有 3 个孩子

比赛经历：4 场全马；个人最好成绩：3 小时 49 分

“挑战赛”经历：2011 年大苏尔国际马拉松赛

2006 年 2 月，我的病最终确诊。我查过一些资料，以为自己的病情会得到缓解，而且能重新过上以前的生活。但是，这种情况并没有发生。我一边在沙发上看着奥普拉的脱口秀，一边为自己而难过。我知道，这样做真的没有什么用——体重增加了很多并且身体也感觉不怎么好。

那时候，我的丈夫正在为他的首场铁人赛而进行训练，我想到：也许我也可以——我在高中、大学和读研时游过泳，但除此之外，就没做过什么其他运动。我需要动力。于是，我报名参加了 2008 年 9 月的一场铁人赛，并且在 3 周后以 2 小时 15 分完成了一场半博士这样认为。

西姆斯说，只有在恢复期，身体才能进行调整，以适应训练的压力，从而让你更加强壮、跑得更快。肌肉以及神经肌肉系统会变得更强，反应时间更短，而且身体完成调整后能更好地承受下一次训练的巨大压力，而不会释放出那么多的皮质醇（应激激素）；这样，即使再次面对同样大的压力，你也会感觉更放松。

“如果你一直训练，身体就永远没有机会完全适应压力，也不会变得更强壮。”西姆斯说，“假如你不靠恢复期来好好调理身体、不摄入足够的蛋白质、不睡觉，也不按摩，那么你的训练不会有什么收效，身体潜能也不会得到发挥。”

不幸的是，训练过度的症状：烦躁、疲劳、心率加快、食欲不振以及失眠，很容易被忽视，因为这些与你在增加距离、提高速度时经常会遇到的情况类似。

但是，它们还是有关键的区别。如果是训练过度，那么可能你花费的体力和以前一样多，而得到的成绩却低于平均水平。可能早晨起床后还没开始运动，身体便感觉疲乏，可能一场轻松跑就让你心率飙升，或者只是爬个楼梯便气喘吁吁。另外，你甚至可能感觉不想训练。“一连几天，我一想到训练就受不了。”迪芬巴赫补充道。

问题是，大多数人在遇到这些症状时会惊慌失措，而且去做不应该做的事情。“他们会想，‘天呐，我落后了，没法提高了’。于是，他们更加努力地训练，又多增加了一场训练或多跑了几次重复跑。”拉格林说，“这是完全错误的。”

马。后来，我跑了我的首场马拉松赛，并以3小时59分的成绩取得了波士顿马拉松赛的报名资格。我又跑了两场全马、3场铁人赛；最后，在大苏尔经历了人生中最重要的那场比赛。每个人都说，大苏尔赛的预期成绩要在平时水平的基础上多加上20分钟，因为它的赛道很难跑；而我偏不。结果，我跑出了3小时49分的个人最好成绩，比前一场少用了10分钟。从此，我着了迷。医生对我的成绩很是惊讶，不过，她对此并不感冒。关节并没出现什么特别的变化——不过是一些正常的进展，和没跑步的人一样。我知道跑步会对关节造成损害，但这样做对肌肉、肌腱、韧带以及体重，还有头脑所带来的好处会更多、更重要。跑步使我在做任何事情时都能集中精力，也能在晚上更好地休息。因此，我认为它是我的治疗所必需的一部分。跑步不是什么特效药，但它能帮助我对付关节炎。也许有一天，我再也无法跑步。也许是明天，但绝不是今天。跑步已经成了我的生活方式。它很有趣、令人上瘾，而且我确信，它对我有帮助。

专家认为，已经训练过度却还想硬撑过去，这是一种得不偿失的做法。如果身体仍得不到应有的休息，便会导致很多其他症状。比如，食欲不振会造成能量摄入不足，从而无法支撑训练，还会进一步导致疲劳和损伤。“跑者必须停下来、减少训练量或做些调整，让身体能恢复过来。”拉格林说。

那么，需要多长时间来恢复呢？专家说，这个问题没有确切的答案。在很大程度上这要根据自己是否受伤以及疲劳程度来决定。西姆斯建议在重新跑步前至少要进行 4 ～ 5 周的低强度训练，并且同时要注意心率、自感用力度以及睡眠质量等方面的变化。

一旦真正得到了休息，当再次开始训练时，你就会感觉身体更加强壮、跑得更快。尚克便是如此，在消除了训练过度的影响之后，她在波士顿马拉松赛上取得了 3 小时 40 分的个人最好成绩；并且，仅仅 13 天后，在大苏尔马拉松赛上，她以后段加速（negative split）的方式跑出了 3 小时 49 分的成绩。

休息时刻

假如发现有训练过度的苗头，你可以考虑采用下面这些策略：

你是否已训练过度

印第安纳大学运动心理学家杰克·拉格林开发了一套问卷，来帮助跑者检测自己是否训练过度。每周进行一次测试——或者，在高强度训练期间，每天一次。40 分或 40 分以上就说明你应该多休息、少跑步；15 分或 15 分以下则说明你的训练和休息平衡得很好；得分在两者之间则不需要立即采取措施，但应该注意。

① 你今天的心情如何？

非常非常好（–2 分）

非常好（–1 分）

很好（0 分）

一般（1 分）

不好（3 分）

非常糟（5 分）

非常非常糟（7 分）

② 昨晚睡了多长时间？

超过 9 小时（–1 分）

8 或 9 小时（0 分）

7 小时（1 分）

5 ～ 6 小时（3 分）

少于 5 小时（5 分）

③ 昨晚的睡眠如何？

跟平时一样（0 分）

比平时多 1 小时（1 分）

比平时多了 2 小时或 2 小时以上（3 分）

比平时少了 1 小时（1 分）

比平时少了 2 小时（3 分）

停下来几天。给自己放两三天假，然后看看感觉如何。进行第 156 页上的测试。“如果感觉身体没有恢复好，那么你应该继续休息，反正继续训练的效果也不会好。”拉格林说。

记训练日志。除了记录里程数以及配速，还要记录自己在训练前、中、后的感觉。评估自己的疲劳程度以及双腿感觉有多沉。记录自己是否有食欲。“要好好做记录，”迪芬巴赫说，“这样在事后也能学到很多东西。”

要保持活动。当你停下来几天不跑步的时候，不要以为必须卧床休息。可以骑自行车或进行徒步。“活动活动身体，从而让你不至于发狂。”拉格林说，“体育活动是满足和愉悦的源头，不需要强迫自己去避免活动。只是不要把它变成训练。”西姆斯建议进行类似瑜伽以及水中慢跑（aquajogging）之类的练习——这些活动不会引发肾上腺素或应激激素的激增，“你必须让身体摆脱那种持续的亢奋状态。”

应对损伤

对于 31 岁的玛吉·史密斯（Maggie Smith）来说，跑步已经成为一项雷打不动的事情，而她还要兼顾军队中士、妻子以及一个刚会走

比平时少了 3 小时或 3 小时以上（5 分）

④ 上周是否生过病？

是（5 分）

否（0 分）

⑤ 昨天的训练如何？

非常非常轻松（–3 分）

非常轻松（–1 分）

轻松（0 分）

一般（1 分）

强度大（3 分）

强度非常大（5 分）

强度非常非常大（7 分）

⑥ 肌肉感觉如何？

非常非常好（–3 分）

非常好（–1 分）

很好（0 分）

敏感但不疼痛（1 分）

疼痛（3 分）

非常疼痛（5 分）

非常非常疼痛（7 分）

⑦ 双腿是否“沉重”？

不沉（0 分）

有点（1 分）

相当（3 分）

非常（7 分）

路婴儿的母亲等角色。“跑步让我能保持头脑清醒，让我对生活有了些许掌控感，从而让我能在众多似乎无解的事情中理出头绪。”史密斯说。她参加过 7 场全马，最好成绩为 3 小时 22 分。

因此，当被诊断为左脚踝应力性骨折，并且被告知不能跑步时，“我吼得眼珠子都快出来了”。她说：“我觉得自己变胖了、变懒了、变弱了、变笨了。我是一名跑者，但如果跑不了步，那我还能做些什么才不至于发疯？”

诚如史密斯所言，当你因为伤病而无法跑步时，身体上的疼痛再大，跟精神上受到的打击相比，都显得微不足道了。所有跑过的路程，所有辛辛苦苦完成的速度练习，所有的努力都像是白费了。而且，如果跑步是你释放压力的唯一途径，或者它已成为你个性中的核心部分，那么不跑步肯定会让你阵脚大乱。

“跑者是一群以目标为导向的人，因此不喜欢前面的路被挡。”旧金山运动心理学家吉姆·泰勒（Jim Taylor）说。

跑者的康复运动

芝加哥康复研究所负责肌肉骨骼康复实践的董事、理疗师安妮·奥康纳（Annie O’Connor）推荐了下面的这些动作。它们对增强腿部、核心以及关节力量很有帮助，而且还可以帮助你调整身体状态，以备重新回到跑步中去。你只需做那些不会影响到受伤部位的练习，或者按照医生的指导进行练习。另外，一定要与医生确认之后才能进行下面的练习。

触膝加踮脚。立姿，双手放在脑后；提起左膝，同时，转动身躯、用右肘触碰膝盖；然后回到原来的位置；左脚趾点地，脚跟向上发力；继续踮脚 15 秒，然后换边。每边练习 1 分钟。每天变化速度：今天做得慢些，明天做得快些。

后向剪蹲加转身。左腿向后退一大步，同时，保持两臂垂于身体两侧；身体一边下沉、形成剪蹲，一边向右转；然后回到原来的位置。换另一条腿做同样剪蹲加转身。继续换边，每边做 5 次。随着身体的变强，逐渐增加次数。

平板支撑转侧桥支撑。以平板支撑为起始姿势，用前臂支撑身体；以双脚为支点转动身体，换成一只胳膊支撑。记住：身体要像木头那样转动，保持臀部与肩膀成一线。另一只胳膊向上举起；保持此姿势 10 秒，然后身体还原呈俯撑姿势。换另一只胳膊支撑身体，然后身体另一边重复动作。试着重复 6 ～ 10 次，每次的侧桥姿势保持 10 秒。

高抬腿跳。除非你已经差不多可以重新跑步，否则不要做这个动作。找一片开阔的空间，开始跳跃；胳膊以及膝盖用力向上运动，然后交替；举右臂时抬左脚，举左臂时抬右脚。持续进行 15 秒。逐渐增加时间，发展成 1 分钟间歇练习。

“很多随受伤而来的负面感觉，也受到大脑化学物质的影响。”肖恩·塔尔博特（Shawn Talbott）说。他是犹他州盐湖城的一名营养生物化学家，完成了超过100场全马以及铁人三项赛。“对于一个受伤的跑者来说，你必须明白自己的确是有选择的，而且需要付诸行动，”佐治亚州亚特兰大的运动心理学家斯坦·比彻姆（Stan Beecham）说，“这样做本身就相当鼓舞人。”

把康复当成训练来对待。“对于跑者来说，最糟糕的是感觉自己好像落后了、不健康了、成了废人。”泰勒说。因此，要把你倾注于训练上的能量和自律用到日常康复中去。配合理疗师制订出一个计划（就像为比赛而制订训练计划那样），这样每天你都会有要关注的事情以及目标，而且看着它们一项项被完成也会让你心情愉快。“这会让你成为一名更好的跑者，会给你一些控制感，而且会让你感觉到事情在往正确的方向发展。”泰勒说。

回归跑步

“跑者们犯的最大的错误，便是伤好之后过早地回归跑步，结果又弄伤了自己。”理疗博士克雷格·苏德尔说道。下面是一份他拟订的回归计划，其中所有的跑步都应该以一个轻松、舒适、可对话的配速进行，而且应该不会引起疼痛。“跑得更快没什么帮助，”苏德尔说，“我们的目的是让受伤部位适应跑步对身体的需求，更快速的跑步应该留到总训练时间提升至原来的水平之后再进行。”

错过的天数	怎么办
1～4天	不用担心。只要按照应该达到的进度接着训练即可。第二场训练开始时要特别慢，从而让身体度过迟缓的阶段
5～7天	前3天的跑量按照计划的50%来安排，接下来3天以计划的75%来跑。之后，如果感觉不到疼痛，那么你可以继续增加跑量，达到计划的100%
2周	前7天，跑量减少50%，目标配速降低2%，然后逐渐增加跑量。预计需要3～4周才能恢复状态
3周	前10～14天，跑量减少50%，配速降低4%，然后逐渐增加跑量。可以考虑重新设定比赛目标
28天甚至更多	重新考虑比赛目标。参加那些一路到底的比赛，或者下决心把马拉松赛当成一场“训练”而不设定成绩目标。如果想回到原来的水平，那么你错过多少天，就要花相应天数的1/3时间，每天的跑步时长只有正常的33%；然后，花1/3的时间，每天的跑步时长达到正常的75%。之后，你便可以按照正常的时长进行跑步。假如错过的天数达到6周或6周以上，那你需要更多的时间来将跑量提升到原来的水平
1场长距离跑	下一场长距离跑只完成计划跑量的80%，然后下下一场试着完成全部跑量。这两场一定都要以轻松配速来跑
2场长距离跑	下一场长距离跑只完成计划跑量的60%，接着下下一场完成80%，然后就可以按照计划进行
3场或4场两小时以上的长距离跑	重新考虑自己的比赛目标。参加时间较为靠后的比赛，或下决心把马拉松赛当成一场“训练”。不要为了某个比赛目标而跑步

专注于自己能做的事情，而不是不能做的。按照运动员，而非仅是跑者的要求来重新塑造自己。去健身房、上动感单车课……尽可能地动起来。“你必须关注：‘我现在能做些什么？’”比彻姆说。“给自己的身体施加足够的压力来获取心理上的运动收益。”他说。这样会保持内啡肽的分泌，并抑制应激激素的产生。在无法跑步时，史密斯开始游泳、骑自行车。她发现自己在整体上获得了更多的力量。“我必须保持健康。”史密斯说。“我进行交叉训练的目标，变成了对力量的追求，而且我可以通过尝试新的有氧训练形式，来实现这个目标。”她说。虽然今年她打算再跑3场全马，但她主要的目标是保持健康。“我始

RW CHALLENGER PROFILE:
《跑者世界》挑战赛挑战者简介之

克里斯汀·亚罗什，跑步让我的头脑清醒

住在得州奥斯汀、46岁的克里斯汀·亚罗什（Christine Yarosh）跑过17场全马，最好成绩为3小时28分。为此，她的训练量累计已达数千公里，而她背后所投入的时间和汗水，远非终点线上的时钟所能衡量。

2005年，在一场160公里的骑行活动中，为了避免撞上一条狗，她突然转向并且从车把上一头栽了下去。结果，她的两个手腕骨折，双脚脚踝扭伤，左臀以及肩膀受伤；其中，左脚踝不能动弹，臀部韧带被撕裂。

在那之后，她的一个膝盖接受了手术，臀部开了刀，接着另一个膝盖也动了手术。后来，她得了跟腱炎以及梨状肌综合征。再后来，在《跑者世界》挑战赛之2010年多伦多马拉松赛上，她带着股骨应力性骨折跑完了42公里全程。再再后来，因应力性骨折造成步态失衡，她的膝盖再次受伤。

对于亚罗什来说，要想继续跑步，需要得到一名按摩治疗师、一名理疗师、一名生物力学家、一名运动医学医生、一名脊椎推拿师以及一名针灸师的帮助，更不用说，还有她的丈夫里克·斯拉夫斯基（Rick Slawsky）的坚定支持。

一般人可能会问：“这又何苦呢？”但对于亚罗什来说，退出跑步，她想都不会想。“跑步让我的头脑清醒。”亚罗什说，“有时，我关注的是自己的呼吸、节奏，但大部分时间，我都在思考生活中发生的事情、思考问题或做些计划。”

任何运动都会自然地将皮质醇（应激激素）过滤掉，并且在短期内提供大量的内啡肽（让人感觉良好、镇痛的化学物质）。塔尔博特说，如果没有了每天的跑步，皮质醇会在体内积累，从而导致疲劳、紧张以及压抑。再加上身体缺少了内啡肽，压力的增加以及错过跑步的负罪感会“导致你进入一个感觉越来越坏的恶性循环”。

终有跑步的计划。这样做帮助我度过了受伤的日子，并让我专注治疗，从而重新上路。”

吸取教训。每次受伤往往有一个充分的理由：鞋子不对、训练过度、肌肉无力或步态问题。但重要的是，要找到真正的原因并去解决问题。“这样你就能避免自己再次受伤。”泰勒说。“另一方面，如果只是把受伤当成遇到了一次麻烦，那你便不会进步，甚至更糟——会重复犯同样的错误。”比彻姆说。

保持联系。即使是受伤的时候，与你的跑步团队保持联系也是很有帮助的。骑着自行车陪着你的同伴们一起跑步，或者做好后

《跑者世界》挑战赛：2010年普莱西德湖马拉松赛

泰勒说，跑者在受伤后会经历一系列相同的情绪——否认、愤怒、压抑、接受，并伴有一些失落感。否认阶段往往是最难度过的。泰勒说：“实际上，他们越早接受受伤的事实，就能越快好转。”

好消息是，只是因为跑不了步，这并不意味着你就得消沉下去，还有很多有益于身心的方法可以对付伤病。

“我的生活的很多方面都是围绕它展开的。”亚罗什说。跑步让她有了归属感，吸引了她的注意力，而且支撑着她与“奖牌换勇气”等团体一起从事慈善事业。

诚然，在康复的道路上，亚罗什得到了相当惨痛的教训。她学会了关注自己的能力，而不是自己的缺陷。当游泳成了她唯一能做的运动时，她去上了游泳课并且成为一个宿将游泳团体（masters swim group）的成员。当脑子里滋生出“我再也不跑了”这样的想法时，她学会了变通，承认没有什么会永远持续——无法跑步的迟钝感不会永远持续，无数的个人纪录也不会永远持续。另外，她还懂得了要一步一步地进行恢复，不要试图走捷径，也不要让自己的想法被积极或消极的经历所左右，而时好时坏。

“我明白，跑得好并不意味着我脱离了困境，”她说，“同样，跑得不好也并不是状况恶化的开始。”

最重要的是，她懂得了：跑步也可以让人感到愉快——即使速度和以前不同。

“现在的我对自己还有能力跑步的确心存感激，而以前我把它当成是理所当然的。”她说，“即使跑得不好，只要跑完了，我也会感觉良好。”

亚罗什仍未放弃实现宏伟目标的希望——比如全马跑进2小时59分59秒，或完成在南非举行的“同志超级马拉松赛”。但现在，她的精力主要放在持续30～45分钟的跑步，以及关注如何把每周的跑量增加至50～65公里而又不至于把自己累垮。

这个目标令人兴奋吗？也许不。“但它很合理并且可以实现，我的确因自己付出了努力而感觉良好。”她说。

勤工作；继续看跑步书籍、杂志，并为将来伤愈后的比赛做好计划。这些做法有助于强化你对自己跑者身份的认同感。就在全马比赛的前几天，来自俄克拉何马州詹克斯、29岁的凯蒂·利文古德得知自己得了应力性骨折。于是，她开始大量阅读与跑步、损伤预防以及训练技巧有关的内容——几乎每天都买书或浏览《跑者世界》的论坛。“我着了魔似的为下一场比赛做计划——该穿什么、补给方案等。另外，我成了伙伴们的啦啦队长。”利文古德说，“跟一群在回归跑步方面有过成功经历的人在一起，这让我有了‘他们行，我也行’的良好心态。”

回归的艺术

理疗博士克雷格·苏德尔一次又一次地遇到这样的案例：受伤的马拉松选手在他那里得到了康复，几周之后，又把自己弄伤了，一瘸一拐地走进了他的办公室。

通常，在暂停一段时间之后，跑者试图从他们落下的地方接着训练。更糟糕的是，在剩下的训练中，他们企图采用提高速度、增加距离的方法来追赶进度，为比赛突击训练。苏德尔说，这种做法是造成“灾难”的原因之一。

“你的心、肺状态可能很好，而且你可能也感觉自己能够出去跑上两小时。但是，你必须记住：你刚刚度过自己最虚弱的一段时期，你要考虑身体初愈部位的承受能力。”苏德尔说，“问题在于，肌肉、韧带、肌腱以及骨骼也得应对跑步的影响。”

要想顺利地回归跑步并且保持身体健康、不受伤害，关键是要慢慢来。按照第159页“回归跑步”中的内容去做。另外，在做回归准备时，进行力量练习有助于锻炼跑步时调动的那些肌肉（见第158页的“跑者的康复运动”）。

除了要慢慢来，愿意调整个人赛季目标的

[WHAT WORKS 成功案例]

减少跑量是为了跑得更远

斯科特·弗朗西斯，44岁，加州丹维尔人；“第一零售网络”首席技术官；有两个孩子；1场全马；个人纪录：3小时53分；“挑战赛”经历：2011年大苏尔国际马拉松赛

当我强行开始一周新的训练时，身体似乎总会出点状况。我的首场全马是在大苏尔参加的。在开始训练4周后，我的髂胫束突然出了状况。那种感觉就像有人拿刀插在了我的股骨与胫骨之间。于是，我大幅地减少了跑量——当周跑量减少了50%或者更多。我专注于完成轻松跑而不是优质训练（quality workout），甚至把轻松跑也减得很短。刚开始几次，我跑到感觉有点疼就不跑了，然后走着回家。我疯狂地对痛处进行冰敷，并且大量地服用布洛芬。大约6周后，我完全康复了。虽然代价是训练大幅缩水，但我能好好地跑、健康地跑。治疗和减少跑量让我能够奋力向前，并突破一个又一个障碍。我想，这就是跑步，这就是成长。我感觉自己更健康、更强壮了，而且跑得比任何时候都快。最终，我以3小时53分完成了比赛。

心态也同样重要。假如着急回归，那你所面临的风险便是“将一个相对较轻、几周内便可解决的小伤变成一个慢性的、长期的麻烦”，苏德尔说：“最好完全康复，然后再慢慢锻炼。你的目标是回到能够持续训练的状态，而不是进行零零散散的训练。”

经常遇到的问题

一周中应该在哪天进行力量训练？

最好在高强度训练（如速度练习或长距离跑）的同一天进行力量练习。“理想情况是，在跑完步后，补充一些吸收快的食物，然后进行力量训练。”麦格林说。即便如此，很多人还是没有时间来这样安排，因为能挤出时间进行高强度训练就已经够呛了。退而求其次的话，就要每周安排两次力量训练，不过要避免安排在长距离跑或速度练习的前一天。这样可以保证第二天身体不致酸痛，你可以进行快速或长距离训练。

在长距离跑前我吃了非处方的止痛药，这样可以吗？

跑完步后服用止痛药来缓解疼痛，这样做是可以的。但是，专家建议：如果你得靠吃药止痛才能坚持跑步，那最好还是休息并且让医生检查一下为什么会疼。用止痛药掩盖疼痛只会使病情加剧。另外，北卡罗来纳研究中心及阿帕拉契州立大学的公共卫生学博士戴维·内曼（David Neiman）说，有证据表明：在跑步前或跑步中过量服用非甾体类抗炎药（Nonsteroidal Antiinflammatory Drugs，简称 NSAIDs，如布洛芬和萘普生），可能导致肌肉和肾脏功能损伤。通过对参加全程 160 公里的“美国西部耐力赛”（Western States Endurance Run）的选手进行研究，内曼发现，习惯服用 NSAIDs 的选手（每天用药量达到最大推荐剂量 1 200 毫克）的炎症—氧化应激水平比未用药的选手高出 50%。另外，他们的肾脏清除肌酐的能力也不如未服用布洛芬的人。更糟的是，比赛之后，服用布洛芬的选手的肌肉与未用药选手的同样疼痛，而且两者的自感用力度和疼痛程度没有差别。“我们发现，布洛芬不会减缓你的肌肉疼痛。”内曼说，“它只会让选手的炎症加剧并导致肾脏出现问题。假如你必须用点什么，阿司匹林可能是更好的选择（只要你的肠胃能承受）。”“我认为运动员应该尽量不碰布洛芬。”他补充说，“最好的做法是合理安排训练和练习，从而将疼痛和不适控制在合理范围内。”也就是说，要遵守训练计划，逐步增加跑量，并且不要贸然参赛。同时，还要多吃水果、蔬菜。水果、蔬菜中的抗氧化物有助于身体对抗氧化应激。

一场长距离跑之后我疼了两天，那我还可以跑步吗？

延迟性肌肉疼痛（Delayed Onset Muscle Soreness，简称 DOMS）在进行完高强度训练，或比赛 24 ～ 48 小时后达到高峰，并且在一周内消失。在以新的方式进行肌肉活动的时候，如速度练习、比赛或长距离跑，或者在进行新的训练之后，甚至如果你在比赛时的速度更快、跑的距离更远或者地形比以前更崎岖的时候，身体感觉疼痛是正常的。这些新的活动可能导致肌肉轻微撕裂，从而导致疼痛。马里兰州贝塞斯达的运动生理学家卡罗尔·托尔甘（Carol Torgan）说道：“在肌肉进行自我修复之后，它们会变得更强、更耐疲劳。

速度不再，激情依旧

作者：巴特·亚索

在我看来，如果在跑步的“丛林”里闯荡了 8 年之久，而这 8 年里，你迷上了这项运动并且跑得越来越快、越来越远，那么，不管年龄有多大，你都一直在进步。但是，在某个时刻，你却走出了这个“丛林”。不管是因为受伤、生病、年龄等问题，还是因为怀孕，总之，你停下了追逐速度的脚步——也许不得不完全退出跑步，抑或跑起来大大地受限。很多人偏偏遇到了不能跑步的时候，而这时候，你需要问问自己：“我是彻底放弃还是有什么办法可以克服呢？”

对我来说，这种“步出丛林”的经历始于 1997 年 6 月。那时，正在攀登乞力马扎罗山的我突然再次感染了莱姆病（Lyme disease），我的视力模糊、关节肿胀、双腿阵痛，而且浑身极度乏力。

在那之前，我每周训练量达到了 160 公里，取得过 2 小时 40 分的全马成绩，跑过 234 公里的死亡谷大穿越，多次完成铁人三项赛，并且参加了超过 1 000 场比赛。跑步就是我谋生的手段。它让我的人生有了重心和方向，而这两者是在别处寻不到的。另外，作为《跑者世界》赛事推广总监，不夸张地说，运动就是我的生命。之前，我每年有 50 个周末都飞往全国各地参加比赛。而现在，只因为被蜱虫咬了一口，所有的一切都可能烟消云散。

在第一次得莱姆病的时候，我根本无法跑步——连走路都要挣扎一番。我甚至担心自己不能康复。我知道这会影响我的余生，而且是一个很大的创伤。我知道，只要有一线康复的机会，我就会按照医生嘱咐的那样慢慢来、好好休息。3 周之后，我开始重新找回以前的感觉，而且关节的炎症消退了。但我还是慢慢来，隔一天进行一次 3 公里或 5 公里的轻松跑。结果，熟悉的运动引起了身体的积极反应，我的耐力得到了恢复。

在之前的芝加哥马拉松赛上，我在 3 小时配速组（pace group）里处于领头位置。但在得莱姆病之后，我的速度降了下来。

因伤病而无法跑步是件很难受的事情，特别是在你发挥得越来越顺、感觉越来越好，而且跑得越来越快的时候。你的水平处于前所未有的高度，可突然——啪！大腿拉伤了或膝盖出了问题。有的人说：“要是能跑得更快，我就参加比赛了。”但我认为，这种态度很疯狂，是最不该有的。

每个跑者都想跑得快并且一直快下去，我也渴望如此。可现实有所不同，我们都会在某个时刻慢下来，但是，如果在慢下来的时候就放弃了，我就会错过许多的机会，也不会遇到那些了不起的人和事。

当你不得不慢下来的时候，不要惊慌，不要抓狂，因为从整体而言，我们的身体幸运得还能跑步。大部分的伤病都会退去，而我们也得到了教训。也许是因为忽视了身体发出的信号，在应该停下来时还是出了门，结果，本来只需要休息一天，你却花了6周时间来恢复。假如遇到了不利的状况，你只能尽力而为。比如，你可以利用交叉训练来尽量保持状态。

最近一段时间，我一周的跑步里程少于16公里。以前能骑行60公里，现在也只骑行30公里。

我的榜样是像安比·伯富特这样的人：他是这个国家的顶级选手之一，而现在跑完全马他需要4小时左右，而且只要出门跑步他就很高兴。另外，我还很钦佩我的妻子劳拉。当她慢下来的时候，她从没说过“我不跑了”之类的话。他们仍把跑步当成是一种乐趣，并且始终保持激情——这便是跑步的真谛。

虽然跑得慢，但我仍然享受跑步。从以前赢得比赛或领跑年龄组（age-group)，到现在混在队伍后面，这两种感觉迥然不同。但是，只要能跑步，我就很高兴，真的。虽然已不能像以前那样跑在前面，但我并不为自己感到难过。

只要能出门、做自己喜欢做的事情，就是好的。不过，我想这种情况不会一直持续下去。

以我身上的这些毛病，我知道我的双腿跑不了多久了。因此，现在我只参加那些从没参加过的，或者那些听起来有意思的不同寻常的比赛。2010年，我参加了在南非举行、世界上最艰难的、全程90公里的“同志”超级马拉松赛。之后，我又参加了夏威夷的考艾岛半程马拉松赛、以色列史上首次耶路撒冷半程马拉松赛，而且我还完成了一次从出发到结束都在黑暗中的夜间越野跑——纯粹是因为以前从没做过。

我非常热爱这项运动。我仍然可以从中得到乐趣，并且仍然享受出门跑步。因此，当我出门跑步并乐在其中的时候，名次对我来说并不重要。

2011年的大苏尔马拉松赛，所有人都在问我还参不参加。对于这个问题，我甚至连想都没想过。很多年来，我一直都参加这项赛事。每次能参加我都很高兴，但那些岁月已经过去了。对此，我并不感到烦恼或难过。

相反，我不禁感到自己非常幸运。如果在年轻的时候我没有做到这一切，那可能我永远都没有机会再去做了——永远没有。我有着相当不错的跑步生涯——向世界展现这项运动的力量，以及它给生活带来的改变。能为此做出一些努力，我已经非常感激了。

因此，对我来说，继续成为这项运动的一分子还很值得的。如果你喜欢的是跑步的乐趣，或者能出门跑步便够了，那么速度根本不重要。我们都是跑者，这是最关键的。我们都应该为自己能跑步而感到高兴。你要做的只是出门并且尽力而为。

你可以在感觉到 DOMS 时进行轻松跑，但要有几天不进行高强度训练。如果疼痛持续超过 1 周或者身体剧痛或肿胀，则要去看医生。”

如何缓解岔气（side stitch）?

岔气（胸腔下部的剧烈疼痛）感觉像是痉挛，但是不同的问题。有的人认为岔气的产生是由于膈肌（位于肺部正下方）受到了压力，从而部分阻断了输送至此肌肉的氧气。同样，腹肌向上顶膈肌或者胃部食物过多而向下压迫膈肌都有可能导致岔气。随着身体的逐渐适应，岔气应该会有所缓解。如果遇到岔气，你可以停止跑步，改为步行，然后慢慢做 30 秒的腹部深呼吸。手臂向上伸直，然后腰部向与岔气相反的一侧弯曲，身体呈“C”形。

感冒时可以跑步吗?

如果只是流鼻涕、打喷嚏，那你可以出门；但如果发烧 38℃甚至更高，那你就要待在屋里，哥伦布（俄亥俄）马拉松赛医学总监、运动医学医生达林 · 布赖特（Darrin Bright）这样建议——其全马最好成绩为 3 小时零 2 分。研究表明，大跑量的跑步训练会抑制免疫系统，从而导致身体更容易感冒。这就是选手们往往在比赛前三四周容易生病的原因。如果你发烧了，身体调节体温的能力就会陷入紊乱，从而更容易造成中暑或热衰竭。假如你感到胸口发紧或呼吸困难，那么最好待在屋里，直到感觉好些。感冒时要保证水分的补充。如果要参加比赛，那不要服用任何缓解鼻塞的药物。因为这些药物中很多都含有兴奋剂，会影响身体调节温度的能力，导致热疾病的发生。假如需要服用抗生素，一定要把你的跑步计划告诉医生。有一类叫作氟喹诺酮类抗生素的药物（如市场上的盐酸环丙沙星、左氧氟沙星、氧

INSIDE RUNNER'S WORLD 《跑者世界》编辑如是说

凯蒂 · 奈茨（Katie Neitz），35 岁，资深编辑，宾州埃梅厄斯人

经验教训：不要急于回归。

在怀孕期间我一直跑步，而生完宝宝之后，我休息了 6 周左右。我迫切地想重新上路，于是，一得到医生的同意，我就马上出了门。我的计划是减掉怀孕所增加的体重，并且进入我认为稳健、正常的日常训练状态。多年来，在大多数情况下，我的一天都是以训练开始的。但有了这个孩子，我的生活被整个颠覆了——夜晚也成了白天。我很累，而照顾孩子又是件很有挑战性的事情，这让我心力交瘁。我期待能每天锻炼，因为只有这样，我才有机会做点自己熟悉的事情，才能感觉到自己的强大。大概不到一个月，我便将跑量提高到了大约 15 公里，但其中有很多时候我都是一边推着婴儿车一边跑步。我认为这样做对仍在产后恢复中的盆骨造成了很大的伤害，因为我得了盆骨应力性骨折。应力性骨折（特别是这种盆骨应力性骨折）可不是闹着玩的。它意味着在 8 周左右的时间内你无法跑步，只能进行大量的交叉训练。于是，我选择了游泳和瑜伽，并且在理疗时学会了一些不错的核心肌肉、盆骨的强化训练方法。结果，不到 8 周时间，我又开始跑步。我报名参加了一场全马，并且开始了一项每周 3 天的训练计划，这样保证不会训练过度。4 个月后，我成功地跑完了一场全马。

找回速度：如何在日常训练中重新进行快速跑步

如果按照第 159 页“回归跑步”一表中的做法，你实现了跑步距离的 100% 恢复，而且身体适应了轻松跑，没出现疼痛，那么你可以在日程里安排一些优质训练，以重新激活“休眠中”的快肌纤维、提高快速跑能力。对此，杨百翰大学越野队教练、《跑者世界》“快速道”专栏作者、运动生理学家埃德·艾斯通给出了下面的指导。

训练项目	时间	方式
跨步跑	轻松跑 2 周之后	每周 2 次，在完成轻松跑后，进行 8 ～ 10 组 100 米跨步跑。前 40 米加速至最大强度的 80% ～ 90%，保持 30 米，然后在最后 30 米减速
节奏跑	轻松跑 3 周之后	每周 1 次，在一场 30 分钟的轻松跑中间进行 1 次 6 分钟的冲刺。节奏跑每次延长 2 分钟
间歇跑	轻松跑 6 周之后	每周 1 次，快速部分时长按照 5—4—3—2—1 分钟进行变化，每次间以与快速部分同样时间的轻松跑。逐渐增加快速部分的时长，直到能舒服地跑出 10—5—3—2—1 这样的变化

氟沙星、诺氟沙星等）被证明甚至在服药后的几周内，都会增加患跟腱损伤的风险。

按摩的最佳时间是什么时候——比赛前还是比赛后？

“按摩可以使紧张部位得到放松，破坏瘢痕组织，还有助于将乳酸及其他废弃物冲刷出肌肉。”俄勒冈州尤金市的按摩师迈克·布莱克莫尔（Mike Blackmore）说。比赛之后立即进行轻度按摩，有助于减轻赛后疼痛程度，形成组织间的液体流动，从而保证组织的水分补充，还可以增加双腿的血流量，从而减缓疼痛，给糖原耗尽的肌肉补充营养。如果你从没在赛后接受过按摩，一定要让按摩师知道。他会根据情况对你施以合适的力道。训练期间接受定期按摩，可以让你有效而不受伤地进行跑步。布莱克莫尔补充道：“一份可靠的、包含按摩的训练计划，可以缩短高强度训练后的恢复时间，从而保证下一次训练能够达到预期的效果。”在训练期间，进行按摩的最佳时间是高强度训练（如速度练习或长距离跑）前的 2 ～ 4 天。特拉华州威明顿市按摩师、两届奥运会选手维姬·胡贝尔·卢达沃斯基（Vicki Huber Rudawsky）说：“你可以在赛前四五天接受一次按摩，这样比赛那天便不会疼痛。比赛之后，则要等上 5 ～ 7 天后再进行按摩。”要找给长距离跑者按摩经验丰富的按摩师，可以让跑友们或当地的跑步俱乐部给你推荐。按摩师要取得州颁发的执照，并且通过按摩和身体治疗方面的全国性认证机构的认证。按摩有很多种，运动按摩能够深入肌肉、帮助消除粘连并使紧张的髂胫束得到放松。卢达沃斯基说，肌筋膜放松术（myofascial release）施用效果比较缓慢：按摩师按住某一部位的肌腱，直到身体有反应，从而放松该部位。主动放松术（Active Release Technique，简称 ART）要求按摩师用手来判断肌肉、筋膜、肌腱、韧带以及神经的紧张程度和运动状态，然后一边引导组织进行特定的运动，一边对其施力。ART 往往对跑者经常遇到的肌肉失衡和重复性应力损伤很有帮助。请向你的按摩师咨询哪种按摩最适合你。

PART IV

PUTTING IT ALL TOGETHER

参赛指导

已经稳操胜券了。

这是《跑者世界》挑战者迈克·格罗斯（Mike Gross）在2011年波士顿马拉松赛3周前的真实想法。那时，他的状态很好，可以实现2小时40分完赛的个人目标；可以在目标时间内完成亚索800，而且自我感觉是近年来最好的。然而，在完成最后一次长距离跑后不到24小时，他便出现了嗓子沙哑、流鼻涕、鼻塞等症状。他放弃了一些训练并把剩下的都改为轻松跑，但在比赛那天，他的成绩还是比目标时间多了30多分钟，而且最后不得不在医疗帐篷里接受治疗。

“所有训练的努力都白费了。”格罗斯说。

格罗斯的例子是个教训：不管魔鬼训练期间进展得好坏，在比赛那天，什么情况都会发生。但也不是总有坏事发生。2011年，《跑者世界》挑战者卡丽·帕克（Carrie Parker）参加了在加拿大新斯科舍省举行的“蓝鼻子”马拉松赛（Blue Nose Marathon）。她是加拿大新不伦瑞克省教育部的一名技术分析员，经历了一个“残酷的训练季”，而且预计比赛会完成得很艰难。在备战过程中她不是生病，就是遇上无法跑步的天气，算下来她错过了将近两周的训练。不过，她仍然取得了4小时35分的个人最好成绩，将个人纪录提高了7分钟。

“我高兴坏了，”帕克说，“在经历了这一切之后，我为自己能够做到这些而感到非常自豪。”

有些事情是我们无法控制的，比如天气和疾病，但好的一面是，还有很多事情是我们在起跑之前能够做到的。

在本部分中，你将了解到：如何把握好赛前的关键几周，如何顺利完成比赛，冲过终点线后应该如何保持身心健康并为再次跑步做准备，以及比赛结果是否符合自己的期望。

BEFORE THE RACE

09

赛前准备

大苏尔马拉松赛前 14 天，无论从哪个角度看，帕姆·富兰克林（Pam Franklin）都准备得很充分。毕竟，她已经训练了 4 个月，跑了 600 多公里。然而，在一次 21 公里跑——倒数第二场长距离跑的时候，才跑了 6.4 公里，她就不得不挣扎一番才爬上了坡。

“我的天，这下完了，”她还记得当时的想法，“我在想是不是要取消比赛行程。”

的确，跟长距离跑或跑道训练相比，减量可能看起来很容易，但对大多数跑者来说，它却是训练中最难的部分。随着比赛日一天天的临近，你会开始对以前跑过或错过的每一段路产生怀疑。臀部的、膝盖的、背部的各种疼痛开始发作。更有甚者，看到自己跑得少了，就会担心自己的状态下降。

但是，研究表明，在赛前减少跑量、降低强度可以提高比赛成绩。2010 年 6 月发表于《应用生理学杂志》（*Journal of Applied Physiology*）的一项研究报告表明，当选手们在赛前的 3 周里减少跑量时，他们的成绩会提高 3%。选手们继续进行轻松跑和间歇跑，但限制了强度较大的训练，如节奏跑。经过减量，选手们的最大摄氧量水平保持不变，小腿上的快肌纤维变得更大、更强、更有力，肌肉以及心血管系统的整体能力出现回升。

“训练时，这些纤维的负荷过大；当我们降低负荷时，它们得到了恢复并且变得更强、更有力。”斯科特·特拉普（Scott Trappe）说。他是该报告的作者之一，还是位于印第安纳州曼西市的鲍尔州立大学人类绩效实验室（Human Performance Laboratory）主任。该项研究还表明，即使训练量大幅减少，你的心血管水平也不会有任何下降，而且肌肉还会以对成绩有利的方式得到恢复。

“人们经常犯的错误，就是在最后 3 周跑得太多。”波士顿跑步中心教练乔·麦康基（Joe McConkey）说。训练的最后一场长距离跑（一般为 32 ～ 35 公里）对选手的消耗比他们想的要多，他说：“即使增加强度也不会有什么额外的收获。”

了解减少训练后会发生什么，可以让你更顺利地度过减量期，而且站在起跑线上时，你也会感觉身体得到了充分休息，并且做好了全力以赴的准备。下面是一些最常见的心理和身体上的问题及其处理方法。

减量期间的问题

膝盖、髂胫束或腘绳肌疼痛

虽然科学家们还不清楚造成这些疼痛的真正原因，但他们承认在数月的高强度训练之后，减少跑量会给身心带来新的压力。由于你已经对此倾注了如此多的时间和精力，因此，你对感觉上的细微变化非常敏感。犹他州盐湖城的营养生物化学家肖恩·塔尔博特已经完成了超过 100 场全马以及铁人三项赛，他将这些感觉比喻成某种形式的断瘾过程：“当你每天训练时，身体会持续将内啡肽、应激激素、葡萄糖以及血液和氧气供应给肌肉、肺部以及大脑。而在减量时，这些物质在肌肉、肌腱以及韧带等部位的输送量会有所减少——所以我们感到身体阵阵发痛。”

对策： 麦康基认为，虽然这些偶发性阵痛一般没什么大碍，但还是建议人们对自己担心的状况进行检查。“你必须重视每个迹象。”他说，“我们不希望人们有不必要的担心。”如果检查没异常，你就会少一点压力。如果检查出问题，你可以进行休息或交叉训练并且少跑步，甚至超过减量的要求。只要你还能动，你的竞技状态就不会受到影响。

信心下降

你开始担心自己无法完成比赛，或者成绩远远达不到目标。

对策： 了解自己的真实状况。查看你的训练日志：看看那些自己跑过的路程、辛苦完成的速度练习，数数自己克服万难坚持下来的日子。“看一看这些证明了你自己和你准备过程的资料，然后想一想其中的快乐。”哈佛大学心理学家、《成功者的大脑》的作者杰夫·布朗说。“要知道，没有什么训练方法是完美的。”佐治亚州亚特兰大的运动心理学家斯坦·比彻姆说道，“你为比赛所做的准备可能并不完美，但没有人能拥有完美的训练。”在赛前那周的每个晚上，麦康基都会让他的选手们花上 5 分钟时间，透过一盘比赛电影胶卷来想象自己的成功。“看着画面中的自己在清晨醒来，做好

Amby's Advice 安比的建议

要问我在训练阶段，还有什么比赛前减量更重要的，我实在想不出来。假如不经过正确减量，那么你来之不易的健康状态可能很快便前功尽弃——比喝了变质牛奶还快。没人会那样挥霍。我们愿意训练，而且我们希望看到自己的训练通过比赛时的努力而有所收获。

各项后勤保障工作并抵达比赛现场；想象着自己的表情和心情——兴奋而又放松、自信。”另外，不要忘了也想象一下自己会遇到的困难，如炎热、大风以及陡坡。“只要心情放松、做好心理准备，等发令枪一响，你就不会胡思乱想。”麦康基说，“要时常想着自己所做的一切努力。担心或额外地增加强度不会带来什么收获。”

有增加跑量的冲动

你习惯了以更高的强度跑更长的距离，而且减量后的训练甚至感觉算不上是训练。因此，你想偷偷多练几趟速度或多跑点距离。

对策： 严格按照训练方案进行。现在不是进行瑜伽、普拉提或任何其他新的练习的时候。把以前用在跑步上的时间和精力，放在打扫卫生、和训练时未见的亲戚朋友联络感情，或者侍弄花园和家务上。可以进行一些已有的系统性活动，动用脑力而不费体力。“不要挑皮划艇之类有风险的活动，”布朗说，“但也要是你喜欢做的事情，比如跟你的跑友去看场电影。”同时，这也是一段很好的时间，可以去做赛事志愿者或观众。你能感受到那种兴奋而又没有受伤的风险。

感觉行动迟缓

减量时身体感觉疲劳或僵硬是很正常的。因为在这个阶段，身体正在储存更多的碳水化合物和水，从而让你有与吃了一顿大餐之后相同的感觉。

对策： 在稍短的训练中拿出一段以比赛配速来跑，以此来强化自己在比赛掌控能力方面的信心。如果在整个训练过程中，你一直在练习以比赛配速进行跑步，那么对你来说这个配速应该很轻松。或者，你还可以在轻松跑中进行 5 ～ 7 次的跨步跑，以此来提高心率，激发快肌纤维。不过要记住：如果让自己休息，那么在比赛那天你会感觉精力充沛。特拉普说，当他遇到这种情况时，“我提醒自己说，现在在减量时感觉疲软，总比在比赛那天要好”。

体重增加了一两斤

这种情况很常见。当你摄入高碳水化合物食物时，身体储存了水分和糖原，会让你感觉水肿、沉重。另外，为补充水分，你可能喝了一些饮料，这也会增加体重。

对策： 不要称体重，也不要节食。“人们以为自己跑得少了，所以吃得也要少些。结果，他们没有为比赛储存充足的能量。”麦康基说，“从能量储存方面来说，在比赛中，体重多出来一两斤会比体重减少更有帮助。最好坚持自己的标准饮食。”“在最后 3 周里，应该吃 60% 的碳水化合物、10% ～ 15% 的低脂蛋白（如鸡肉、鱼肉、瘦肉、豆类以及蔬菜）及 25% ～ 30% 的脂肪。”《跑者世界》挑战赛运动营养师帕梅拉·尼塞维奇·比德提出，“选手们已经努力了几个月，不能在比赛前的最后几天因为放弃那份坚持而退步。”

得了感冒

这种情况非常常见。1995 年发表于《胸腔》（*Thorax*）杂志的一份研究表明，耐力运动员在训练负荷最大期间，以及马拉松或类似比赛后的 1 ～ 2 周，患上呼吸道感染的风险会更大。

对策： 尽可能地休息，每天睡 8 小时，补充水分，而且，只要你没有出现呼吸困难或者发烧，你就可以继续跑步。还没有研究表明，运动会使病情加重或者好转。饮食要保持均衡，从而保证体内含有充足的维生素以及矿物质。要特别注意洗手，而且双手要避免接触眼睛和鼻子，因为那样可能会让新的病毒进入体内。尽量避免接触病患以及密集的人群。如果症状没有好转，就要去看医生。

碳水化合物储备的真相

很多人把“碳水化合物储备”这个术语理解成：在赛前的那个晚上猛吃一大碗面。不幸的是，很多人痛苦地发现，这样做只会让你难以入睡，并且在比赛开始时感觉自己的身体浮肿，肚子里像是灌满了水。

还有更理智的做法。碳水化合物储备要求：在比赛前的几天里，逐渐减少跑量（通过减量）并且逐渐增加碳水化合物的摄入。这样做有助于让身体储存充足的能量，从而保证在发令枪响起的时候，你身上的肌肉能够蓄势待发，而胃却不是满的。

在赛前给自己一周的时间来进行碳水化合物储备，让碳水化合物成为热量的主要来源。只要确保每餐都包含一些碳水化合物——如百吉饼、面包、意面、米饭或谷类（见第211页的“比赛周碳水化合物储备方案”）。

如果你想精确地定量，下面的这个方法被证明是有效的：在赛前7天，每公斤体重摄入5克碳水化合物；在赛前1～3天，每公斤体重摄入7.2～12.1克碳水化合物（假如你参加的是半马，那你可以进行一个迷你的碳水化合物储备：赛前2天，摄入目标为每公斤体重2.5～4克碳水化合物）。

最好在比赛准备阶段选择某个点（如长距离跑之前）来进行这方面的练习，而不是在比赛周才试着去做。如果你在训练中有过相关经验，那么在比赛周你就不用担心这一条了。

起跑不要太快！

肖恩·科斯特（Sean Coster）是位于俄勒冈州的跑步俱乐部“奔跑波特兰”（Run Portland）的教练、董事，他说可以根据下面的技巧来开个好头：大多数选手犯的最最大的错误便是起跑太快，要么是因为他们的时间目标不现实，要么是他们不知道自己的配速。

练习，练习，再练习。训练时要尽可能地练习以目标比赛配速跑步，这样的话，比赛时你会感觉自然。科斯特建议全马选手们在赛前的三四周，试着以目标配速跑上22～30公里；半马选手可以在赛前3周左右，以目标配速跑上13～16公里。

进行调整。在目标赛事前一个月左右，跑者可以跑一场较短的比赛来检验自己的状态。如果目标赛事是半马，那就在赛前 4 周跑一场 10 公里比赛；如果是全马，则跑一场半马来调整。将你的完成时间输入一个成绩预测计算器，以此来评估自己的目标成绩是否现实。

忽略人群。开头 3 ～ 5 公里的配速要比目标慢 6 ～ 9 秒，为的是能保证自己有力地完成比赛。不要企图在起跑时跑得比目标配速快来“预存”一些时间。如果那样做，你就有早早耗尽体力的风险。开始时，周围所有人都冲了出去，因此，你可能担心自己成了最后一个完成比赛的人，但不会的，让那些人冲去吧。你要专注于进入一个舒适的节奏。在最后几公里路上，你很有可能会遇到所有那些早早超过你的人。

倾听自己的身体。在比赛中，要注意一些身体信号，如呼吸困难程度、肌肉疲劳程度以及是否有哪个部位可以放松却很紧张（如下颚、肩膀）。“你可能觉得这么慢会很可笑，”科斯特说，“但跑完 30 公里之后，你的双腿会变得异常沉重，需要很大努力才能撑住身体，这会让你感到受挫。而到了最后 10 公里，即使跑得再慢，你也会感觉很难坚持。”如果是首次参赛，可以借此机会来搞清自己的基础对应的是什么样的成绩。这种做法很不错，可以帮助你树立一个现实的目标。不要听音乐，防止因分心而注意不到自己的强度和配速。

THE BIG DAY

10

比赛日

即使是比赛经验丰富的选手，马拉松赛前的日子也会很有压力。在为目标比赛投入了那么多的努力之后，你希望站在起跑线上时可以保持镇静、健康并且做好了全力以赴的准备。下面这些做法可以让你在比赛前的关键日子、关键时刻里保持一切正常，并且可以在比赛之后帮助身体恢复。

比赛周规则

不要尝试任何新的事物。比赛周不能用来尝试新鞋、没吃过的新奇食品、在展览会上买到的新奇装备或者没经过几场跑步磨合过的任何物品。要坚持采用你已经适应了的饮食和装备。如果在展览会上你确实需要买些东西（一套可爱的服装或一双打折的跑鞋），那就等到比赛之后再穿。

仔细检查各项后勤保障。比赛前一周，要再次确认你的宾馆预订、比赛注册以及各项旅行安排。搞清楚如何抵达起点，如果开车，就要想好在哪儿停车。通常，比赛那天早晨道路会封闭。这些信息一般在赛事网站上都会有说明。找好比赛前一天晚上吃饭的地方，并预约好位子。要是转了整个市区都找不到卖意面的地方，你肯定会疯掉。要寻找适合跑者的餐馆和宾馆，可以登录赛事网站或致电当地的会议及旅游机构。

查看赛道状况。比赛前看一看路线图、海拔高度图以及赛事网站上的沿途视频。如果有可能，在比赛前几天开车沿路转一圈。要记住沿途路标和地形，挑出其中可能需要花费更多力气的路段，并且制定克服这些路段的策略。

早点收拾行李。至少在赛前一周就要开始收拾比赛用品。查看天气预报，打包各种天气下穿的衣服，以防突然遇到一场诡异的暴风雨或者高温。起跑时天气可能寒冷，所以一定要准备一些可以在热了之后扔掉的衣服（这些衣服一般会捐给慈善机构）。即使是在本地参赛，最好也打包好装备、衣服和补给。所有东西都放在一处，这样，比赛那天早晨你就不用抓狂地到处乱翻。

好好睡一觉。离比赛越近，可能越难以入睡，因为你会对那个“大日子”满怀期待。不过，最好还是尽可能地多睡觉（每晚至少8小时），并且一有时间就打个盹。“在比赛周之前就开始优先考虑睡眠问题，因为这个时候你还没有感到不安和紧张。”斯坦福大学人类睡眠研究中心研究员谢里·马（Cheri Mah）说。她研究了所有项目的运动员后发现，多睡觉可以影响反应时间、心情以及体力水平。“要认识到睡眠是训练中很重要的一部分。”她说，“不幸的是，它成了我们首先牺牲的东西之一。”

不要流连于展览会。只要展览会开始，你就可以去领取比赛号码。可以在那儿逛一会儿，但要有时间限制，而且要说到做到。在人堆里行走、左冲右撞会耗尽你的体力，而且脚也会疼。流连、沉浸于比赛的兴奋是很吸引人，但是，你还要为比赛保存体力，这样才能把之前几个月的努力发挥到极致。

不要吃没吃过的食物。你最清楚自己的身体，所以在比赛前的那几天，要坚持吃之前一直吃，并且你的胃确定能轻松消化的食物。对于有的选手来说，这意味着不能吃高纤维、高脂肪食品或乳制品。吃意面、米饭、土豆之类的高碳水化合物食品，可以保证身体能够为比赛储存足够的糖原。

注意酒精和咖啡因的摄入。如果你一般不喝酒或含咖啡因的饮料，那么在比赛前一天晚上以及比赛当天也不要喝。如果你有饮酒的习惯，那么比赛的前一天晚上喝一杯，也许不会对跑步造成什么麻烦。同样，如果你在长距离跑之前一般要喝咖啡，那么你在比赛前也可以喝。

找好号码布和计时芯片。比赛的前一天晚上，把芯片系在鞋上并把号码布固定在衣服上。起跑时，你必须有这两样东西。千万别忘带了！

INSIDE RUNNER'S WORLD 《跑者世界》编辑如是说

尼克·加拉克（Nick Galac），28岁，图片编辑，宾州埃梅厄斯人

经验教训：无论你的跑步经验有多丰富，都不要给你的首场马拉松赛设定时间目标。

我在大学时练过田径和越野跑。于是，我以为以我超快的速度，直接升级参加全马肯定没问题。在训练了几个月、完成了4场32公里跑并以2小时52分跑完亚索800之后，我认为自己可以不费吹灰之力地跑进3小时。于是我参加了2007年的费城马拉松赛，那天的天气很好，我用了1小时28分便通过了半马指示牌——按这种配速，完成比赛用不到3小时。然而，在24公里处，我的股四头肌、腘绳肌，还有外展肌开始抽筋；我只好一瘸一拐地走完剩下的18公里。不亲自跑一场全马，你就不会了解在这42公里的路上，你到底会有什么样的感觉。不过，我还是很高兴自己能够完成一场全马。但是回想起来，假如我没给自己设定一个时间目标，可能我会控制一下配速，这样就能跑完全程而不是走完，或者也不会遇到抽筋的状况。

找个碰头地点。指定一个比赛之后可以与家人、朋友见面的地点，而且告诉他们你到那儿的时间范围。很多赛事提供“运动员追踪”服务，可以在你通过某些里程标志牌的时候，给“追踪”你的人发电子邮件或手机短信。这样，他们会更清楚你什么时候能到。要提前选个你能认出来的固定地标。不管穿过终点线时的感觉如何，谁都希望比赛结束时能得到拥抱和祝贺。

比赛日注意事项

虽然比赛比的是跑步，然而后勤、补给以及装备对你的发挥也会有很大的影响。

不要穿得太多。起跑时天气可能会凉，但不要穿太多衣服，否则你会流汗并且慢下来；可以按照比外界温度低大约 6.7℃来安排穿衣。起跑前注意保暖，可以带一些衣物，跑完头几公里再脱掉（想了解在各种天气下应如何穿衣，可以登录《跑者世界》网站并点击“我该穿什么？”）。

让膀胱休息会儿。比赛那天早晨，赛前 1 小时要停止饮水，这样你就可以避开前面的一些休息区。出发前 20 ～ 30 分钟，上厕所的队伍是最长的。因此，不想内急就要早去或晚去厕所。

提前站队。没人想匆匆忙忙地冲向起跑线，所以，不要等到最后一遍通知时才过去。最好在起跑前 1 小时就站好队，这样你还有时间去上厕所、最后检查一遍补给和装备以及给自己减压。也不要早于这个时间，等得太久可

打包清单

参加大部分的马拉松比赛，你都可以选择带个包到起点并在终点签收。大部分的赛事服务是很可靠的，但以防万一，最好不要把什么东西都放在包里，不然丢了你就“活不了了”。有些东西你应该考虑放进包里，包括：

身份证。在包的外面清楚地标明你的姓名、地址、手机号码、比赛号码以及 E-mail，以防万一。有些赛事要求使用他们提供的塑料袋或网袋，在上面标好你的比赛号码。还有一些赛事允许登记一个自己的包。具体的要求，可以查询相关赛事网站。

垃圾袋。在纽约、波士顿马拉松赛这类大型的点对点赛事上，选手们经常要花几小时才能等到起跑。这个时候，一个厚垃圾袋可以让你有个不错的地方坐下，不用一屁股坐在湿湿的草地上。假如起跑时下雨了，你还可以把垃圾袋当成雨衣（只要在底下以及左右两边各撕一个洞，然后把头和胳膊套进去）。

额外的纸巾或卫生纸。比在移动厕所前排长队更糟的事情就是，终于轮到你了却发现自己没带纸！

读物。如果开赛前要等很长时间，最好带上一些杂志或一本书，好让自己的脑子不

能会让你紧张。

站到正确的分区里。很多赛事都设有指示标志，告诉你根据自己的预期配速，站到相应的位置。最好站在配速合适的指示牌附近。如果站得太靠后，那么跑得慢的人会密密麻麻地挡在你前面，让你很恼火。如果混在一群比你快的人里面，那么你很有可能起跑过快，结果早早地耗尽体力，或者被后面的人追上、超过——这是很让人泄气的事情。

越过起跑线再开始计时。参加规模较大的比赛时，你可能要花 10 分钟才能越过起跑线。这个时候，用自己的表计时，可以让你记录时刻、了解自己所用的时间。

整理装备要早，不要晚。如果鞋带松了或者身体有些地方磨到了，要在其造成更大的痛苦之前进行处理。假如鞋带开了、岔气了或者装备需要调整，要到路边去处理；不要停在人群中，以免造成碰撞（见第 182 页的“跑步中意外情况的处理”）。

给别人一点空间。参加长距离跑比赛，不需要挨着别人跑步。《跑者规则手册》的作者、《跑者世界》网站执行编辑马克·雷米经常用“海姆里克急救法”来说明人与人之间的距离：“如果你与另一名选手之间的距离足以对其施行“海姆里克急救法”，那么你们之间的距离就太近了——当然，除非他噎着了，在这种情况下你的位置刚刚好。”

闲着。这样你就不会去想太多关于比赛的事情。读物读起来越不费脑越好，《战争与和平》恐怕很难读得进去，也帮不了你。

额外的比赛用食品、饮料。有时候，能量胶会从手里滑落，或者你最喜欢的运动糖豆从腰带里掉了出来。因此，要多带一些以防万一，还有你喜欢的水和运动饮料。很多赛事在起点处提供点心，但最好不要对此抱有期待，免得到了那儿感到失望和沮丧。

干燥、干净的衣物。比赛之后，你的身体很快会凉下来，还会发冷，所以最好有暖和、干燥的衣服可以换。要带一件抓绒衣和一双替换的鞋（可以试试舒服的、运动后穿的鞋类，如凉鞋或拖鞋，让双脚呼吸一下）。假如天气寒冷，可以戴顶帽子和手套。还要带一条毛巾或湿巾来擦脸。

赛后补给。终点肯定会有零食可以吃，但赛事上提供的东西可能不合你的胃口。最好带点你确定适合自己的零食。为了尽量恢复身体，要选择碳水化合物和蛋白质比例为 4∶1 的食品，这样有助于重新储存消耗掉的糖原，修复破损的肌肉组织。可以带能量棒或者其他不会在搬运中变质、泼洒或者被污染的包装食品。

注意你的四周。要当心有的选手会发觉不到你正在接近，要么是因为他们正听着音乐，要么他们正全神贯注地盯着训练表。假如你正接近水站或者需要往路边靠，一定要提醒他们，比如大喊一声“左边有人”、“劳驾”或“借过”。同样，如果比赛时你必须听音乐，最好只戴一只耳朵，音量也要调低，保证自己能够听到周围的动静。

掌控自己的心理

有句话你可能已经听说过很多次了：21公里（或42公里）的比赛是对身体的挑战；同样，它也是对心理的挑战。你已经在训练上倾注了那么多的努力，现在重要的是不能败在悲观、害怕或者疲劳的手里。

一路上，你必须自己给自己加油，抵制住那些负面的声音和疑惑。“如果你屈服于那些负面的想法，你就会慢下来，脚步也变得沉重。”布朗说。要知道，全马训练要跑800多公里，半马训练要跑320多公里，而比赛只有42公里或21公里，不过是成功后的绕场庆祝。想要专心致志地比赛，你可以按照下面的方法去做：

搞定后段加速，巴特为你支招

我坚定地相信后段加速，即比赛后半段的速度快过前半段。有人认为那是不可能的，但它确实可能。下面的几个技巧可以帮助你做到这点：

起跑要慢。出发时每公里配速比目标要慢6～9秒，并提前采取步行休息。通过这种方式，你可以储存后面要用的能量。跑起来应该感觉轻松到了这种地步：如果一直以此配速，跑半马的人觉得自己能跑42公里，而跑全马的人觉得自己能跑250公里。

管好自己。后段加速最难克服的问题是自己太兴奋了：音乐轰鸣，有人在唱歌，而你自己已经为此努力训练了几个月。你感觉自己想冲出起跑线，就像刚从监狱被放出来那样。你不想轻松去跑，因为每个人好像都超过你了。不要管其他人，坚持自己的比赛计划。那些超过你的人怎么办？你会在后面的比赛中超过他们。

倾听自己的身体。音乐播放器以及佳明（Garmins）之类的运动手表是很不错，但在比赛中，你真正需要的是根据自己的感觉——呼吸的轻松或沉重程度、肌肉的感觉等，来调整自己的配速。佳明之类的东西太容易使你纠结于每公里的差别。要记住，跑到终点的成绩才算数，路上的那些分段成绩根本没有任何意义。

上、下坡的强度要均匀。上坡时速度会慢下来，下坡时速度会快上去，但强度要保持不变。如果在上坡时为了保持速度而用尽全力，下坡时让自己做“自由落体”，那么你会把后边比赛需要的力气和能量都耗掉。其实，上坡时损失的时间会在下坡时得到补偿。

状况： 觉得后面的路程会招架不住。

对策： 分解目标。

研究表明，在任何比赛的2/3处左右（不管距离是多少）选手们都容易“撞墙”。“在这个节点，新鲜感已经退去；发令枪是很久之前响的，而终点线似乎还在千里之外，”运动心理学家、多伦多马拉松心理治疗组联合创始人凯特·海斯（Kate Hays）说道。要有与之遭遇的预期，并为此做好准备。要保证充足的能量

水站通过技巧

理论上，从桌子上抓起一杯水应该是件简单的事情。但是，任何参加过大型比赛的人都知道，要想顺利通过水站，你需要做得既敏捷又优雅。一不小心，你可能就会把饮料灌进鼻子，或者拿不到水杯，再或者造成拥堵。

了解水站位置。 提前查看赛事网站，了解水站位置。计划好会在哪几站停留。

匀出时间。 因为担心浪费宝贵的时间，你可能犹豫着要不要在水站停留。但是，如果在后面遇到身体脱水而不得不降低速度，那损失的时间可比这短暂停留的几秒钟要多得多。制订并坚持你的补水计划。

慢慢靠近。 不要插到另一名选手前面，或者造成一连串拥堵。要放轻松、慢慢靠近水站。注意避让减速或停下来的选手。

避开第一张桌子。 每个人都冲向第一张桌子取水，所以你要瞄准第二张以及后面的桌子。赛事志愿者们通常会大声通知哪张桌子有哪种饮料。

注意自己喝的东西。 刚吃过能量胶的人需要的是水。对于比赛提供的运动饮料，如果不习惯它的品牌或口味，那你一定别去拿。喝之前大声地与志愿者确认拿到的是水还是运动饮料。

注意脚步。 在湿滑路面上，很容易因为踩到打了蜡的水杯而摔倒。重新回到比赛队伍时，要注意身体平衡。

小口抿，不要大口喝。 不要一口气把水灌下去，这样很容易呛到自己，或者导致咳嗽。更糟的是，你可能会把水泼到鞋子里，这会导致两脚潮湿并且容易起水泡。你应该小口小口地抿——这样喝得更多。

捏一下杯子。 拿到水杯后，把杯口捏起来形成一个杯嘴。这样的话，水不会洒出来，也不会在你抿的时候灌到鼻孔里，或者让你喝得太多而呛出来。

不要待在那儿。 如果拿到了水却没喝一口，那就白费了这么多劲。拿到杯子后，要离开水站——这样就不会被其他选手撞到。如有需要，可以降低速度或走着喝水。

跑步中意外情况的处理

在一场非常重要的比赛中，如果遇到了一些常见的跑步问题，可以按照下面的方法进行处理。

皮肤擦伤

处理措施：大部分比赛在医疗救护站会提供凡士林、创可贴或者运动润滑剂。你也可以带自己的。润唇膏很便于携带，而且比凡士林更纯，可以有效地减少摩擦、防止擦伤。

肌肉痉挛

处理措施：停止跑步并对肌肉施压。紧紧按压 15 秒——不要按摩，然后慢慢拉伸肌肉。重复按压 / 拉伸过程，直到痉挛缓解。先步行，再慢慢提速。

水泡

处理措施：对于短距离跑步或比赛，你可以继续进行。如果疼得步态变了形，那就要到救护站用创可贴贴上。但如果救护站或家还远得很，那就调整一下鞋带。松一松可能脚跟就不滑了，而紧一紧则可能减轻痛点上的压力。

岔气

处理措施：可以先留意呼吸时对应哪只脚落地，然后调换一下。也就是说，如果吸气时迈右脚，那么就换成吸气时迈左脚。若上述方法不起作用，可以停止跑步，双臂举过头顶，把腰弯向岔气的另一侧，直到疼痛缓解。

被绊倒

处理措施：爬起来，估计一下自己的受伤情况。硬地面擦伤或轻微刮伤可以等会儿处理，但严重流血则需要立即处理。重新跑步时，一开始会感觉困难，因为心里有点慌乱。可以深呼吸，然后认真评估一下自己的状况。如果还好，那就重新把精力放在一个个目标上，继续跑步。

上完厕所后感觉身体僵硬

处理措施：缩短休息时间——最多两分钟。边走边喝水，不要完全停下来。慢慢恢复跑步，不要立即回到先前的速度。

补充，保持能量水平稳定、足以支撑整个比赛。另外，还可以把马拉松分成若干段，比如全马可分成两个16公里和1个10公里，半马可分成两个8公里和1个5公里。不管处于哪一段，只要集中精力完成该段的目标就好。纽约市跑步教练迈克·基奥恩（Mike Keohane）就鼓励他的选手们一次只跑10分钟，或者利用步行休息来补充水和能量。“这些做法使得这段距离更容易完成，”他说，“而且由于知道自己等会儿就可以休息，你也就有了可期盼的东西。”

状况：开始疲劳。

对策：分散注意力。

当你开始有“我累了”或“不想跑了”的想法时，要记住：别人比你还惨。“最坏的做法就是认为自己的感觉比别人更糟。”亚特兰大运动心理学家斯坦·比彻姆说。“一旦落入这种想法，你就给了自己退出的理由。”比彻姆建议选手们可以随着步伐给自己一句鼓励的肯定，或者念叨“咒语”，使自己能继续跑步。在理想情况下，这句话应该在训练中被充分检验过。“‘咒语’在一遍遍地使用之后，就能起作用。”他补充道。他喜欢“今天看我的”以及“跑得越长，变得越强”这两句话。约翰·斯坦顿（John Stanton）是“跑步屋”——一家总部设在阿尔伯塔省埃德蒙顿的跑步用品连锁店的创始人。对于全马比赛后段的选手，他提醒他们想一想那些正与疾病做斗争的人。“突然间，沉重的步伐和呼吸似乎不那么惨了。”斯坦顿说，“要记住：健康就是你得到的礼物。”

状况：感到气馁。

对策：幻想自己的成功。

“个人的、有画面感的幻想，可以带来一些积极的情绪，这样做是有帮助的。”哈佛心理学家杰夫·布朗说道。“回放”一下你的跑步生涯中最美好的时刻——上一次个人纪录、第一次的15公里跑、你对训练有了顿悟时的感觉等。例如，布朗的一位客户用“漂浮”这个词撑过了“伤心岭”（heartbreak hill），有的人喜欢幻想自己像一列火车那样正在稳稳地前进。比彻姆鼓励选手们把自己想象成一艘轮船。“你要幻想自己完全投入了比赛这条‘航道’，”比彻姆说，“你要心无杂念地通过终点线。”

状况：被别人超越而失去信心。

对策：从观众和其他选手身上汲取力量。

“那个选手刚才一下子就超过去了？他是在告诉你什么是可能的、你能跑多快。”比彻姆说。“你要去想，这些人是在帮你，而不是和你作对。”他补充说。同样，鼓励别人、接受路旁观众的鼓励，都会鼓舞你的士气。要让自己沉浸于人群的欢呼，并让他们成为你巅峰表现的动力源泉。要和加油的观众们进行眼神交流，并在他们喊“好样的！”的时候表达感谢。“你不会对跑友说的话，也不要对自己说。”唐·加伯（Don Garber）说。他是“运动支持训练团队”的总教练，负责训练选手参加里士满马拉松赛。“你不会跟他说，‘你跑得糟透了，你要完蛋了’。因此，也不要对你自己说那些。”

状况：一心想创造个人纪录却失之交臂。

对策：灵活变通，设定多个目标。

对比赛至少要定下3个目标。第一个目

标针对的是最好的状况——天气极好，你也得到了充足的睡眠。这个目标一定要建立在实事求是地对自己的训练和状态进行评估的基础之上。第二个目标要让自己感到，虽然气温飙升，肚子也难受，但你已经尽全力了。最后，还要设定一个“过程”目标——跟最终的比赛成绩无关。它可以是争取每小时按时补给，或是分段时间均衡——每公里跑出大致相同的配速。这些目标要在赛前写下来，这样可以帮助你在困境中保持镇定、精力集中。

状况：想退出。

对策：想想为什么要跑步。

不光是比赛那天，而是每天都要。通过跑步，你减掉了体重、养成了一种健康的生活方式、结交了一群新朋友，或者你是在为慈善事业筹集资金。布朗说：“想想这些，可以帮助你保持积极的心态、走出困境。”佩戴一些比赛时看得到的东西，时刻提醒自己，或者用马克笔直接把这些写在手上。

BEYOND THE FINISH LINE

11

赛后调整

虽然比赛结束了，但事儿还没完。领完奖牌后，你所做的事情会严重影响身体的恢复速度。下面这几件事很关键，是你在赛后需要做的；否则，过了比赛日，你就不会感觉那么好了。

不要停下来。 拿着自己的奖牌、食物和水，然后继续走至少 10 分钟，以防止血液涌向双腿，要逐渐使心脏恢复休息状态。虽然双腿会很累，但坐下来太早会让你的身体僵硬、紧绷，导致恢复较慢。

再次补充能量。 跑完步 30 分钟之内，要补充碳水化合物以及精益蛋白质（lean protein）。如果你没有胃口，就带一瓶恢复性饮料。几小时之内，试着吃一顿常规的健康饭菜，要有碳水化合物和蛋白质（见第 186 页的“赛后能量补充”）。

保暖。 把跑步时的衣服换掉，尽快穿上干燥的衣服。在冲过终点线后，你的核心体温开始快速下降。这个时候，还穿着湿透的衣服会让你发冷。

可能的话，进行冰浴。 如果你的宾馆或家在附近，可以做一次冰浴。听起来好像不怎么舒服，但它已经被证实可以减缓炎症、肿胀以及肌肉酸痛，能更快地让你好转。

进行跑后恢复性深蹲。 这个动作是由《跑者世界》投稿人塞奇·朗特里推荐的。它可以轻轻地拉伸你的背部、臀部、大腿以及小腿；促使新鲜血液流向这些部位，而且不需要任何器械。

- 两脚分开，脚尖稍微向外撇，或者两脚并拢一些，脚尖向前。无论哪种方式，膝盖都要保持与脚踝在一条线上。
- 可以用手来支撑自己——双手放在身后的地上，或者放在身前，以防止身体前倾。如果感觉实在站不住，那你可以扶着固定物，如栏杆或椅子。当臀部和脚跟接触地面后，双手离开支撑物。

- 慢慢进行几次深呼吸。准备站起来时，先抬起头，慢慢移动。如需帮助，可以请朋友或赛事志愿者把你拉起来。

接受按摩。最好在赛后 24 ～ 36 小时之后再接受按摩。比赛所致的肌肉疼痛得到缓解之后，可以接受一次深层组织按摩，以释放压力。比赛后如果有的话，也可接受轻度按摩——只是不要让对方碰任何肌肉紧张的部位。

庆祝你的成功。虽然奖牌已经很好地证明了你的成就。不过，要是能安排一些可以在比赛时有所期待的奖赏，也是很不错的。也许是和家人、朋友在你最喜欢的餐厅大吃一顿，也许是安排一天来做 SPA 或一系列的按摩。不管成绩如何，你已经努力训练了几个月，为目标投入了全部身心，而且刚刚跑完了一段大多数人只会梦想着某天能跑完的距离。一定要庆祝这个时刻。

赛后能量补充

为了快速恢复——不管你下个月是休息，还是即将参加另一场比赛——重要的是，要在冲过终点 30 分钟之内，重新补充能量和水分。

完成比赛后，要尽快摄入 500 ～ 700 毫升液体，以补充随汗液流失的水分和电解质。如果比赛时天气炎热或潮湿，或者如果你的汗液中盐分大，那么一定要选择能帮助补充电解质的运动饮料。比赛那天一直都要小口摄入液体。尿液的颜色可以显示身体是否脱水——它应该是浅黄色。如果颜色更深，比如像苹果汁的颜色，你就需要多补充一些液体。

食物方面，蛋白质摄入目标是 15 ～ 25 克，碳水化合物为每公斤体重 1.54 克（例如，体重为 54 公斤的选手可能需要大约 83 克碳水化合物，体重为 75 公斤的选手可能需要 115 克左右）。你可以选择的食物有：

- 花生酱和果酱抹全谷物面包，外加一杯低脂牛奶。
- 希腊酸奶、一份水果以及低脂格兰诺拉麦片。
- 全谷物百吉饼抹上花生酱和蜂蜜。
- 一杯燕麦加脱脂牛奶，上面放切碎的坚果和一个香蕉。
- 用全谷物面包做的土耳其三明治，外加一份椒盐卷饼。
- 480 毫升运动饮料加一块芝士比萨及一些嫩胡萝卜。
- 烤鸡肉三明治，外加一份水果。
- 能量棒、一份水果以及一份椒盐卷饼。

第二天，开始活动。比赛第二天，虽然身体会感觉酸痛，但进行一些低冲击性的活动，如游泳、骑自行车或椭圆机练习是很重要的。这些活动可以促进酸痛部位的血液循环，帮助身体更快恢复，只是强度要保持在低水平。

继续前进

《跑者世界》挑战赛选手迈克·格罗斯完成了一季完美的训练，却在2011年波士顿马拉松赛前生了病，这让他很抓狂。“鼻涕流个不停，”这个跑过20场全马的老手说，“一点意思也没有。”

比赛那天，他坚持要完成目标。但是，在跑了10公里之后，他不得不降低配速。过了36.8公里，他改成了步行和慢跑。冲过终点之后，他在医疗帐篷里待了90分钟，一边呕吐，一边靠打点滴来补充水分。

“整件事让我非常难受。”这位有3个孩子、来自宾州霍兰德的工程师说，“之前的所有训练都进行得非常顺利，真想不通怎么就全打了水漂。”

What it takes to... / 我是怎样……
在遇到危急状况时坚持参赛

艾米·卡茨，40岁，加州欧文人
比赛经历：32场全马；个人最好成绩：3小时37分
“挑战赛”经历：2009年芝加哥马拉松赛

有3次比赛，之前的训练都进展得很顺利，偏偏在比赛那天危急状况跳了出来。在2010年波士顿马拉松赛之前，我跑了几场高强度的半程马拉松，完成了长距离跑和全马配速跑，以及为应对赛道而准备的大量山地练习。但就在比赛前一天晚上，我得了胃肠感冒。比赛那天，我试图不去想它，但很快便发现自己做不到。于是，我试着尽量多跑一些。我希望能够跑完，拿到一块奖牌——不管什么奖。我大部分时间在步行，而且速度非常慢。路边的所有人都看得出来我的状态不怎么好，于是他们非常卖力地为我加油。我向其他选手了解了一下状况，发现他们也在挣扎着，这让我能客观地看待自己的痛苦。我想起了自己刚开始跑步时的情形，但从没考虑目标成绩——我只想完成。令我非常自豪的是，我坚持到了终点。对于比赛，我只需从大的方面考虑，要意识到每个周末都有比赛，所以这一次比赛并不代表所有。经过一个训练季，你收获了健康。即使比赛结果很糟糕，这都给你带来了好处。波士顿马拉松赛结束之后，我的身体很快恢复了（缓慢的速度以及步行对我的身体负面影响很小）。不到两周，我跑出了一年多以来最快的一场5公里比赛。之后的3个月内，我又跑了3场5公里比赛，速度也很快。

从天气到工作，再到睡眠……正如格罗斯最后明白的，比赛那天，有很多因素是你无法控制的。目标没有实现——其原因不管是不切实际的期望，还是一场无法预料的疾病——都会让任何比赛的任何选手都感到泄气。然而，对马拉松训练的投入，会把这种失望放大。

尽管如此，重要的是要正确地看待这个问题。

“这只不过是365天里的一天而已。”唐·加伯说。他是“运动支持训练团队”的总教练，负责训练选手参加里士满马拉松赛。“这天可能很不错，也可能不怎么样。但是，你不能把自己的全部自尊都放在这一个上午上，它只是其中的一部分。”

下面这些做法可以帮助你从一场糟糕的比赛中走出来。

消沉一段时间后继续前进。“要承认自己会经历一段自然的悲伤过程，包括否认、愤怒、协商，最后接受。”哈佛心理学家、《赢家的大脑》的作者杰夫·布朗说。“由于训练，

RW CHALLENGER PROFILE:
《跑者世界》挑战赛挑战者简介之

加里·雷斯尼克，带着癌症奔跑

在以4小时零7分的成绩冲过大苏尔国际马拉松赛的终点线后，加里·雷斯尼克（Gary Resnick）还在带着一副不可思议的表情四处晃悠。“我真不敢相信自己竟然跑得这么快。”有3个孩子、49岁的雷斯尼克说，“双腿的感觉好得让我不敢相信自己跑完了42公里，那真是完美的一天。”

任何人在那个时刻都非常开心——特别是像雷斯尼克这样，在13天前已经以4小时19分完成波士顿马拉松赛的人。但是对他来说，快速地完成大苏尔赛只是在其生命的回归之路上又迈出了一步，虽然这种回归的可能性非常之小。

两年前，他被诊断为胰腺癌三期，生存的概率只有5%～10%。一年后，当癌症在骶骨（脊椎底端呈倒三角形的一块大骨头）复发后，他的病情恶化为第四期，生存的概率降低到1%。

他一再坚信，是跑步拯救了他。毕竟，最初正是由于一次20公里跑后的出血，才让他去看了医生并且被检查出患了癌症。

他每周在去接受化疗的路上进行一次13公里的往返跑。这让他意识到，也许他可以做得比医生预计的更多。

带着活跃的未经治疗的癌细胞跑出两项个人最好成绩——一项是2010年皇后区半程马拉松的1小时38分，另一项是2010年波士顿马拉松赛的4小时，这足以证明，他可以去挑战一把。更为

你失去了和家人在一起的时间，可能也失去了一些工作机会。”他说。可以和你的跑友们聊聊这些。有必要的话，可以记几周日记，想摆脱失落感，还可以哭一场。

寻找积极的一面。不管成绩如何，你花了一上午做了件对健康有益的事情。另外，为了一个目标，你还花了几个月时间来训练。虽然这个目标没有实现，但你可能在比赛之前就收获了很多其他好处。你的体重有没有下降？有没有养成定期锻炼的习惯？身体有没有变得更强？有没有结识新朋友？

吸取经验教训。是不是起跑过快？是不是没按补给计划来？不管比赛进行得如何，你都可以从中学到点什么。回想一下，看看有什么是你可以改变的。你的比赛目标是否切合实际？和你的跑友们聊聊。他们看着你训练，知道评估自身现状的重要性并且能给你提供指导和见解。生病是无法阻止的，但如果当时是一场别的比赛，格罗斯可能就会更改自己的比赛目标。

《跑者世界》挑战赛：2011年大苏尔国际马拉松赛

重要的是，正是每天的跑步训练帮助他在面对如此难以预测的未来时，保持精力集中、情绪镇静以及积极向上。

“跑步拯救了我，无论是从精神上还是身体上来说。”他说，“假如我没有跑步，我的癌症可能永远不会被发现。因此，我觉得自己是活着的人里最幸运的那个。”

虽然在高中时跑过步，但 2008 年 6 月，雷斯尼克以 46 岁的年纪重新开始了他的跑步生涯。那天是他从纽约商品交易所作为交易员退休的第二天。在接下来的 6 个月时间里，他锻炼出了力量、速度以及耐力，并且到 12 月体重已经减少了 24 公斤。在一次 21 公里的训练后，他出了血，看了医生，于是开始了一段艰苦的旅程：两场手术、21 次放疗、650 小时化疗……自从确诊以来，他还完成了 5 场全马以及 15 场半马。

现在，雷斯尼克在每天的生活中一有机会就去跑步。例如，他从家出发跑 29 公里去体育场和家人看一场棒球比赛，跑步去 27 公里外的妹夫家吃饭。

“从我开始跑步的那一刻起，我的感觉便开始好转。”他说，“它让我保持健康、忙碌，而且不用把心思放在癌症上。”

雷斯尼克打算在 2011 年跑 3 场全马，希望有一天能在毛伊岛、考艾岛以及中国的长城上奔跑——只要能有机会用一用还没盖过戳的护照。

“距离我被确诊已经过去 30 个月了，这已经是很长的一段时间。正是因为跑步，我才有了希望。”他说，“除此之外，我别无所求。”

树立新目标。在经历了几个月的专心训练之后，过了比赛那天，一种漫无目的、失落的感觉很容易涌上心头。你不必立即报名参加另一场比赛，但树立一个其他有意义的目标还是有好处的。它可以是每周跑5天步，或是每周跑量保持在某一水平，再或是达到年度跑量目标，只要能让自己一直继续跑步。你还可以做一些训练时没时间去做的事情，比如去上你一直想尝试的瑜伽课或动感单车课、休一次假等。总之，要充分利用自己为比赛练出来的好身体，尝试一些新的事物。格罗斯就休息了4周左右，然后又报名了当年秋天的纽约马拉松赛。“又有目标出现在日历上，这帮了我很大的忙。”他说。

要有正确的认识。4个月的全马训练，或者两个半月的半马训练，都是很长的一段时间。光是能站到起跑线上，就是一项了不起的成就。不要以为自己良好的身体素质是理所当然的。要知道，世界上大多数的人都还做不到这点。随着时间的推移，格罗斯认识到自己不过是经历了糟糕的一天而已——每个人都会这样。“该发生的终究会发生。”他说，“不能强求每一场比赛，你的成绩都足以让你有资格参加波士顿马拉松赛或者奥运会选拔赛。”另外，还要记得一开始你为什么跑步。“我们关注竞技层面，”“跑步屋”的创始人约翰·斯坦顿说，“但正是精神层面的回报——友情以及积极向上的感觉，让我们始终能回到路上。”斯坦顿提醒我们说，这就是为什么所有的全马选手以及大多数半马选手都会得到一枚完赛奖牌。“它是用来说明，在某种程度上，每个人都是冠军。”

对于格罗斯来说，他7岁的儿子让他想开了很多。当格罗斯说，他失望是因为成绩不理想时，他的儿子问道：“你的奖牌跟别人一样吗？”他回答说：“是的。”然后他儿子又问：“我能戴一下吗？”

再上赛场

一场比赛结束后，不管结果是好是坏，你都想马上报名另一场比赛，为的是充分利用几个月训练出来的健康状态。但是，应该这样做吗?

大多数专家提醒人们最好等一等。比赛间隔过短可能会让你受伤，因为身体没有机会从比赛以及数月的辛苦训练中得到恢复。

很多教练建议选手至少要等4周才能进行下一场全马或半马比赛，最好时间再长些，从而让肌肉骨骼系统得以恢复。肖恩·科斯特说：“大量组织受损，肌纤维以及结缔组织必须以非常大的工作负荷才能承受住你的体重，从而跑完整个全马或者半马。你必须给身体一个修复的机会。”他建议刚跑完首场马拉松的人至少要等6个月，然后再进行第二场马拉松。“你需要一个完整的训练周期来循序渐进地找回状态。”他说。

身体休息一段时间，然后逐渐增加跑量，最后在第二场比赛前再次减量：这个过程很重要。“人们往往对自己的准备工作过于乐观。”俄勒冈州队教练、运动生理学家帕蒂·芬克说，“一场倾尽全力的比赛会消耗大量的精力。有时，你得从辛苦的训练中抽出一段时间来休息，然后才能再次出门跑步或者参赛。”

最关键的因素应该是你在比赛时的感觉。

假如比赛时感觉很轻松，那你可能只需几周时间便可恢复。假如天气炎热，你重重地“撞了墙”或者身体受了伤，最好等得久一些。

你跑得越多，身体就越健康、恢复得越快。如果你跑得不多（比如说每周48公里或更少），身体则需要较长时间恢复，短期内你也不会有足够的耐力来跑好下一场比赛。“（体力的）恢复速度很大程度上取决于你的目标以及你的经验。”芬克说。

通过休息与优质训练的适当搭配，你可以进一步提升自己的身体素质，从而实现比赛愿望。

BART SAYS...
巴特如是说

有的人喜欢大量参加全马和半马比赛。这没什么，只要你有选择地在几场比赛中全力以赴、发挥巅峰实力，而在其他比赛中寻找乐趣。你必须习惯于在比赛中保留实力，而周围的选手则能跑多快就跑多快；你还必须有计划地去跑每一场比赛。如果每场比赛你都跑得差点断气，那你离受伤或累垮也就不远了。注意自己在赛后的感觉。如果感觉自己不会受伤或身体不会累垮，那么你也许可以再跑一场。如果你创下了个人纪录，不管是时间上的还是距离上的，意味着你的身体达到了从未有过的高度。之后，你需要缓口气、放轻松点。如果你每次都想创造个人纪录，那么身体的某个部位迟早会断裂。因此，在感觉良好的时候，你要缓一缓。

想再次比赛

如果比赛结束后你的身体还算健康，那么，通过休息与优质训练的适当搭配，你可以进一步提升自己的身体素质，从而再次参加比赛。但如果参加完全马或半马比赛后，你感觉体力耗尽，或者更糟的是受了伤，那就意味着你应该休息一段时间，然后在6～9个月后再试一次。下面这些日程安排由俄勒冈州队的教练帕蒂·芬克设计，目的是让你在一个赛季能梅开二度。

全程马拉松4周备赛安排

周数	周一	周二	周三	周四	周五	周六	周日
1	跑休	5公里轻松跑	跑休	8公里轻松跑	跑休	13公里长距离轻松跑	跑休
2	5公里轻松跑	9.5公里全马配速跑，其中6.5公里保持全马配速	5公里轻松跑	9.5公里轻松跑	跑休	19公里长距离轻松跑	跑休
3	6.5公里轻松跑	9.5公里全马配速跑，其中6.5公里保持全马配速	5公里轻松跑	9.5公里轻松跑	跑休	13公里长距离轻松跑	跑休
4（比赛周）	3公里轻松跑	6.5公里轻松跑	跑休	6.5公里轻松跑	3公里轻松跑	跑休	比赛日

全程马拉松6周备赛安排

周数	周一	周二	周三	周四	周五	周六	周日
1	跑休	5公里轻松跑	跑休	8公里轻松跑	跑休	13公里长距离跑	跑休
2	6.5公里轻松跑	13公里全马配速跑，其中9.5公里保持全马配速	6.5公里轻松跑	13公里轻松跑	跑休	19公里长距离跑	跑休
3	8公里轻松跑	13公里全马配速跑，其中9.5公里保持全马配速	8公里轻松跑	16公里轻松跑	跑休	25.5公里长距离跑	跑休
4	6.5公里轻松跑	13公里全马配速跑，其中9.5公里保持全马配速	6.5公里轻松跑	13公里轻松跑	跑休	19公里长距离跑	跑休
5	6.5公里轻松跑	9.5公里全马配速跑，其中6.5公里保持全马配速	6.5公里轻松跑	9.5公里轻松跑	跑休	13公里长距离跑	跑休
6（比赛周）	3公里轻松跑	6.5公里轻松跑	跑休	6.5公里轻松跑	3公里轻松跑	跑休	比赛日

全程马拉松8周备赛安排

周数	周一	周二	周三	周四	周五	周六	周日
1	跑休	5公里轻松跑	跑休	8公里轻松跑	跑休	13公里长距离跑	跑休
2	6.5公里轻松跑	13公里全马配速跑，其中9.5公里保持全马配速	6.5公里轻松跑	9.5公里轻松跑	跑休	19公里长距离跑	跑休
3	8公里轻松跑	13公里全马配速跑，其中9.5公里保持全马配速	8公里轻松跑	16公里轻松跑	跑休	25.5公里长距离跑	跑休
4	8公里轻松跑	13公里全马配速跑，其中9.5公里保持全马配速	8公里轻松跑	16公里轻松跑	跑休	29～32公里长距离跑	跑休
5	8公里轻松跑	13公里全马配速跑，其中9.5公里保持全马配速	6.5公里轻松跑	13公里轻松跑	跑休	25.5公里长距离跑	跑休
6	6.5公里轻松跑	13公里全马配速跑，其中9.5公里保持全马配速	6.5公里轻松跑	9.5公里轻松跑	跑休	19.2公里长距离跑	跑休
7	6.5公里轻松跑	9.5公里全马配速跑，其中6.5公里保持全马配速	6.5公里轻松跑	9.5公里轻松跑	跑休	13公里长距离跑	跑休
8（比赛周）	6.5公里轻松跑	3公里轻松跑	6.5公里轻松跑	跑休	3公里轻松跑	跑休	比赛日

半程马拉松两周备赛安排

周数	周一	周二	周三	周四	周五	周六	周日
1	跑休	6.5公里轻松跑	6.5公里轻松跑	6.5公里轻松跑	跑休	13～19公里长距离跑	跑休
2（比赛周）	6.5公里轻松跑	5公里半马配速跑，其中1.6公里保持半马配速	跑休	6.5公里轻松跑	3公里轻松跑	跑休	比赛日

半程马拉松3周备赛安排

周数	周一	周二	周三	周四	周五	周六	周日
1	跑休	6.5公里轻松跑	10公里轻松跑	5公里轻松跑	跑休	13～19公里长距离跑	跑休
2	6.5公里轻松跑	6.5公里半马配速跑，其中2段各1.6公里保持半马配速	6.5公里轻松跑	9.5公里轻松跑	跑休	16公里长距离跑	跑休
3（比赛周）	6.5公里轻松跑	5公里半马配速跑，其中1.6公里保持半马配速	跑休	6.5公里轻松跑	3公里轻松跑	跑休	比赛日

半程马拉松4周备赛安排

周数	周一	周二	周三	周四	周五	周六	周日
1	跑休	6.5公里轻松跑	10公里轻松跑	6.5公里轻松跑	跑休	13公里长距离跑	跑休
2	6.5公里轻松跑	9.5公里半马配速跑，其中3段各1.6公里保持半马配速	6.5公里轻松跑	9.5公里轻松跑	跑休	13～19公里长距离跑	跑休
3	6.5公里轻松跑	6.5公里半马配速跑，其中3公里保持半马配速	6.5公里轻松跑	9.5公里轻松跑	跑休	13～19公里长距离跑	跑休
4（比赛周）	3公里轻松跑	6.5公里轻松跑	跑休	6.5公里轻松跑	3公里轻松跑	跑休	比赛日

注：半程马拉松安排仅适用于每周常规跑量超过64公里的选手。

ACKNOWLEDGEMENTS

致谢

我想感谢所有参加《跑者世界》挑战赛的选手们。能和你们一起共事、回答你们的所有问题，并且一道为实现你们的个人梦想而出一分力，这是一种莫大的快乐。正是你们启发并激励着我继续跑步。要记住：重要的不是你跑了多远，而是你前进了多少。

——巴特·亚索

我想感谢詹妮弗·范·艾伦，感谢她来邀请我参与此书的编撰工作。一开始，我拒绝了。我觉得她应该独享所有的荣誉，因为我们都认为她自己便可以完成 99% 的事情。但她坚持说我可以适当做一点技术方面的贡献。最后，我同意了，但只是因为她是一位如此好的朋友、如此完美的合作伙伴。

说到我的跑步知识，其中有 95% 来自约翰·J. 凯利（John J. Kelley）、乔治·希恩、肯·库珀（Ken Cooper）、戴夫·科斯蒂尔（Dave Costill）、彼得·伍德（Peter Wood）、汤姆·奥斯勒（Tom Osler）、保罗·汤普森、吉姆·菲克斯、拉斯·佩特（Russ Pate）、南希·克拉克、杰克·丹尼尔斯（Jack Daniels）、彼得·卡瓦纳（Peter Cavanagh）、沃尔特·博茨（Walter Bortz）、蒂姆·诺克斯（Tim Noakes）、利兹·阿普尔盖特（Liz Applegate）、劳伦斯·阿姆斯特朗、贝恩德·海因里希（Bernd Heinrich）、史蒂夫·布莱尔（Steve Blair）、克劳德·布沙尔（Claude Bouchard）、艾琳·戴维斯、乔·维吉尔（Joe Vigil），以及在《跑者世界》30 多年来共事过的数百名编辑、作者。

另外的 5% 则来自自己，来自自己所犯过的错误。我犯过很多错误，但是从中学到了很多东西。

——安比·伯富特

非常感谢巴特·亚索和安比·伯富特。有了你们二位的智慧、热心以及不倦的奉献，这本书以及《跑者世界》挑战赛才得以诞生。感谢你们能在百忙之中抽出时间、亲自帮助几百名选手实现他们的梦想——周末时回答他们的问题，训练时陪伴他们一起站在起跑线上，并在终点给他们以衷心的祝贺。你们二位是我们这项运动中真正伟大的人物。能称呼你们为我的导师、良友，能与你们一起合作、完成此书，我感到非常荣幸。你们教给我太多东西了。

感谢《跑者世界》的总编大卫·威利。“挑战赛”的成功还要归功于大卫的远见卓识以及年复一年的孜孜奉献。正是因为你坚信我们这项运动具有改变生活的力量，并且愿意通过杂志以及杂志以外的方式去实现这种改变，“挑战赛”才成为可能。非常感谢你所提供的所有机会以及时时刻刻的支持。沃伦·格林，谢谢你的鼓励、你的坚定支持以及耐心，正是因为你的处变不惊，我们才得以渡过这么多磨难。十分感谢帕梅拉·尼塞维奇·比德为“挑战赛”、为本书提供了渊博的营养知识。

非常感谢我们细致而耐心的编辑们：香农·韦尔奇（Shannon Welch）、约翰·阿特伍德（John Atwood）以及马克·温斯坦（Mark Weinstein）。感谢他们对本书自始至终的信心以及编撰过程中展现出来的技巧和灵活性。

《跑者世界》的很多成员都对“挑战赛”倾注了大量心血，却往往不为人所知。请允许我把最诚挚的谢意献给洛丽·亚当斯（Lori Adams）、简·西尔维（Jane Serues）和比尔·西尔维（Bill Serues）、玛丽安·福斯拜纳（Maryann Fosbenner）、克里斯·埃文斯·加特利（Chris Evans Gartley）、马克·雷米、杰夫·登盖特、戴维·库珀（David Cooper）、凯文·柯纳比（Kevin Knabe）、洛伊丝·康弗（Lois Confer）、德米安·方特（Demian Faunt）、蒂什·哈密尔顿、罗伯特·里斯（Robert Reese）、梅根·洛夫特斯（Meghan Loftus）、戴维·格拉夫（David Graf）、布莱恩·萨宾、查理·巴特勒（Charlie Butler）、克里斯汀·芬尼西、乔安娜·戈卢布（Joanna Golub）、凯蒂·奈茨、克里斯·朱尼尔（Chris Junior）、琳赛·本德（Lindsay Bender）、苏·哈特曼（Sue Hartman）、凯思琳·乔布斯（Kathleen Jobes）、特蕾西·康拉德·尼古拉斯（Traci Conrad-Nicholas）、罗宾·亚什科（Robyn Jasko）以及尼克尔·布瑞尔（Nicole Burrell）。

感谢所有的专家们，感谢你们慷慨地分享了最全面、最前沿的跑步科学知识，其中包括：亚当·圣皮埃尔、迈克尔·伯杰龙、道格拉斯·卡萨、克雷格·苏德尔、珍妮特·汉密尔顿、斯科特·穆尔、帕蒂·芬克、戴维·尼曼、斯科特·特拉普、乔纳森·杜加斯、汤姆·麦格林、杰夫里·布朗、约翰·卡斯特拉尼、比尔·罗伯茨、史蒂芬·普里巴特以及克林特·韦尔兰。

感谢《跑者世界》挑战赛的所有选手们。感谢你们允许并信任我们参与实现你们的梦想。你们一直激励我们，令我们惊奇。能与你们中的很多人交朋友，我感到十分开心。

最后，感谢弗雷德·基尔希（Fred Kirsch）鼓励我成为一名跑者。还有彼得，我爱你，谢谢你让我的每一天都充满惊喜。

——詹妮弗·范·艾伦

APPENDIX A: A GUIDE TO COMMON RUNNING TERMS

附录A
常用跑步术语指南

A

Aid station 补给站，也叫水站 由志愿者在沿途设置点发放水和运动饮料；大型比赛中经常会发放能量胶、能量棒以及其他物品。

Altitude training 高原训练 很多高水平选手在高原地区进行训练，以增加血红细胞数量，改善向肌肉输送氧气的能力。当人处于高原地区时，肾脏会更多地分泌一种叫促红细胞生成素（EPO）的激素，从而使身体生成更多的红细胞。跑者在高原地区待上一个月，回来之后会发现，自己可以承受强度更大的训练，成绩会更好，而且能持续几周时间。很多高手选择在高海拔地区生活，而在低海拔地区进行快速跑训练。如果你要去高原地区进行比赛，赛前要有计划地在那边跑 4 ～ 6 周。做不到的话，最好是提前 24 小时抵达赛区。虽不能适应环境，但你可以避免稀薄空气带来的一些副作用，例如脱水和失眠。比赛时缓慢起步，逐渐增加强度；不要期待成绩会很好。高原地区空气更稀薄且更干燥，这会导致脱水，所以要大量补充液体。充分休息，并且要在低海拔地区待 5 ～ 7 天，然后才能进行下次比赛。

Aquajogging 水中慢跑 在触不到底的深水中克服水的阻力跑步，可以得到很多与陆上跑步一样的好处。你需要佩戴浮力腰带来保持身体直立和稳定。身体直立，略向前倾，目光前视，像在陆上那样正常跑，与此同时，双手向后推水。腿的动作可以有多种：高抬腿，原地踏步；膝盖略弯，像越野滑雪那样摆动双腿；做大跨步的腿部伸展动作。

Athena 雅典娜 赛事通常会为超过一定体重的女性选手设定专门的分组，俗称“雅典娜”或“小牝马”。在不同的赛事中，该分组对最低体重的要求也会不同。

B

Bandit “土匪” 指以非官方途径参加比赛的人，他们没有注册或缴费。

Bib 号码布 指印有号码（称为“参赛号码”）的布片，用于确定比赛中选手的身份。

Black toenails 黑趾甲 过多的下坡跑以及鞋太小都会导致这种现象，因为这两种情况都会使脚趾头和鞋的前部产生强烈的撞击。一般而言，黑趾甲几个月后会自行消退。

Bloody nipples 乳头出血 多为擦伤——由于乳头在跑步中与衣物摩擦所致。常发生于寒冷天气之时，男性居多，可用创可贴或乳贴进行预防——很多专门的跑步商店中有售。

Body Mass Index（BMI）身体质量指数 也叫体重指数。一种简单的衡量身体脂肪的指标，可用于测定一个人的体重是否处于健康范围。BMI 值可以用身高和体重相比较而得出。它适用于所有年龄段的男女。①

BQ 波士顿马拉松报名资格 “Boston Qualifying time”的缩写，常指一个人有资格参加波士顿马拉松赛所需的全程或半程马拉松的完赛时间。

Brick workouts 砖式训练 一种训练方法：持续地骑自行车，紧接着进行跑步。常被铁人三项及铁人两项运动员用于备战目标赛事。

C

Carb-loading 碳水化合物储备 又称糖原负荷，指在参加耐力项目（如全马或半马，甚至是长距离跑训练）前的 3～5 天内，增加饮食中碳水化合物比例的做法。注意：碳水化合物储备不是简单地多吃些东西。碳水化合物储备可以在肌肉和肝脏中储存糖原，以便在比赛中使用。最有效果的做法是，与减量训练一起进行。要确保选择富含碳水化合物的食物，而不是多脂肪的。例如，选择意面配红酱，而不是阿尔弗雷多酱；或选择百吉饼而不选羊角面包。

Certified course 获认证的赛道 大部分的全程和半程马拉松赛事都由美国田径协会进行认证，以确保比赛距离经过精确测量。跑步成绩如果想被承认为纪录或进入全国排名系统，那么必须在美国田径协会认证的赛道上取得。

Chafing 皮肤擦伤 由于衣物和皮肤、皮肤和皮肤间摩擦而引起皮肤出血、起水泡等症状。

Chip 计时芯片 一个系在跑者鞋带上的小塑料片，用来在比赛中追踪选手进程以及记录成绩。选手一旦踏上比赛起点、终点以及途中多处的电子计时地毯，便会激活计时芯片。在大多数比赛中如果忘记佩戴计时芯片，那选手的比赛成绩不会被正式记录。

Clydesdale 克莱兹代尔挽马级 赛事通常为超过一定体重的男性选手设定专门的分组，俗称“克莱兹代尔挽马”②。在不同赛事中，该分组对最低体重的要求也不同。

Cooldown 冷身 长距离或高强度跑步之后的一段轻体力活动，如慢跑或步行。这样做有助于心率逐渐降低，并防止腿部充血。

---

① BMI=体重（kg）/身高^2（m^2）。——编者注

② 克莱兹代尔挽马：一种重型挽马，高173～183厘米，体重平均900公斤。——编者注

Corral 分区 比赛队列中一段隔开的区域，以便将选手按速度分组。一个选手速度越快，他就越有可能被分到前面的某个分区之中。这些分区发挥着重要的作用，特别是对于有职业选手参加的大型马拉松赛事尤为重要。

E

Endorphins　内啡肽 脑部分泌的化学物质，可以产生“跑者的愉悦感”——据跑者们描述的、他们所经历的一种欣快感。最新的研究将其归于内源性大麻素——身体产生的分子物质，据说它可以减轻疼痛、缓解焦虑以及提升幸福感。

Ethyl vinyl acetate（EVA）乙烯－醋酸乙烯共聚物 一种用于制作跑鞋中底的材料。EVA树脂比聚氨酯更轻，缓冲性能更好，因此被大多数跑鞋所采用。不同的公司在中底内嵌入各种气垫、胶类、塑料件以及黏性溶液；这些东西替代了中底泡沫，可能会影响中底的耐用性。

F

Fartlek　法特莱克训练法 速度游戏，瑞典语中叫“fartlek”（其概念起源于瑞典），它是一种速度练习形式，跑者按自己的需要快速跑任意长的一段距离。

G

Glycogen 糖原 储存在肌肉和肝脏中的碳水化合物的形式，可以在运动时转化成葡萄糖提供能量。糖原的储存量取决于你的训练水平以及饮食中的碳水化合物含量。在碳水化合物储备期间，糖原的储存量（可供比赛中使用）增加。

H

Heat index 炎热指数 一个结合了温度和湿度的度量方法，用来说明室外真实的炎热程度。湿度大会削弱人体的排汗功能——人体的自我冷却机制，所以身体会将更多的热量留在体内，而且在户外危险更大。湿度大还会增加热痉挛、热衰竭以及中暑等风险。当炎热指数连续两天预计超过40.5～43.3℃时，美国国家气象局会发布炎热预警。

Hill repeats 重复跑坡训练 一种训练方法，包含快速冲刺上坡、慢跑下坡恢复，然后重复上述动作。这种训练被认为是增加腿部力量、提高速度以及有氧代谢能力的有效途径。通过限制快速跑的时间，重复跑坡训练能降低受伤的风险，而且万一跌倒，山坡的坡面可以缩短你跌落的距离，从而减少冲击。

I

Ice baths　冰浴 一般在长距离跑、比赛以及高强度训练之后进行，做法是将双腿在冰水中浸泡15～20分钟。冰可以收缩血管并降低代谢活性，从而减少肿胀和组织损害。一旦从冰水中出来，皮下组织就会升温，从而引起血液流动加速，这样有助于将细胞废弃物冲刷出来。

Interval training 间歇训练 严格来说，是指速度练习之间用于恢复的时间。但这一术语常用来泛指跑道训练或快速跑。

L

Lactate threshold（LT）乳酸阈或乳酸门槛 乳酸是肌肉分解葡萄糖获取能量时的副产品。乳酸阈为一个临界点，当速度超过这一点时，乳酸的堆积速度大过人体利用它的速度。为了提高成绩，你需要提高乳酸阈，这样就可以在乳酸开始在血液中堆积之前跑得更快。高强度训练，例如节奏跑，可以改善心脏输送氧气的能力，以及肌肉利用氧气和清除血液中乳酸的能力。

Long slow distance runs（LSD）长距离慢跑 任何比每周例行训练的距离要长一些的训练，这是全程和半程马拉松训练的基础。这种训练通常比全程马拉松配速慢 28 ～ 38 秒，有助于提高耐力和培养坚韧不拔的精神，从而让你可以挺过比赛日中的诸多困难时刻。

N

Negative splits 后段加速 指比赛过程中，后半段的速度比前半段快。

O

Overuse injury 过劳性损伤 在身体未做好准备的情况下，因跑量过多而导致的损伤。跑者中常见的过劳性损伤有跑步膝、髂胫束综合征以及足底筋膜炎。

Overpronation 过度内翻 脚掌过度向内翻转，会导致脚部、胫部以及膝盖疼痛。

Overtraining 训练过度 运动负荷过大，超出身体恢复的能力，从而导致成绩下滑。过度训练会导致疲劳、厌倦训练、比赛成绩不佳、易怒以及对跑步失去热情。严重的会导致睡眠紊乱、免疫功能低下、食欲不振以及女性停经。

P

Peak 峰值训练 训练计划中的最大跑量。一般指最长的长距离跑或安排最大跑量的那周。

Periodization 阶段性训练 将训练划分为几个周期，每个周期强调不同的训练目标。每个周期都建立在前一个周期的基础之上，循序渐进，以达到最佳的身体状态。全程和半程马拉松的训练计划按训练重点分成几个微周期：基础训练（强化心血管健康以及打好有氧适能的基础）、巩固期（以长距离跑来提高耐力）、提升期（提高速度）以及逐渐减量期（赛前缩减跑量）。

Personal record（PR）个人纪录 用于描述跑者在比赛中完成的最远距离或最快完赛时间的术语。也叫个人最好成绩（PB）。

Q

Quality workouts 高质量训练 任何比日常跑步更快或更长的训练。在全程和半程马拉松训练过程中，此术语通常指的是长距离跑、速度练习以及节奏跑这些需要一到两天恢复时间的训练。

R

Racing flats 极简跑鞋 也指轻薄型跑鞋。

鞋底薄、重量轻（通常轻于200克）的跑鞋用于比赛、跑道上的速度练习或节奏跑。一般来说，极简跑鞋穿起来很紧致，会像第二皮肤般地合脚，可以不用穿袜子。有人穿着这种鞋在跑道上跑，但对大多数跑马拉松的人来说，极简跑鞋并不是必需的。

Recovery 恢复 在速度练习的情况下，比如5公里重复跑或亚索800，恢复间歇指的是快速跑之间的轻松跑。这些安排可以让你从高强度练习中恢复过来，积聚下一轮高强度练习所需的能量和力量。

Rest 跑休 一般而言是指彻底休息，不跑也不做其他任何运动；或者安排低强度的交叉训练，如瑜伽或游泳。如果之后是难度大的练习，跑休可以让身体得以适应和改善。跑休有助于糖原的重新储存、积蓄力量以及减缓疲劳。如果没有跑休，身体就不能适应训练的压力，也不能变得强壮。跑休还可以防止过劳性损伤，如髂胫束综合征和胫骨痛。

Repeats 重复跑 在一次训练中多次重复进行快速跑并间以身体恢复。如果参加的是马拉松赛，那么你可以进行6次800米重复跑。如果参加的是稍短一些的比赛，如5公里，那么你可以以比赛目标的配速进行较短的重复跑，如400米左右。

RICE 大米原则（RICE法） 指休息（Rest）、冰敷（Ice）、压迫（Compression）和抬高（Elevation）。这些措施可以缓解疼痛、消除肿胀、保护受损组织，从而加快康复。在受伤之后立即进行最有效果。RICE法是很多疼痛的标准处理方法，如大腿拉伤或踝关节扭伤。

Running economy 跑步经济性 衡量在给定的次最大配速下人体所需的氧气量，它是衡量身体用氧效率以及跑步效率的标准。就像是汽车的燃油经济性一样，在某个配速下，跑步所耗的氧气和能量越少，你就能跑得越长，而不用停下来"加油"——耗尽体力。一些身体上的因素会影响跑步经济性。例如，如果超重或步态懒散，那么你要比较瘦的、步态更干净利落的人需要更多的氧气。要想提高跑步经济性，你需要在最大摄氧量、体重以及生物力学（跑步姿势）方面进行改善。

Run/walk 跑走结合 该方法由奥运选手、专栏作家、《跑者世界》每月"起跑线"栏目作者杰夫·加洛韦所普及。跑走结合可以让跑者直到最后都感觉有力气，并能快速恢复，同时还能提供和持续跑步一样的耐力和状态。通过在走和跑之间来回切换，可以调动各种不同的肌肉群，从而避免疲劳。要得到最大收益，必须在感到疲惫之前便开始走。如果等到感觉需要走时才走，那么你的身体已经疲惫不堪了，这时也就失去了跑走结合的意义。

S

Side stitch 岔气 也叫"急性胸肋痛"。通常表现为胸腔下部（有时也会在躯干上部）感到的剧烈疼痛。岔气被认为是由膈肌痉挛、肠内气体或胃中食物所引起的，通常发生在高强度训练或比赛中。要消除岔气，可以先留意一下吸气和呼气时脚落地的顺序，然后调换一下。也就是说，如果吸气时迈右脚，那么就换成吸气时迈左脚。若上述方法不起作用，可以停止跑步，双臂举过头顶，把腰弯向岔气的另一侧，直到疼痛缓解。

Specificity 针对性 训练应与你所针对的运动项目相关并与之相适合，以取得最好的运动成绩。例如，长距离跑，而非骑自行车，可以作为全程或半程马拉松赛的针对性训练项目，因为你在比赛中要做的具体活动是：一次性数小时地跑完很长的一段距离，而长距离跑可以使你的肌肉为此做好准备。

Speedwork 速度训练 也叫间歇跑或重复跑，是指任何超过正常速度的跑步训练，常在跑道上完成，目的是提高心血管功能。

Splits 分段成绩 完成全程中的某段距离所需的时间。如果是 800 米跑或绕跑道两圈，可以在跑完第一圈时查看分段成绩。如果是马拉松，可以每公里查看一次分段成绩，以便在整个比赛过程中保持均匀的配速。

Streaker 完赛达人 一般指连续多年都完成某项赛事的人。

Stride rate 步频 跑步时每分钟脚部落地的次数。这种计数方法常用于估算跑步效率。高步频，比如每分钟 170 步或更多，可以减少损伤并且有助于跑得更快。通常，这里的数字指的是左、右脚落地的次数，也就是说，对于一个步频为 170 的人来说，左、右脚分别要落地 85 次。

Strides 跨步跑 也叫跨步练习或“加速跑”，通常为 60 ～ 100 米冲刺，是热身或常规训练的一部分。跨步跑可以提高心率和交换腿频率，让双腿得以跑得更快。每次跨步跑都要持续 20 秒、以 90% 的最大强度进行，两次之间间以轻松慢跑。

Supination 外翻 足部落地时未充分内翻。这会给足部施加额外的压力，可能导致髂胫束综合征、跟腱炎以及足底筋膜炎。有高足弓和跟腱紧张的人容易外翻。

Sweat test 流汗测试 根据专家的说法，该测试是估算跑步或比赛过程中液体补充量的最佳途径：先称裸重，再进行一场规定时间的跑步练习，然后再次称重。计算出汗速率，然后据此决定跑步训练或比赛过程中的液体需求量。

T

Taper 减量 全程马拉松比赛前 3 周，或半程马拉松比赛前 1 ～ 2 周是逐渐减少跑量的阶段。这样可以使身体从训练的压力中恢复过来，好好休息以准备比赛。理想的减量安排是减少跑量但仍保持某些高强度训练（如快速跑），以保持快肌纤维的爆发力。

Technical clothing 专业服装 通常指的是用能排汗的合成纤维制成的服装。合成纤维并不像棉制品那样吸汗，这样有助于预防出现令人难受的皮肤擦伤。《跑者世界》强烈建议选手在全程和半程马拉松训练和比赛中选择专业服装。

10 percent rule 10% 原则 每周跑量或强度的增加不要超过上一周的 10%。这是条经典的预防损伤的原则，意在防止跑者运动过量、过久而导致受伤。

Track 跑道 大多数的跑道都是 400 米长。4 圈或 1 600 米，基本相当于 1 英里。很多跑者使用“跑道”这个术语，意指在跑道上完成的速度练习。考虑到跑道地势平坦、无车辆行驶以及长度经过测量，对于速度练习来说——如 400 米重复跑以及亚索 800，它们是理想的训练场所。很多学校允许公众在课余时间使用跑道。

U

USATF 美国田径协会 英文全称为 USA Track and Field（usatf.org），是全美田径、长距离跑以及竞走运动的监管机构。这是个非营利性机构，负责选拔并带领美国田径队参加奥运会、世界锦标赛以及每年超过 12 个其他国际赛事。它还负责对赛道的准确性给予认证，批准各项纪录的有效性以及建立并实施田径运动的规则和章程。

Ultramarathon 超级马拉松 任何超过全马 42.195 公里的比赛。

V

VO_2 max 最大摄氧量 运动过程中每分钟所能摄入的最大氧气量。最大摄氧量由遗传、性别、身体成分、血液化学成分、年龄以及训练等所决定。通常，VO_2max 高的跑者，他们比较容易跑得更快，因为他们的心脏能够将更多的氧气输送到肌肉。提高最大摄氧量的途径有很多，例如快速跑，它可以迫使心脏以较高的速率压送血液。新手能够比老手提升得更高些，而后者若想跑得更快，必须同时注意提高跑步经济性。

W

Warmup 热身 训练前 10 ～ 15 分钟的一段步行、轻松跑或任何低强度的活动。它可以逐渐增加心率、呼吸频率以及流向肌肉的血流量，从而为强度更大的活动做好准备。一场好的热身运动可以让身体运转得更有效率，有助于防止肌肉拉伤和扭伤。

Wall 撞墙 通常指的是在某一点体力水平骤然下降，呼吸沉重，负面思想潮水般涌入脑海——经常发生在全程马拉松的 32 公里处。专家认为不管距离有多长，任何比赛距离的 2/3 处一般都会发生这种现象。遇到撞墙常常是因为体力耗尽，身体需要碳水化合物（如运动饮料或能量胶）来转化成糖原供肌肉使用。对于任何超过 75 分钟的跑步，选手应该每 45 ～ 60 分钟补充一些碳水化合物，以避免撞墙。

Wind chill 风寒指数 用来说明有风时户外真实的寒冷程度。随着风力的不断增大，它会带走人体热量，导致皮肤温度降低。

Y

Yasso 800s 亚索 800 由《跑者世界》首席跑步官巴特·亚索发明。这项训练不仅可以用来预测马拉松完赛时间，也可以用来为身体健康打下基础。这项训练共 8 组 800 米，间以 400 米的恢复跑。每组 800 米要在同样时间内跑完，这个时间就是你的全程马拉松目标时间——换算成时、分。也就是说，如果想在 4 小时内完成全程马拉松，你就要试着在 4 分钟内跑完每组 800 米。

APPENDIX B: MEAL PLANS AND CARB-LOADING PLANS

附录B
3类膳食及碳水化合物储备方案

如果你的目标是减肥，营养学家帕梅拉 · 尼塞维奇 · 比德建议女性和男性每日分别摄入 1 500 和 2 000 卡路里热量。下面的饮食方案包含了 3 天的食物选择，可以帮助你满足身体所需、降低体重以及保持强健的体魄。

1 500 卡路里方案

第一天：1 516 卡路里（135 克蛋白质、198 克碳水化合物、27 克脂肪、33 克纤维）

早餐

鸡蛋三明治、葡萄柚

大鸡蛋 1 个

减脂芝士 1 片

全麦英式松饼 1 块

减脂植物油抹酱 1 汤匙

中等大小的葡萄柚 1 个

给不粘锅倒上油，中火加热。将鸡蛋打入锅中，翻炒至快熟。放入芝士，加热至融化。英式松饼烤好，抹上抹酱，然后将炒好的鸡蛋和芝士放在上面，配上葡萄柚一起食用。

午餐

鸡块、火鸡块沙拉

油麦菜 1 杯

卷心生菜 1 杯

菜椒块 1/4 杯

胡萝卜块 1/2 杯

西红柿块 1/2 杯

菲达干酪粒 2 汤匙

烤鸡胸肉 90 克（切块）

烤火鸡胸肉 90 克（切块）

意式沙拉调料 2 汤匙

往大碗里放入油麦菜、卷心生菜、菜椒、胡萝卜及西红柿，然后加入菲达干酪、鸡肉以及火鸡肉，最后浇上调料并搅拌均匀，配一杯蔓越莓汁鸡尾酒食用。

晚餐

烤鸡肉意面配菠菜、海员沙司

煮好的全麦长意面 2 杯

意面酱 1/2 杯

烤鸡胸肉 90 克

部分脱脂、低水分马苏里拉芝士碎 2 汤匙

蒸熟的菠菜 2 杯

将意面放入大碗，浇入加热过的意面酱，然后将鸡肉放在上面，最后撒上芝士碎，配上菠菜食用。

第二天：1 530 卡路里（112 克蛋白质、202 克碳水化合物、38 克脂肪、30 克纤维）

早餐

全谷物餐

低脂、冷冻的全谷物华夫饼干 2 块

花生酱 1 汤匙

鲜蓝莓 1/2 杯

香蕉片 1 杯

泡好的绿茶 240 毫升

蜂蜜 1 茶匙

按照包装上的说明对饼干进行处理，然后抹上花生酱。将蓝莓和香蕉放在饼干上，配上加了蜂蜜的绿茶食用。

午餐

沙拉、三明治

副食沙拉

油麦菜 1 杯

青椒块 1/4 杯

西红柿块 1/2 杯

菲达奶酪粒 1/4 杯

减脂意式沙拉调料 2 汤匙

三明治

100% 全麦面包 2 片

火鸡胸肉片 90 克

低脂芝士 1 片

油麦菜 2 片

低热量型蛋黄酱 1 汤匙

芥末 1 茶匙

沙拉的做法：往小碗里放入油麦菜、辣椒、西红柿以及菲达奶酪，浇上调料，然后搅拌均匀。

三明治的做法：在一片面包上放上火鸡肉和油麦菜，然后抹上低脂芝士和芥末，最后盖上另一片面包。

晚餐

调味烤罗非鱼

大个带皮土豆 1 个

烤罗非鱼 180 克

调味香料（自选）1 茶匙

芦笋 8 根

低脂人造奶油 1 汤匙

红糖 1 茶匙

脱脂牛奶 240 毫升

将烤箱预热至 200℃。将土豆放入，烤 45 分钟（或软化）即可。

将烤肉器或烤架预热。在鱼肉上撒上你喜欢的香料，然后烤至鱼肉呈片状、肉质松软——每面烤 3 分钟左右。将芦笋蒸至你喜欢的程度（3～4 分钟），然后切成小片。

将鱼肉、芦笋和土豆放一起，放上人造奶油和红糖，配一杯牛奶食用。

第三天：1 580 卡路里（85 克蛋白质、243 克碳水化合物、30 克脂肪、27 克纤维）

早餐

英式松饼、酸奶

全麦英式松饼 1 块

人造奶油 1 汤匙

低脂淡酸奶油 180 毫升

橘子 1 个

将人造奶油抹在烤好的松饼上，然后配酸奶和橘子一起食用。

午餐

皮塔馅饼

全麦皮塔饼 1 个

鹰嘴豆泥 1 汤匙

熟食瘦肉 3 片

黄瓜半根（切片）

中等大小的西红柿 2 片

生菜丝，大个梨 1 个

在皮塔饼的里面抹上鹰嘴豆泥，然后填入肉、黄瓜、西红柿以及生菜，配上梨一起食用。

晚餐

“大苏尔”

全麦面包 2 片

第戎芥末 2 茶匙

西红柿片 2 片

牛油果 1/4 个（切片）

豪达奶酪 30 克

煮熟的玉米棒 1 个

脱脂牛奶 240 毫升

将烤箱预热至 170℃。将每片面包抹上芥末，然后放上等量的西红柿、牛油果以及豪达奶酪。将面包片放入烤盘，烤制 5 ～ 10 分钟，直至奶酪开始融化并且三明治热透。

配上玉米和牛奶一起食用。

2 000 卡路里方案

第一天：1 990 卡路里（101 克蛋白质、248 克碳水化合物、66 克脂肪、29 克纤维）

早餐

煎蛋卷

菜籽油 1 汤匙

液体鸡蛋替代品 1/2 杯[①]

减脂芝士碎 1/4 杯

烤鸡肉 85 克（切块）

菜椒块 1/4 杯

西红柿块 1/2 杯

减脂人造奶油 1 茶匙

烤好的全麦面包 1 片

蓝莓 1 杯

将菜籽油倒入煎锅，摇匀，然后开中火。将鸡蛋替代品倒入锅中，煎至 8 成熟。将芝士、烤鸡肉、菜椒以及西红柿放入蛋饼中央。用橡皮铲将蛋饼两边叠起，然后铲到碟子里。在面包上抹上奶油，然后和蛋卷、蓝莓一起食用。

午餐

金枪鱼三明治

全麦英式松饼 1 个

水浸金枪鱼罐头半罐

西红柿 2 片

低脂芝士 60 克（约 2 片）

中等大小的新鲜水果 1 个

菜椒半个（切条）

鹰嘴豆泥 2 汤匙

将烤箱预热至 170℃。将松饼一切为二，每片放上等量的金枪鱼、西红柿以及芝士。将松饼片放在烤盘上，烤制 5 ～ 10 分钟至芝士开始融化，然后配上水果以及菜椒条蘸鹰嘴豆泥一起食用。

晚餐

“节日晚餐”

素食低脂罐装辣椒豆 1 杯

西红柿块 1/4 杯

黄色菜椒块 1/4 杯

橙色菜椒块 1/4 杯

辣味牧场沙拉酱 2 汤匙

蓝玉米做的墨西哥玉米片 60 克

无脂牛奶 240 毫升

按照包装上的说明将辣椒豆加热。往小碗里放入西红柿块、菜椒块，并拌上沙拉酱，然后与辣椒豆、玉米片以及牛奶一起食用。

---

① 液体鸡蛋替代品（liquid egg substitute），适用于素食者、鸡蛋过敏者的替代性食物。——编者注

第二天：2 000 卡路里（89 克蛋白质、299 克碳水化合物、50 克脂肪、39 克纤维）

早餐

美味燕麦

速食原味麦片 1 包

干果粒 1/4 杯

中等大小的香蕉 1 个

脱脂牛奶 240 毫升

红茶 240 毫升

按照包装上的说明用牛奶将燕麦泡好。待燕麦变稠后，可以按照自己的喜好加入更多牛奶，然后放上干果粒和香蕉片，配剩下的牛奶或红茶一起食用。

午餐

火鸡卷

全麦玉米卷饼 1 块

低脂蛋黄酱 1 汤匙

熟食火鸡胸肉 120 克

新鲜生菜叶 2 片

芹菜块 1/2 杯

中等大小的西红柿 2 片

生的嫩胡萝卜 6 根

中等大小的新鲜桃子 1 个

无热量调味苏打水 240 毫升

将卷饼平摊在碟子里，抹上低脂蛋黄酱，然后放上火鸡肉、生菜、芹菜以及西红柿片，卷成卷，配胡萝卜、桃子以及苏打水一起食用。

零食

多纤维零食

麸片 1 杯

山核桃 2 汤匙

中等大小的香蕉 1 个（切片）

脱脂牛奶 1 杯

将山核桃和香蕉放在麸片中，然后加入牛奶，即可食用。

晚餐

意式风味宽面

煮好的意式宽面 1 杯

海员沙司 1/2 杯

煮好的冷冻蔬菜什锦 1 杯

帕马森干酪碎 1 茶匙

新鲜的甜瓜 1 杯

无脂牛奶 240 毫升

按照包装上的说明将面条煮好。将海员沙司加热，放到面条里，然后加入蔬菜拌好，最后撒上干酪碎，配上甜瓜和牛奶一起食用。

第三天：2 015 卡路里（77 克蛋白质、305 克碳水化合物、54 克脂肪、40 克纤维）

早餐

百吉饼

100% 全麦百吉饼 1 个

低脂奶油奶酪（如纽沙特尔干酪）1 汤匙

鲜莓（如蓝莓、覆盆子、黑莓）1 杯

煮好的咖啡或茶 240 毫升

将百吉饼切片、烤好，然后放上奶酪，配鲜莓和茶一起食用。

午餐

花生酱果酱三明治

细滑花生酱 2 汤匙

全果草莓抹酱 2 汤匙

100% 全麦面包 2 片

大个苹果 1 个

绿色菜椒条 10 条

鹰嘴豆泥 2 汤匙

无脂牛奶 300 毫升

将面包抹上花生酱和草莓酱，做成三明治，然后和菜椒条蘸鹰嘴豆泥、苹果以及牛奶一起食用。

晚餐

鸡肉沙拉

大个苹果 1 个

烤鸡胸肉 90 克

洗净、切好的新鲜菠菜叶 2 杯

清淡口味沙拉酱（自选）1 汤匙

柠檬味冰茶 180 毫升

中等大小的燕麦葡萄干饼干 1 块

将苹果带皮切成一口大小的苹果片。将鸡肉和切好的苹果片放在菠菜上，然后加入沙拉酱，搅拌均匀，配上冰茶一起食用。饼干作为甜点。

比赛周碳水化合物储备方案

跑者可以根据下面这份方案，安排比赛前 3 天的饮食。

假如不想这么死板，那你一定要保证每餐都要摄入碳水化合物类食物——百吉饼、面包、面条、米饭、谷类或水果。赛前这几天的饮食目标就是高碳水化合物、适中的蛋白质（肉类、芝士等）以及低脂肪（这样身体就可以“燃烧”碳水化合物来获取热量）。

比赛前 3 天

早餐

全麦煎饼 2 块，放上半杯罐装水果（滤干水分）

英式早茶 340 克，加入半杯无脂牛奶以及 1 茶匙蜂蜜

营养成分：310 卡路里，10 克蛋白质、4 克脂肪（含 1 克饱和脂肪）、58 克碳水化合物以及 3 克纤维

零食 1

三明治：全麦面包 2 片、清淡口味蛋黄酱 1 汤匙、烤火鸡肉 56 克、鸡胸肉 55 克、油麦菜 2 片

椒盐卷饼 55 克，用 170 克低脂淡酸奶做蘸酱

营养成分：710 卡路里，40 克蛋白质、15 克脂肪（含 3 克饱和脂肪）、104 克碳水化合物、7 克纤维

午餐

墨西哥鸡肉卷：烤鸡肉 85 克、中等大小（6 英寸，1 英寸 =2.54 厘米）的全麦烙饼 1 个、碎生菜半杯、减脂切达干酪丝半杯

墨西哥烤玉米片 30 克，用 1/4 杯洋葱辣味汁做蘸酱

柠檬水 450 克

干果什锦 1/3 杯

营养成分：920 卡路里，50 克蛋白质、21 克脂肪、133 克碳水化合物、7 克纤维、9 克饱和脂肪

零食 2

无脂布丁 1 杯，放上半杯蓝莓、半杯覆盆子以及半杯黑莓

营养成分：330 卡路里，7 克蛋白质、2 克脂肪、72 克碳水化合物、4 克纤维

晚餐

烤三文鱼 170 克

野稻米 1 杯，放 1 茶匙清淡口味植物油做的抹酱

蒸菜花和西兰花 1 杯

草莓馅饼 1 杯

营养成分：715 卡路里，41 克蛋白质、12 克脂肪（3 克饱和脂肪）、111 克碳水化合物、9 克纤维

每日总营养：2 985 卡路里，148 克蛋白质（占总热量的 20%）、54 克脂肪（占总热量的 16%）、478 克碳水化合物（占总热量的 64%）、30 克纤维、16 克饱和脂肪

比赛前两天

早餐

煮燕麦 1 杯，加半杯无脂牛奶和 1 个中等大小的香蕉（切片）

咖啡 450 克，加 1/4 杯无脂牛奶

中等大小的全麦百吉饼 1 个（直径为 3.5 英寸），烤好后放上 1 汤匙苹果酱

营养成分：800 卡路里，25 克蛋白质、6 克脂肪、163 克碳水化合物、10 克纤维

零食 1

中等大小的新鲜水果 1 个

运动饮料 225 克

无脂希腊水果酸奶 170 克

营养成分：525 卡路里，32 克蛋白质、15 克脂肪、65 克碳水化合物、7 克纤维

午餐

沙拉：新鲜菠菜 3 杯、烤鸡胸肉 85 克、干蔓越莓 2 汤匙、低脂法式沙拉酱 2 汤匙

北非粗麦粉 1 杯，撒上 1 汤匙帕马森干酪丝

蔬菜通心粉浓汤 1 杯，配 5 块咸饼干

水 450 克，加柠檬

营养成分：640 卡路里，34 克蛋白质、13 克脂肪、98 克碳水化合物、9 克纤维

零食 2

生蔬菜 1 杯，全麦椒盐卷饼 30 克，蘸 2 汤匙花生酱和 2 汤匙鹰嘴豆泥

脱脂牛奶 1 杯，加 2 汤匙无脂巧克力糖浆、1 汤匙花生酱、1 个中等大小的香蕉以及 1 杯碎冰，搅拌后饮用

营养成分：700 卡路里，25 克蛋白质、15 克脂肪、117 克碳水化合物、7 克纤维

晚餐

三明治：全麦面包 2 片、烤鸡肉 85 克、棕色芥末 2 茶匙、油麦菜 2 片、烤红椒条半杯

煮青豆 1 杯，加 2 汤匙植物油做的抹酱

中等大小的烤土豆 1 个，加 2 汤匙淡酸奶油以及半杯低脂农夫芝士

无脂牛奶 340 克

营养成分：715 卡路里，41 克蛋白质、12 克脂肪（3 克饱和脂肪）、111 克碳水化合物、9 克纤维

每日总营养：3 380 卡路里，157 克蛋白质（占总热量的 18%）、61 克脂肪（占总热量的 16%）、554 克碳水化合物（占总热量的 66%）、42 克纤维

比赛前一天

早餐

按照包装上的说明，加水煮制燕麦 1 杯（水量根据自身喜好而定），然后放上 1/4 杯葡萄干或其他干果以及 2 汤匙红糖。

营养成分：668 卡路里，24 克蛋白质、6 克脂肪、130 克碳水化合物、7 克纤维

零食 1

苹果肉桂燕麦圈 1 杯，加 1 杯无脂牛奶以及 1 个中等大小的香蕉（切片）

营养成分：310 卡路里，11 克蛋白质、2 克脂肪、62 克碳水化合物、3 克纤维

午餐（比赛前一天中午力求吃得最多，碳水化合物比例最高）

长意面 2 杯，加 1 杯海员沙司以及半杯蒸西兰花

全麦面包 2 片，加 1 汤匙植物油做的抹酱

柠檬水 225 克

营养成分：980 卡路里，25 克蛋白质、26 克脂肪、163 克碳水化合物、17 克纤维

零食 2

动物饼干 15 块，蘸 1 汤匙花生酱

中等大小的新鲜水果 1 个

营养成分：310 卡路里，6 克蛋白质、12 克脂肪、45 克碳水化合物、3 克纤维

晚餐（比赛前一天晚上力求吃得清淡）

全麦皮塔饼 1 个，塞入 55 克熟食瘦肉（如烤瘦牛肉、火鸡肉或鸡肉）、半杯生菜丝、2 片西红柿以及 2 汤匙无脂蜂蜜芥末酱

烤土豆片 30 克

加了巧克力的格兰诺拉燕麦卷 1 条

不加糖的苹果酱半杯

运动饮料 450 克

营养成分：740 卡路里，22 克蛋白质、11 克脂肪、139 克碳水化合物、6 克纤维

每日总营养：3 008 卡路里，88 克蛋白质（占总热量的 12%）、57 克脂肪（占总热量的 17%）、539 克碳水化合物（占总热量的 71%）、36 克纤维

APPENDIX C: THE WORKOUTS

附录 C
28 种锻炼方法

自 2008 年以来，《跑者世界》的特约编辑鲍勃 · 库珀（Bob Cooper）一直在采访全世界顶尖的运动员，询问他们所偏爱的锻炼方法，并且每个月都在“训练专栏”和《跑者世界》的读者们一起分享。下面列举了 28 种不同的锻炼方法。你可以将它们融入你的马拉松训练之中，可以用这些锻炼方法来代替每周的速度练习，还可以把它们与你的力量练习相结合——酌情而定。

锻炼核心肌肉

目的： 在疲劳期保持良好的姿态。

推荐者： 阿莉西亚 · 约翰逊（Alysia Johnson），24 岁，来自加州伯克利，美国 800 米冠军以及 2010 年世界室内田径锦标赛 800 米铜牌获得者。

每周进行两次全套练习。

俄式转身： 抱着健身球坐在地上，双腿蜷起，双脚放在地上。双脚抬起，然后双腿保持不动，同时上身向左转，再向右转。重复 20 次。

健身球俯卧撑： 以俯卧撑姿势开始，双手放在球上。先以此姿势做一个俯卧撑，接着一只手放在球上、另一只手放在地上做一个俯卧撑，然后双手交换，再做一个俯卧撑；如此交替，做 15 次。

“毛毛虫”： 以俯卧撑姿势开始。双腿慢慢向前挪，直到臀部直指向上，接着双手向前挪，直到又回到俯卧撑姿势，然后做一个俯卧撑。重复 10 次。

跑步机长距离递减跑

目的： 适应速度。

推荐者： 米歇尔 · 弗雷（Michelle Frey），28 岁，来自明尼阿波利斯，2010 年湖泊之城 25 公里比赛冠军，成绩为 1 小时 31 分 15 秒。

慢跑热身 20 分钟，然后分别进行 15 分钟、10 分钟、10 分钟以及 5 分钟间歇跑。第一段间歇跑以半马比赛配速，后面每段都快一些，最后一段以 5 公里配速结束。每段间歇跑之间以 5 分钟慢跑进行恢复。“通过这项锻炼，我学会了逐渐提高速度，甚至在双腿越来越累的情况下。”弗雷说，“另外，当天气寒冷或身体不好而不得不在室内运动时，这种方法还让跑步机练习显得不那么单调。”

节奏测试跑

目的： 锻炼意志。
推荐者： 穆 · 特拉菲（Mo Trafeh），25 岁，来自加州杜瓦迪，2010 年美国 15 公里锦标赛冠军，成绩为 42 分 58 秒，比第二名快了将近 1 分钟。

先慢跑 25 分钟，然后以比半马比赛稍慢一点的配速跑 7 ～ 10 分钟，最后以 10 分钟慢跑结束。“我是在缓缓起伏的土路上进行这项锻炼的，因此以那样的配速跑步还是很有难度的。”特拉菲说，“这种方法可以提高身体素质、磨炼意志，从而能够受得了快速、长距离的奔跑。它让我可以以良好的状态去应对任何 10 公里或者更长距离的比赛。”

1 分钟跑

目的： 重新适应速度。
推荐者： 塞吉奥 · 雷耶斯（Sergio Reyes），29 岁，来自加州帕姆代尔，2010 年美国田径锦标赛（双子城）马拉松冠军，成绩为 2 小时 14 分零 2 秒。

在每周中间那天训练的后半段，将手表设定为每分钟响一次。每响一次，高、低强度交替一次。高强度部分应为 5 公里配速或稍快一些；低强度部分应为轻松跑配速。“我通常要进行 8 ～ 20 次高强度的 1 分钟跑。”雷耶斯说，“这种练习可以让你不受配速和距离的限制，只管随意去跑，但还是会跑出一些速度。”

1.6 公里重复配速跑

目的： 做好比赛的准备。
推荐者： 斯科特 · 巴乌斯（Scott Bauhs），24 岁，来自加州猛犸湖，“摇滚”半程马拉松赛冠军，成绩为 1 小时零 2 分 39 秒。

巴乌斯一般在半马比赛前 5 天进行这项练习。先进行 20 分钟的慢跑热身，接着以比目标比赛配速快 5 ～ 10 秒的配速跑 1.6 公里，然后慢跑或步行 4 分钟。如此重复 4 次。“这个配速跑起来应该感觉平稳且可控，但仍然会提高心率。”巴乌斯说。如果你参加的是 10 公里跑，那么重复 3 次即可；如果是 5 公里跑，那么重复 2 次即可。最后以 10 分钟慢跑结束。

速度递减跑

目的：提高速度。

推荐者：布伦特 · 沃恩（Brent Vaughn），26 岁，来自科罗拉多州布尔德，在圣地亚哥举行的美国越野锦标赛中得冠。

先慢跑 20 分钟并进行 4 次跨步跑，然后上跑道以 5 公里配速跑两个 1 000 米，接着以 1 公里配速（或者比 5 公里配速每公里快 25 ～ 38 秒）跑两个 400 米，再冲刺跑两个 250 米。两次重复跑之间，间以与第一段时长相等的慢跑；两组不同的配速跑之间，间以一圈慢跑。最后以 20 分钟慢跑结束。“这种方法可以让身体习惯快速地交换双腿。因此，5 公里配速会感觉更轻松，”沃恩说，“而且终点前的最后冲刺也会得到改善。”

10 公里模拟跑

目的：锻炼如何在疲劳的状态下强劲地完赛。

推荐者：琳达 · 萨默斯 · 史密斯（Linda Somers Smith），50 岁，来自加州大阿罗约；1996 年奥运会马拉松选手；2010 年曾创下 4 项美国 45 ～ 49 岁年龄组纪录（包括 33 分 39 秒的 10 公里纪录以及 1 小时 13 分 31 秒的半马纪录）；2011 年第 7 次获得奥运会马拉松选拔赛参赛资格，结果在洛杉矶取得 2 小时 36 分 39 秒、位列第二的成绩。

20 分钟慢跑之后，先以 5 公里配速跑两个 800 米，然后绕着跑道以比半马配速稍慢的配速跑 6.4 公里，最后以 5 公里配速跑两个 800 米。每个 800 米之后，进行一圈慢跑。“我把它叫作 10 公里模拟跑，因为它正好对应着 10 公里跑的比赛距离和强度，”萨默斯 · 史密斯说，“而且，重点是最后疲劳时的两个 800 米。另外，通过将 5 公里速度和近乎半马配速相结合，它还可以提高应对这两种比赛所需的身体状态。”

“快慢”跑

目的：提高速度。

推荐者：佩奇 · 希金斯（Paige Higgins），27 岁，来自亚利桑那州弗拉格斯塔夫；2009 年参加世界田径锦标赛马拉松赛，成绩为 2 小时 37 分 11 秒。

希金斯一年中的每个月都要进行两次“快慢”跑：15～30分钟轻松跑后，重复进行10～20组、每组各 1 分钟的“快”跑和“慢”跑。“快”跑时要跑得快速、有力，但不是竭尽全力；而“慢”跑即慢跑。“在冬天，这种练习特别实用，因为你在哪儿都可以进行——公路、跑道或跑步机。”希金斯说，“练习的目的是提高腿部的交换频率以及速度——这对跑马拉松很重要，但又不会让腿力消耗殆尽。”

10 公里调整跑

目的： 适应比赛配速。

推荐者： 莫里·赫德尔（Molly Huddle），25 岁，来自罗得岛州普罗维登斯，2009 年美国 10 公里以及 10 英里锦标赛冠军。

20 分钟轻松跑热身之后，以 10 公里比赛配速进行 4 组 6 分钟的重复跑、间以 2 分钟慢跑。场地可以选择公路或草地。最后以 20 分钟轻松跑冷身。“这是我在非比赛季进行的最有效，也最有难度的（高强度）练习。”赫德尔说，“由于无法掌握距离或者配速，你必须学会逐渐调整到所需的强度水平。对于 10 公里比赛来说，这是项很好的练习。”

跑步机测试跑

目的： 学习如何快速冲线。

推荐者： 克里丝汀·普赖斯（Kristin Price），28 岁，来自北卡罗来纳州罗利，2009 年匹兹堡马拉松赛以及美国 10 公里越野锦标赛冠军。

前 1.6 公里逐渐提高速度，达到舒适的高强度或接近全马比赛配速；然后每 800 米速度增加 160 米 / 时，直到你在跑步机上总用时已达到 45 分钟；最后慢跑 800 米。“持续增加速度，直到跑得飞快，这对精神和身体都是一种考验，而且它模拟了半马或全马比赛中的后段加速。”普赖斯说，“这项练习不仅会让你觉得户外练习相对容易，而且还能加快你的步频。”

混合跑

目的： 节省时间。

推荐者： 尼克·阿西尼亚加（Nick Arciniaga），26 岁，来自加州芳泉谷；2009 年纽约马拉松第 8 名（成绩为 2 小时 13 分 46 秒）。

这项一箭双雕的锻炼结合了节奏跑和速度练习。先以稍慢于 10 公里比赛的配速跑 5 公里，接着步行 2～5 分钟，然后以 1 公里和 5 公里比赛之间的配速跑 4 组 400 米，间以 1～3 分钟的恢复跑，最后以10～20分钟慢跑结束。"节奏跑部分可以帮助你找到比赛的节奏并锻炼耐力，"阿西尼亚加说，"而速度练习部分挑战肌肉疲劳时能否发挥出速度，模拟了比赛后期的状况。"

"夹心饼干"

目的： 了解比赛配速。

推荐者： 劳伦·弗莱施曼（Lauren Fleshman），28 岁，来自俄勒冈州尤金；锐步大奖赛 5 000 米以及 2009 年 XTERRA 越野跑全国锦标赛冠军。

15 分钟热身之后，先以 5 公里配速进行 5 组 400 米跑，间以 200 米慢跑恢复；接着慢跑 400 米，然后以 5 公里配速跑 1 公里（跑道的 2 圈半）；再慢跑 400 米后，重复 5 组 400 米跑，最后冷身。"在向跑道进行过渡时，这是一种不错的练习。"她说，"你可以从中学到如何在疲劳感增加时跑出比赛配速。"

"短小精悍"跑

目的： 提高短程比赛的速度。

推荐者： 琳赛·加洛（Lindsey Gallo），28 岁，来自弗吉尼亚州的阿灵顿；2009 年以 4 分 29 秒 91 创下了女子户外 1 英里跑年度纪录。

先以 3.2 公里慢跑以及 4 组跨步跑作为热身，然后以 5 公里配速跑 800 米；接着，慢跑 1 分钟，然后以极大的配速跑 200 米，再慢跑 3 分钟。按照这样的顺序重复 4 次。"这种练习会让你适应短程比赛所需的配速强度，如 1 公里跑或 5 公里跑。"加洛说，"对于 5 公里比赛，它可以很好地反映你的身体准备状况，并且可以很好地改善你的冲线速度。"

核心课程：平板支撑

目的： 从整体上强化核心肌肉，增强跑步时躯体的稳定性。

推荐者： 李·马克斯（Lee Marks），科罗拉多大学助理体能教练，他曾与在 2008 年奥运会上创下美国纪录的障碍赛选手珍妮·巴林杰（Jenny Barringer）等选手一起合作过。

将身体摆成平板支撑的姿势，小臂放在地上，肘部不超出肩膀。先保持姿势 30 秒，接着休息 30 秒，然后重复。“它可以彻底地锻炼腹部肌肉，” 马克斯说，“这样可以迫使你收紧整个核心、下腹以及腹斜肌肌群。”

单腿下蹲

目的： 强化臀部、膝盖以及脚踝处起稳定作用的肌肉。

推荐者： 特伦斯 · 马洪（Terrence Mahon），位于加州猛犸湖的美国径赛队总教练，他的妻子、2008 年奥运会 5 000 米选手珍 · 雷内斯（Jen Rines）也在队中。

单腿站立，另一条腿别在身前或身后；身体慢慢向下 10 ～ 15 厘米，呈下蹲姿势，然后慢慢回到站立姿势。如果腿部感觉有任何的疼痛或吃紧，则不要蹲得那么多。一条腿试着下蹲 1 次，然后换另一条腿重复。这种练习会对每条腿分别进行强化，有助于防止因肌肉不平衡而导致的受伤。“跑步时，身体 85% 的重量是由单腿承受的。” 马洪说，“这种练习可以帮助每条腿、每迈一步都能快速地保持稳定。”

梯次递减跑

目的： 提高速度和耐力。

推荐者： 皮特 · 雷亚（Pete Rea），ZAP 运动队精英选手教练。凯特林 · 托米（Caitlin Tormey）曾在跑步机上进行过此类练习，并参加了 2008 年莫尔半程马拉松赛（成绩为 1 小时 20 分 13 秒）。

热身之后，进行 7—6—5—4—3—2—1 分钟的间歇跑，每次都比上一次稍快一点，逐渐从全马配速提高到 5 公里配速。每段快速跑之后，以快速跑时长的一半进行恢复性轻松跑。最后以慢跑冷身。“这样可以接触不同的配速和强度，” 雷亚说，“从 5 公里所需的速度型耐力，到全马所需的无氧阈强度。”

长距及短距山地跑

目的： 在训练季早期提高有氧能力。

推荐者： 汤姆 · 麦格林，三度成为奥运马拉松选拔赛资格选手，在线训练服务 “专注与飞翔” 的教练之一。他训练出了 1 500 米大师赛世界纪录保持者、41 岁的吉姆 · 索伦森（Jim Sorensen），成绩为 3 小时 44 分零 6 秒。

找一段坡度适中、爬起来需要5分钟的山坡，然后分3次跑上坡，每次都比前一次稍快。慢跑或步行下坡，然后以更快的速度向上跑30～45秒，重复4～6次，每次都比前一次稍快点。“山地跑是有氧的高强度练习，而且不会给肌肉和关节施加太大的应力。”麦格林说。

“2乘6”

目的：为全马做调整。

推荐者：凯文·汉森（Kevin Hanson）教练。他的“汉森斯—布鲁克斯”项目选手德西蕾·达维拉（Deseree Davila）和麦克·雷诺（Mike Reneau）用此方法进行调整，在3周后完成了他们的首场美国赛事——2008年芝加哥马拉松赛。

热身之后，进行两次9.6公里跑，两次的配速都比全马目标配速快3秒/公里，并间以10分钟步行或慢跑。“你要在减量前学会如何在疲劳时快速奔跑，”汉森说，“所以在做完这项练习前不要放松训练。”

1.6公里重复跑

目的：锻炼力量。

推荐者：凯莉·贾斯科（Kelly Jaske），32岁，2009年美国半程马拉松锦标赛亚军，在此之前曾进行过这项练习。

热身后，以10公里配速进行两次1.6公里的重复跑，间以3分钟的恢复。每次练习时，可以增加配速、减少休息时间或者再增加1.6公里，直至达到6次。“我在两个月内跑到了5次，然后参加了半马比赛。”贾斯科说，“通过这些练习，你可以学会如何在身体喊‘停’时撑下去。”

有氧强力间歇跑

目的：助力早期的训练。

推荐者：达坦·里岑海恩（Dathan Ritzenhein），曾获美国奥运会马拉松选拔赛亚军（成绩为2小时11分零6秒）

在跑道上，以比乳酸阈配速（相当于半马比赛配速）略快的配速进行5次2公里跑（5圈），间以2分钟慢跑作为恢复。热身和冷身都是15～20分钟的慢跑。里岑海恩在热身之后进行一系列的练习，包括弹跳、高抬腿以及后踢腿，还有8～10组的跨步跑。“通过这种练习，你可以很好地从轻松跑阶段过渡到快速跑阶段。”他说。

无休间歇跑

目的：让比赛配速感觉更轻松。

推荐者：马琳·阿特伍德（Markene Atwood），亚特兰大地区美国田联认证教练。

以比 5 公里或 10 公里目标配速慢 18 秒 / 公里的速度跑 400 米（1 圈），然后以比目标配速快 18 秒 / 公里的速度再跑 400 米。持续进行这种中、快速切换，直到完成 4.8 ～ 6.4 公里。例如，如果你的 5 公里目标配速是每公里 4 分 22 秒，则要以 4 分零 4 秒的配速跑一圈，然后再以 4 分 40 秒的配速跑一圈，如此重复。练习前后分别进行热身、冷身。"这种锻炼力量的练习会强迫你从头到尾都保持高强度，"阿特伍德说，"这样会让比赛配速感觉不那么费力。"

山地节奏跑

目的：为山地比赛做准备。

推荐者：蒂娜·克莱恩（Tina Klein），高水平的大师赛选手、教练。她的选手们在 10 周内进行了 4 次这种练习，然后参加了 7 月 4 日的"桃树"公路赛——该项比赛有 4 处大的爬坡，包括将近 1.6 公里的卡迪亚克山。

每 2 ～ 3 周，将当周的节奏跑换成山地节奏跑。找一段 20 ～ 25 分钟的路程，其中有 2 ～ 4 处难度适中、至少需要 3 分钟才能登顶的爬坡路段。10 分钟热身后，以能达到最大心率 80% 的配速（只能简短交谈）跑这段路。速度在上、下坡时会变慢、变快。这不要紧，因为目标是保持强度不变，不是速度。最后以 10 分钟的轻松跑结束。"除了锻炼力量和速度，这种 40 ～ 45 分钟的跑步也会让你从心理和身体上做好在山地比赛的准备。"克莱恩说。

换道 4 圈跑

目的：提高速度。

推荐者：拉斯·哈特（Russ Hart），位于爱荷华州达文波特的科恩贝尔特跑步俱乐部的教练。该俱乐部每年接待 11 000 名选手参加 7 月 26 日的比克斯 7 英里公路赛。

赛前的 2 ～ 3 周，哈特的选手们便进行这项从 1.6 公里重复跑演变来的练习。3.2 公里的热身之后，绕跑道跑 4 圈：第一圈在内道以 10 公里比赛配速跑，第二圈在第二道，第三圈在第三道，第四圈在第四道——每圈用时都要相等，即每圈配速要提高 2 秒来抵消多出的步数。"开始时还是有氧配速，但到第四圈就变成无氧配速了。"哈特说。进行 2 ～ 5 组 4 圈跑，每组间以至少 400 米的恢复跑。变体：只跑 1 组，但持续扩展至第五道、第六道，等等，直到不能以同样的时间跑完一圈。

10 公里分段跑

目的： 提高力量和信心。

推荐者： 迈克尔·盖奇（Michael Gaige），来自缅因州波特兰的一名教练，负责“沙滩至灯塔”10 公里赛的训练项目。

盖奇让他的选手们以这样的方式训练 10 公里跑：以 3.2 公里作为热身，接着跑 5 组 1 200 米、间以 400 米恢复性慢跑，最后以 2.4 公里冷身结束。“在训练初期，1 200 米要以舒适的高强度来跑。”盖奇说，“在最后两个月，要以 10 公里目标配速或者更快的配速来跑。”

高强度长距离跑

目的： 提高全马目标配速下的抗疲劳性。

推荐者： 布拉德·赫德森（Brad Budson），俄勒冈州尤金地区精英跑步教练，《从 5 公里到马拉松，如何跑得更快》（*Run Faster from the 5-K to the Marathon*）的作者之一。

赫德森让选手们在全马比赛前 6～8 周进行这项练习：先轻松跑 3.2 公里热身，然后跑 1.6 公里，用时要比全马配速少 10 秒；接着跑 1.6 公里，用时要比全马配速多 45 秒。例如，如果以全马目标配速跑完 1.6 公里需要 8 分钟，那么在此训练中，第一次用 7 分 50 秒，第二次用 8 分 45 秒。如此重复 6 次，总共 22.4 公里（包括热身）。“这种练习可以很好地提高长距离比赛所需的耐力，”赫德森说，“但又比以比赛配速进行长距离跑更容易完成——无论是从身体上还是心理上。”

“带妆彩排”

目的： 了解全马目标配速。

推荐者： 珍妮·哈德菲尔德（Jenny Hadfield），教练，《凡人的马拉松》（*Marathoning for Mortals*）的作者、《跑者世界》网站博主之一。

在芝加哥马拉松赛前，哈德菲尔德让选手们通过两次“带妆彩排”来练习全马目标配速：赛前 6～7 周，他们在一场长距离跑中段以全马配速跑 4.8 公里；赛前 3～4 周，在一场长距离跑末段以全马配速跑 8 公里。“必须刚刚好，超过或达不到全马配速都达不到初衷。”她说。

长距离 / 节奏组合跑

目的： 同时改善耐力和比赛配速。

推荐者： 保罗 · 皮尔金顿（Paul Pilkington），指导过 2008 年奥运会障碍赛选手琳赛 · 安德尔森（Lindsey Anderson）。

以可交谈的配速跑 12.8 公里后，进行 4 组 20 秒的跨步跑，然后以比 5 公里配速慢 9 秒 / 公里的配速跑 6.4 公里，最后 4.8 公里再回到可交谈配速。皮尔金顿说："在长距离跑中加入节奏跑，给了自己一个精神上的休息，不用整段距离都是同样配速。"

"捕食者的奔跑"

目的： 模拟比赛中的强度增加。

推荐者： 斯科特 · 西蒙斯（Scott Simmons），美国远程项目教练。该项目有一个高水平的跑步团队，其中包括美国公路赛明星贾斯汀 · 杨（Justin Young）。

3.2 公里热身后，以舒适的高强度配速（比目标比赛配速慢 9 ～ 28 秒 / 公里）跑步；逐渐加速，直到在跑中达到适中的高强度，在末段达到很高强度——不低于目标比赛配速。"从有氧跑到无氧，身体的疲劳程度稳步增加，就像比赛中那样。因此，它可以很好地模拟比赛。"西蒙斯说，"它被称为'捕食者的奔跑'是因为捕食者必须加速才能捕到猎物。"如果是 5 公里的比赛，则如此跑 5 公里；10 公里就跑 10 公里，半马跑 10 ～ 16 公里，而全马则跑 10 ～ 21 公里。

APPENDIX D: THE TRAINING PLANS

附录 D
6 套马拉松训练方案

在本部分中，我们分别针对初级、中级以及高级选手制订了半程和全程马拉松训练方案。这些方案也是我们在《跑者世界》挑战赛项目中所应用过的。请查看各个方案，然后选择一个与你的目标和需求最匹配的方案。要确保其中的跑步日、周跑量以及长距离跑安排不与你的能力、身体状态以及日程相冲突。要按照各个方案中的训练说明进行训练。我们的方案并不规定配速。你可以登录《跑者世界》网站，使用上面的计算器算出自己在各项训练中的配速。

祝你好运！

初级半程马拉松训练方案

这份10周方案的理想对象为首次参加半马的选手或平均周跑量在24～40公里的初级跑家。此方案每周安排 4 天跑步、3 天休息。周跑量开始时为 20.8 公里，最高达到 36.8 公里。长距离跑开始时为 8 公里，最高时为赛前几周的 16 公里。

周别	周一	周二	周三	周四	周五	周六	周日	总共
1	跑休/XT	3.2公里	跑休/XT	6.4公里	跑休/XT	3.2公里	8公里 LSD	20.8公里
2	跑休/XT	3.2公里	跑休/XT	8公里	跑休/XT	3.2公里	9.6公里 LSD	24公里
3	跑休/XT	3.2公里	跑休/XT	总共8公里，含4.8公里HMP配速跑	跑休/XT	3.2公里	11.2公里 LSD	25.6公里
4	跑休/XT	3.2公里	跑休/XT	总共9.6公里，含6.4公里HMP配速跑	跑休/XT	3.2公里	11.2公里 LSD	27.2公里
5	跑休/XT	6.4公里	跑休/XT	4.8公里	跑休/XT	4.8公里	6.4公里 LSD	22.4公里

续表

周别	周一	周二	周三	周四	周五	周六	周日	总共
6	跑休/XT	3.2公里	跑休/XT	总共11.2公里，含4.8公里HMP配速跑	跑休/XT	4.8公里	12.8公里LSD	32公里
7	跑休/XT	3.2公里	跑休/XT	总共9.6公里，含6.4公里HMP配速跑	3.2公里	3.2公里	14.4公里LSD	33.6公里
8	跑休/XT	3.2公里	跑休/XT	总共9.6公里，含6.4公里HMP配速跑	3.2公里	3.2公里	16公里LSD	35.2公里
9	跑休/XT	3.2公里	跑休/XT	总共12.8公里，含9.6公里HMP配速跑	3.2公里	3.2公里	14.4公里LSD	36.8公里
10	跑休/XT	3.2公里	跑休/XT	总共8公里，含4.8公里HMP配速跑	跑休/XT	3.2公里	比赛日	35.4公里

要点

所有未特别说明配速的公里数都应以一个舒适的、可对话的配速进行。请登录《跑者世界》网站，使用计算器算出自己的半马和 10 公里配速。

跑休 /XT：休息一天，或进行适量的不会对身体造成冲击的交叉训练，如瑜伽或游泳。

LSD：长距离慢跑，其目的是锻炼耐力，应以舒适的、可对话的配速来进行，即比目标比赛配速慢 37.5 ～ 75 秒。

HMP：半程马拉松配速，即你希望在比赛中保持的配速。想知道自己的半马配速，你可以进行一次 1.6 公里的时间测试。找一个 400 米的跑道或任意一处 1.6 公里长的直线公路。10 分钟热身之后，开始计时并尽全力跑完 4 圈（或 1.6 公里），然后以 10 分钟步行或慢跑冷身。将此时间输入《跑者世界》网站上的训练计算器，便可以得出理想的半马时间和配速应为多少。

中级半程马拉松训练方案

这份 10 周方案的理想对象为有一些经验、平均周跑量在 40 ～ 48 公里的跑者。此方案每周安排 4 ～ 5 天跑步、2 ～ 3 天休息。周跑量开始时为 33.6 公里，最高达到 48 公里。长距离跑开始时为 12.8 公里，最高时为赛前几周的 20.8 公里。

周别	周一	周二	周三	周四	周五	周六	周日	总共
1	跑休/XT	6.4公里	跑休/XT	总共8公里，含4.8公里HMP配速跑	6.4公里	跑休/XT	12.8公里LSD	33.6公里
2	跑休/XT	8公里	跑休/XT	1.6公里重复跑共8公里，含2组重复跑	6.4公里	跑休/XT	12.8公里LSD	35.2公里
3	跑休/XT	8公里	跑休/XT	总共8公里，含4.8公里HMP配速跑	6.4公里	跑休/XT	14.4公里LSD	36.8公里

续表

周别	周一	周二	周三	周四	周五	周六	周日	总共
4	跑休/XT	8公里	跑休/XT	总共9.6公里，含6.4公里HMP配速跑	6.4公里	跑休/XT	14.4公里LSD或10公里比赛	38.4公里
5	跑休/XT	8公里	4.8公里	6.4公里	6.4公里	跑休/XT	8公里LSD	33.6公里
6	跑休/XT	6.4公里	跑休/XT	1.6公里重复跑共11.2公里，含3组重复跑	6.4公里	跑休/XT	16公里LSD	40公里
7	跑休/XT	4.8公里	4.8公里	总共9.6公里，含6.4公里HMP配速跑	4.8公里	跑休/XT	17.6公里LSD	41.6公里
8	跑休/XT	4.8公里	4.8公里	总共11.2公里，含8公里HMP配速跑	6.4公里	跑休/XT	20.8公里LSD	48公里
9	跑休/XT	4.8公里	4.8公里	1.6公里重复跑共12.8公里，含4组重复跑	4.8公里	跑休/XT	17.6公里LSD	44.8公里
10	跑休/XT	4.8公里	4.8公里	总共8公里，含4.8公里HMP配速跑	6.4公里	跑休/XT	比赛日	45公里

注意：速度练习那天的总跑量算的是大概的公里数。

要点

所有未特别说明配速的公里数都应以一个舒适的、可对话的配速进行。请登录《跑者世界》网站，使用计算器算出自己的半马和 10 公里配速。

跑休 /XT：休息一天，或进行适量的不会对身体造成冲击的交叉训练，如瑜伽或游泳。

LSD：长距离慢跑，其目的是锻炼耐力，应以舒适的、可对话的配速进行，即比目标比赛配速慢 37.5 ～ 75 秒。

HMP：半程马拉松配速，即你希望在比赛中保持的配速。分别以 1.6 公里轻松跑作为热身和冷身。

1.6 公里重复跑：1.6 公里热身之后，以 10 公里配速跑 1.6 公里，然后绕跑道慢跑两圈（或者 800 米）作为恢复；按照说明的次数重复此循环；最后以 1.6 公里轻松跑冷身。

高级半程马拉松训练方案

这份 10 周方案的理想对象为至少跑了 6 个月、已经完成至少 1 场半马并且平均周跑量超过 56 公里的跑家。此方案每周安排 5 ～ 6 天跑步、1 ～ 2 天休息。周跑量开始时为 49.6 公里，最高达到 68.8 公里。长距离跑开始时为 16 公里，最高时为赛前几周的 20.8 公里。

周别	周一	周二	周三	周四	周五	周六	周日	总共
1	跑休/XT	8公里	8公里	总共9.6公里，含6.4公里HMP配速跑	8公里	跑休/XT	16公里LSD	49.6公里
2	跑休/XT	9.6公里	8公里	1.6公里重复跑共11.2公里，含3组重复跑	8公里	跑休/XT	16公里LSD	52.8公里
3	跑休/XT	9.6公里	9.6公里	总共9.6公里，含6.4公里HMP配速跑	9.6公里	跑休/XT	17.6公里LSD	56公里
4	跑休/XT	11.2公里	9.6公里	总共11.2公里，含8公里HMP配速跑	9.6公里	跑休/XT	17.6公里LSD或10公里比赛	59.2公里
5	跑休/XT	9.6公里	9.6公里	9.6公里	8公里	跑休/XT	9.6公里LSD	46.4公里
6	跑休/XT	11.2公里	9.6公里	1.6公里重复跑共12.8公里，含4组重复跑	9.6公里	跑休/XT	19.2公里LSD	62.4公里
7	跑休/XT	9.6公里	9.6公里	总共11.2公里，含8公里HMP配速跑	8公里	8公里	19.2公里LSD	65.6公里
8	跑休/XT	9.6公里	9.6公里	总共12.8公里，含9.6公里HMP配速跑	8公里	8公里	20.8公里LSD	68.8公里
9	跑休/XT	9.6公里	9.6公里	1.6公里重复跑共16公里，含5组重复跑	跑休/XT	8公里	17.6公里LSD	60.8公里
10	跑休/XT	6.4公里	6.4公里	总共9.6公里，含6.4公里HMP配速跑	6.4公里	跑休/XT	比赛日	49.8公里

注意：速度练习那天的总跑量算的是大概的公里数。

要点

所有未特别说明配速的公里数都应以一个舒适的、可对话的配速进行。请登录《跑者世界》网站，使用计算器算出自己的半马和 10 公里配速。

跑休 /XT： 休息一天，或进行适量的不会对身体造成冲击的交叉训练，如瑜伽或游泳。

LSD： 长距离慢跑，其目的是锻炼耐力，应以舒适的、可对话的配速进行，即比目标比赛配速慢 37.5 ~ 75 秒。

HMP： 半程马拉松配速，即你希望在比赛中保持的配速。分别以 1.6 公里轻松跑作为热身和冷身。

1.6 公里重复跑： 1.6 公里热身之后，以 10 公里配速跑 1.6 公里，然后绕跑道慢跑两圈（或者 800 米）作为恢复；按照说明的次数重复此循环；最后以 1.6 公里轻松跑冷身。

初级全程马拉松训练方案

这份 16 周方案的理想对象为首次参加全马的选手。在开始训练前，最好已有至少 1 年的跑步经历并且平均每周跑 3 ～ 4 次。此方案每周一般安排 4 天跑步、3 天休息。周跑量开始时为 24 公里，最高达到 64 公里。长距离跑开始时为 8 公里，最高时为赛前几周的 32 公里。

周别	周一	周二	周三	周四	周五	周六	周日	总共
1	跑休	4.8公里	跑休	6.4公里	跑休	4.8公里	8公里LSD	24公里
2	跑休	4.8公里	跑休	4.8公里	跑休	6.4公里	11.2公里 LSD	27.2公里
3	跑休	4.8公里	跑休	6.4公里	跑休	6.4公里	14.4公里 LSD	32公里
4	跑休	6.4公里	时间测试（1.6公里）	4.8公里	跑休	6.4公里	11.2公里 LSD	30.4公里
5	跑休	6.4公里	跑休	4.8公里	跑休	8公里	16公里LSD	35.2公里
6	跑休	6.4公里	跑休	4.8公里	跑休	8公里	19.2公里 LSD	38.4公里
7	跑休	6.4公里	跑休	6.4公里	跑休	6.4公里	24公里LSD	43.2公里
8	跑休	6.4公里	时间测试（1.6公里）	6.4公里	跑休	6.4公里	19.2公里 LSD或半马	40公里
9	跑休	6.4公里及4次跨步跑	跑休	9.6公里	跑休	6.4公里	25.6公里 LSD	48公里
10	跑休	6.4公里及4次跨步跑	跑休	9.6公里	跑休	6.4公里	28.8公里 LSD	51.2公里
11	跑休	9.6公里及6次跨步跑	跑休	8公里	跑休	8公里	32公里	57.6公里
12	跑休	11.2公里及7次跨步跑	时间测试（1.6公里）	11.2公里	跑休	11.2公里	22.4公里 LSD	57.6公里
13	跑休	9.6公里及6次跨步跑	跑休	11.2公里	跑休	11.2公里	32公里LSD	64公里
14	跑休	11.2公里及7次跨步跑	跑休	11.2公里	跑休	11.2公里	20.8公里 LSD	54.4公里
15	跑休	8公里及5次跨步跑	跑休	6.4公里	跑休	8公里	16公里LSD	38.4公里
16	跑休	4.8公里	时间测试（1.6公里）	6.4公里	跑休	4.8公里	比赛日	59.6公里

要点

跑休：休息一天，或进行适量的不会对身体造成冲击的交叉训练，如瑜伽或游泳。

LSD：长距离慢跑，其目的是锻炼耐力，并让自己习惯于跑步耗时。不用在意配速，只需专注于完成训练。

时间测试：一场 1.6 公里的时间测试有助于掌握自己的健康状况，从而设定现实的比赛目标。找一个 400 米的跑道或任意一处 1.6 公里长的直线公路。10 分钟热身之后，开始计时并尽全力跑完 4 圈（或 1.6 公里）。记下所用的时间，然后以 10 分钟步行或慢跑冷身。随着训练的进行，你的健康收效会在时间测试结果中反映出来。

跨步跑：在任何轻松跑之后增加跨步跑，这可以激活快肌纤维、改善身体的协调性、提高腿部的交叉频率并且为比赛做好身体上的准备。在跑步训练快结束的时候，速度在 100 米内逐渐提高，直到身体达到最大强度的 90%。保持该强度 5 秒钟，然后平稳减速。每次跨步跑后以步行恢复。跨步跑的距离大小不是关键。

中级全程马拉松训练方案

这份 16 周方案针对的是已有两三年跑步经验，完成过几场半马和至少一场全马并且常规周跑量达 48 公里的选手。此方案每周一般安排 5 天跑步、2 天休息。周跑量开始时为 40 公里，最高时达到 80 公里。长距离跑开始时为 14.4 公里，最高时为赛前几周的 35.2 公里。

周别	周一	周二	周三	周四	周五	周六	周日	总共
1	跑休	6.4公里轻松跑	6.4公里山地跑	跑休	6.4公里轻松跑	6.4公里轻松跑	14.4公里LSD	40公里
2	跑休	6.4公里轻松跑	8公里山地跑	跑休	8公里轻松跑	8公里轻松跑	14.4公里LSD	44.8公里
3	跑休	4.8公里轻松跑	8公里山地跑	跑休	8公里轻松跑	8公里轻松跑	19.2公里LSD	48公里
4	跑休	6.4公里轻松跑	8公里山地跑	时间测试（1.6公里）	跑休	6.4公里轻松跑	16公里LSD	38.4公里
5	跑休	6.4公里轻松跑加4组跨步跑	11.2公里山地跑	跑休	总共6.4公里，含3.2公里MP配速跑	6.4公里轻松跑	20.8公里LSD	51.2公里
6	跑休	8公里轻松跑加5组跨步跑	9.6公里山地跑	跑休	总共6.4公里，含3.2公里MP配速跑	9.6公里轻松跑	24公里LSD	57.6公里
7	跑休	9.6公里轻松跑加6组跨步跑	11.2公里山地跑	跑休	总共8公里，含4.8公里MP配速跑	8公里轻松跑	25.6公里LSD	62.4公里
8	跑休	8公里轻松跑加5组跨步跑	重复跑坡共13公里，含8次跑坡	跑休	时间测试（1.6公里）	6.4公里轻松跑	22.4公里LSD或半马	51.4公里

续表

周别	周一	周二	周三	周四	周五	周六	周日	总共
9	跑休	4.8公里轻松跑加3组跨步跑	1.6公里重复跑共12.8公里，含3组重复跑	跑休	共14.4公里，含11.2公里MP配速跑	4.8公里轻松跑	28.8公里LSD，快速冲线	65.6公里
10	跑休	6.4公里轻松跑加4组跨步跑	亚索800共14.4公里，含6组800米	跑休	共16公里，含12.8公里MP配速跑	跑休	32公里LSD，快速冲线	68.8公里
11	跑休	6.4公里轻松跑加4组跨步跑	11.2公里轻松跑	跑休	共16公里，含12.8公里MP配速跑	6.4公里轻松跑	32公里LSD，快速冲线	72公里
12	跑休	时间测试（1.6公里）	1.6公里重复跑共14.4公里，含4组重复跑	9.6公里轻松跑	共11.2公里，含8公里MP配速跑	12.8公里轻松跑	24公里LSD	73.6公里
13	跑休	9.6公里轻松跑加6组跨步跑	亚索800共16公里，含8组800米	跑休	9.6公里轻松跑	9.6公里轻松跑	35.2公里LSD	80公里
14	跑休	12.8公里轻松跑加8组跨步跑	1.6公里重复跑共12.8公里，含3组重复跑	跑休	11.2公里轻松跑	11.2公里轻松跑	24公里LSD或半马	72公里
15	跑休	8公里轻松跑加5组跨步跑	6.4公里轻松跑	跑休	9.6公里轻松跑	8公里轻松跑	19.2公里LSD	51.2公里
16	跑休	时间测试（1.6公里）	跑休	8公里轻松跑	跑休	4.8公里极轻松跑	比赛日	56.4公里

注意：速度练习那天的总跑量算的是大概的公里数。

要点

跑休： 休息一天，或进行适量的不会对身体造成冲击的交叉训练，如瑜伽或游泳。

轻松跑： 以舒适的、可对话的配速进行跑步，可与休息互换。你可以在安排轻松跑的时候进行交叉训练，如骑自行车或者椭圆机训练，用持续的有氧运动来代替。

山地跑： 当天的跑量要尽量找山地路段来完成。山地跑可以在训练的前 7 周建立起身体的力量基础。

LSD： 长距离慢跑，其目的是锻炼耐力，应以舒适的、可对话的配速进行，即比目标比赛配速慢 37.5 ～ 75 秒。在训练后期，你可以练习快速冲线技术，即在最后的 3 ～ 5 公里加速。

时间测试： 一场 1.6 公里的时间测试有助于掌握自己的健康状况，从而设定现实的比赛目标。找一个 400 米的跑道或任意一处 1.6 公里长的直线公路。10 分钟热身之后，开始计时并尽全力跑完 4 圈（或 1.6 公里）。记下所用的时间，然后以 10 分钟步行或慢跑冷身。随着训练的进行，你的健康收效会在时间测试结果中反映出来。

跨步跑： 在任何轻松跑之后增加跨步跑，这可以激活快肌纤维、改善身体的协调性、提高腿部的交叉频率并且为比赛做好身体上的准备。在跑步训练快结束的时候，速度在 100 米内逐渐提高，直到身体达到最大强度的 90%。保持该强度 5 秒钟，然后平稳减速。每次跨步跑后以步行恢复。跨步跑的距离大小不是关键。

重复跑坡： 找一处至少需要爬两分钟的山坡，然后在半坡和坡顶分别标记为“短距”和“长距”重复跑终点。3.2 公里热身之后，进行 3 ~ 4 次的短距重复跑；每次跑到标记处后转身慢跑至坡底作为恢复。接着，进行 3 ~ 4 次的长距重复跑；每次跑到标记处后转身慢跑至短距标记处，然后冲刺下坡。试着保持身姿平稳，不要用脚击打路面。最后，冲刺到短距标记处 3 ~ 4 次。进行 3.2 公里轻松跑作为冷身。一天下来，总跑量可达到 13 公里左右。

MP： 全马目标配速，目的是练习希望在比赛时能保持的速度。分别以 1.6 公里轻松跑作为热身和冷身。

1.6 公里重复跑： 3.2 公里热身之后，以 10 公里配速跑 1.6 公里，然后绕跑道慢跑 1 圈作为恢复；按照说明的次数重复此循环；最后以 3.2 公里轻松跑冷身。

亚索 800： 3.2 公里轻松跑热身之后，按照与马拉松目标成绩“一致”的时间跑完 800 米。也就是说，假如你的全马成绩目标为 4 小时 10 分，那么每次 800 米重复跑都要努力在 4 分 10 秒内完成。两次 800 米之间间以 400 米慢跑。最后以 3.2 公里轻松跑作为结尾。

高级全程马拉松训练方案

这份 16 周方案针对的是至少有 3 年跑步经验、可以舒适地完成其他全马或距离较短的比赛并且周常规跑量为 56 ~ 64 公里的选手。此方案每周安排 6 天跑步、1 天休息。周跑量开始时为 52.8公里，最高时达到96 公里。长距离跑开始时为 16 公里，最高时为赛前几周的36.8 公里。

周别	周一	周二	周三	周四	周五	周六	周日	总共
1	6.4公里轻松跑	6.4公里轻松跑	9.6公里山地跑	6.4公里轻松跑	跑休	8公里轻松跑	16公里LSD	52.8公里
2	8公里轻松跑	9.6公里山地跑	6.4公里轻松跑	总共9.6公里，含6.4公里MP配速跑	跑休	8公里轻松跑	19.2公里LSD	60.8公里
3	6.4公里轻松跑	9.6公里山地跑	6.4公里轻松跑	总共12.8公里，含9.6公里MP配速跑	跑休	8公里轻松跑	22.4公里LSD	65.6公里

续表

周别	周一	周二	周三	周四	周五	周六	周日	总共
4	6.4公里轻松跑	8公里山地跑	8公里轻松跑	总共6.4公里，含3.2公里MP配速跑	跑休	8公里轻松跑	16公里LSD	52.8公里
5	4.8公里轻松跑加3组跨步跑	12.8公里山地跑	8公里轻松跑	总共12.8公里，含9.6公里MP配速跑	跑休	6.4公里轻松跑	22.4公里LSD	67.2公里
6	9.6公里轻松跑加6组跨步跑	11.2公里轻松跑	8公里轻松跑	总共12.8公里，含9.6公里MP配速跑	跑休	6.4公里轻松跑	25.6公里LSD	73.6公里
7	8公里轻松跑加5组跨步跑	12.8公里山地跑	8公里轻松跑	总共12.8公里，含9.6公里MP配速跑	跑休	6.4公里轻松跑	28.8公里LSD	76.8公里
8	8公里轻松跑加5组跨步跑	重复跑坡共12.8公里，含8次跑坡	6.4公里轻松跑	总共14.4公里，含11.2公里MP配速跑	跑休	4.8公里轻松跑	20.8公里LSD或半马	67.2公里
9	跑休	8公里轻松跑加5组跨步跑	1.6公里重复跑共12.8公里，含3组重复跑	6.4公里轻松跑	共14.4公里，含11.2公里MP配速跑	8公里轻松跑	32公里LSD，快速冲线	81.6公里
10	跑休	9.6公里轻松跑加6组跨步跑	亚索800共14.4公里，含6组800米	9.6公里轻松跑	共16公里，含12.8公里MP配速跑	9.6公里轻松跑	35.2公里LSD，快速冲线	94.4公里
11	跑休	12.8公里轻松跑加8组跨步跑	亚索800共14.4公里，含6组800米	11.2公里轻松跑	共12.8公里，含9.6公里MP配速跑	9.6公里轻松跑	35.2公里LSD，快速冲线	96公里
12	跑休	9.6公里轻松跑加6组跨步跑	1.6公里重复跑共14.4公里，含4组重复跑	11.2公里轻松跑	共16公里，含12.8公里MP配速跑	12.8公里轻松跑	22.4公里LSD，快速冲线	86.4公里
13	跑休	9.6公里轻松跑加6组跨步跑	亚索800共16公里，含8组800米	11.2公里轻松跑	12.8公里山地跑	9.6公里轻松跑	36.8公里LSD，快速冲线	96公里
14	跑休	11.2公里轻松跑加7组跨步跑	1.6公里重复跑共12.8公里，含3组重复跑	9.6公里轻松跑	共16公里，含12.8公里MP配速跑	9.6公里轻松跑	25.6公里LSD，快速冲线	84.8公里

续表

周别	周一	周二	周三	周四	周五	周六	周日	总共
15	跑休	6.4公里轻松跑加4组跨步跑	11.2公里山地跑	6.4公里轻松跑	共12.8公里，含9.6公里MP配速跑	6.4公里轻松跑	20.8公里LSD	64公里
16	跑休	8公里轻松跑加5组跨步跑	跑休	4.8公里轻松跑	跑休	4.8公里极轻松跑	比赛日	59.6公里

注意：速度练习那天的总跑量算的是大概的公里数。

要点

跑休：休息一天，或进行适量的不会对身体造成冲击的交叉训练，如瑜伽或游泳。

轻松跑：以舒适的、可对话的配速进行跑步，可与休息互换。你可以在安排轻松跑的时候进行交叉训练，如骑自行车或者椭圆机训练，用持续的有氧运动来代替。

山地跑：当天的跑量要尽量找山地路段来完成。山地跑可以在训练的前 7 周建立起身体的力量基础。

LSD：长距离慢跑，其目的是锻炼耐力，应以舒适的、可对话的配速进行，即比目标比赛配速慢 37.5 ～ 75 秒。在训练后期，你可以练习快速冲线技术，即在最后的 3 ～ 5 公里加速。

跨步跑：在任何轻松跑之后增加跨步跑，这可以激活快肌纤维、改善身体的协调性、提高腿部的交叉频率并且为比赛做好身体上的准备。在跑步训练快结束的时候，速度在 100 米内逐渐提高，直到身体达到最大强度的 90%。保持该强度 5 秒钟，然后平稳减速。每次跨步跑后以步行恢复。跨步跑的距离大小不是关键。

重复跑坡：找一处至少需要爬两分钟的山坡，然后在半坡和坡顶分别标记为“短距”和“长距”重复跑终点。3.2 公里热身之后，进行 3 ～ 4 次的短距重复跑；每次跑到标记处后转身慢跑至坡底作为恢复。接着，进行 3 ～ 4 次的长距重复跑；每次跑到标记处后转身慢跑至短距标记处，然后冲刺下坡。试着保持身姿平稳，不要用脚击打路面。最后，冲刺到短距标记处 3 ～ 4 次。进行 3.2 公里轻松跑作为冷身。一天下来，总跑量可达到 13 公里左右。

MP：全马目标配速，目的是练习希望在比赛时能保持的速度。分别以 1.6 公里轻松跑作为热身和冷身。

1.6 公里重复跑：3.2 公里热身之后，以 10 公里配速跑 1.6 公里，然后绕跑道慢跑 1 圈作为恢复；按照说明的次数重复此循环；最后以 3.2 公里轻松跑冷身。

亚索 800：3.2 公里轻松跑热身之后，按照与马拉松目标成绩“一致”的时间跑完 800 米。也就是说，假如你的全马成绩目标为 4 小时 10 分，那么每次 800 米重复跑都要努力在 4 分 10 秒内完成。两次 800 米之间间以 400 米慢跑。最后以 3.2 公里轻松跑作为结尾。

ENDNOTES FROM THE TRANSLATOR

译者后记

终于可以写点自己的想法——归根到底，翻译还是在重复并传递别人的思想；而且，为了保证这种传递不失真，你还要时常怀疑自己、反复确认自己的理解以及表达是否遵循了原作者的真实意图。这种“拾人牙慧”、纠结的感觉正是作为英语专业八级出身的我却从没想过将翻译作为职业发展方向的原因之一，也是我在开始翻译这本书前的心理预期。

但是，这世上有一种思想的重复叫作“学习”，还有一种思想的传递叫作“分享”。

翻译是一个苦活儿，但不得不说翻译是学习的“捷径”。说到跑步和马拉松，在没接触这本书之前，自己想当然地认为跑步不就是拔腿迈步嘛；而马拉松，不就是很长很长的跑步嘛，还有人能把它写成一本书？是的，后来发现关于跑步的书籍有很多，方方面面：跑步的意义，跑步的各种训练方法、技巧、饮食、伤病处理……甚至还有专门针对女性参与者的。跑步不是想象中那样简单，有很多东西只有别人告诉你了才会明白。举个最简单的例子（高手们可能要笑话我这个例子的低级）：在马路上跑步时通常应该走便道并且逆着车辆行驶方向，从而能时刻注意前方来车状况。这是我从没想到过的，即使自己以前在顺行跑步时总担心身后有车接近。这样的点拨在这本书中随处可见，也正是原作者们的专业之处。

翻译这本书的过程便成了“啊，原来是这样”“哦，还可以那样”的过程。惊喜多了、激动多了，它们会“溢出来”——你会抑制不住地想让别人也知道，想与别人一起分享。一方面，我把它转换成文字，力求让别人读起来能明白；另一方面，自己也迫不及待地想完成这本书的翻译、赶紧出版，好推荐给自己认识的所有爱好、不爱好跑步的朋友们。不仅是因为我翻译了它（当然有点小虚荣在里面），更重要的是，我知道了有这样一种好的健身方式——更确切地说，它是一种健康的生活方式——不仅可以让你的身心得到提升，而且是可以实现的——“每个人都能跑马拉松”。也许不需要去跑一场全程或半程马拉松，也许仅仅是迈出了第一步就会让你的生活有所不同。那么，我有什么理由不与朋友们分享呢？

甚至还没开始按照这本书正式迈出第一步，我便从中收获到了好处：我终于搞清楚自己的脚后跟为什么会疼了一年多。这还要追溯到一次户外运动。那时候，我一周要上 6 天班，每天早八晚十地在办公室里盯着电脑，很辛苦。于是，有一天，为了放松，我和一群驴友进了山里，花了一天时间登上了一座海拔1 500米的山峰并在山谷里宿了营。据领队介绍，那是一次难度为4星的登山，但不知是太刺激了还是怎么的，我一路狂奔，竟然把很多经验比我丰富的驴友甩在身后，而且不知疲倦。回来后身体并没有感觉不适，然而一段时间后，两个脚后跟开始隐隐作痛，坐下一会儿再站起来也会疼痛。现在想起来，根本原因也许正是那次登山进行得太“猛”了。虽然这个案例不是关于跑步的，似乎有点跑题，但正是在翻译过程中不断看到原作者们对“循序渐进”这一原则的反复强调，我才意识到了之前的问题所在。我想，对这一原则有所忽视的人不止我一个。

从这个意义上说，我真的对原作者们心存感激。他们像良师益友那样毫不保留地跟我们分享他们的智慧；他们是跑步和马拉松方面的专家，拥有极其丰富的“实战”经验；他们的一两句点拨可能就会让你少受一点伤、多跑几公里或提高几分钟。庆幸的是，现在，我们有一本书写满了他们的智慧、他们的经验、他们的点拨。这真的是一本“宝典”。

翻译这本书还有一个好处，那就是可以在译者后记这部分夹点“私货”。

要不是梅姐看我闲得发慌（译者目前在国外读MBA，当时正是一段学习结束之后），向我推荐了这本书的翻译，我还真不知道这辈子还有什么其他机会能有这样一次人生经历。其后，我的第一篇试译稿是请文曦曦—— 一位女神级的人物把的关。只有得到了她的首肯，我才觉得有发给编辑审阅的必要。我说过，翻译是一个苦活儿，而正是她们以及曹静姐姐的不时关怀才让我觉得自己是在做一件有意义的事情。

说起关怀，还有一个人的方式很特别，却帮助甚大。有一段时期，翻译进度停滞不前。这时，她——王杉杉——说，这周你要是翻不完30页，就得请我吃饭；翻完了我请你吃饭。于是，在与美女共进晚餐的美梦的刺激下——我还是没完成30页，也没请她吃饭，但心情却得到了振奋。其后，虽有紧张的课程，效率却比之前全天空闲时大大提高，翻译状态也一扫萎靡：每天早起、晚睡、课间、周末，全部用来翻译……我欠美女一顿饭。

有一个人见证了我最后交稿时的疯狂，所以我得提提他，好堵他的嘴。他就是刘晓辰。交稿最后日期正赶上欧洲的圣诞假期，我们几个人在意大利游玩，而我和他是室友。于是，他看到了一个疯狂的我：一有空闲便摆弄电脑，以致晕了车；为了最后交稿，熬了一个通宵；第二天，这个抓狂的人又告诉他：自己“抑郁”了。“别多想了，”他安慰我道，“趁这几天放松放松吧。”

还有很多人需要感谢。我的父母一直都以我为骄傲，“翻译出书可是件了不起的事情”，而且时常督促我的工作；才女冯盈超给了我中文上的指点，她自己也写小说；不完成翻译就得整天像“小胖”陆宗元那样窝在屋里的想法一直激励着我……

未来，属于终身学习者

我们正在亲历前所未有的变革——互联网改变了信息传递的方式，指数级技术快速发展并颠覆商业世界，人工智能正在侵占越来越多的人类领地。

面对这些变化，我们需要问自己：未来需要什么样的人才？

答案是，成为终身学习者。终身学习意味着具备全面的知识结构、强大的逻辑思考能力和敏锐的感知力。这是一套能够在不断变化中随时重建、更新认知体系的能力。阅读，无疑是帮助我们整合这些能力的最佳途径。

在充满不确定性的时代，答案并不总是简单地出现在书本之中。“读万卷书”不仅要亲自阅读、广泛阅读，也需要我们深入探索好书的内部世界，让知识不再局限于书本之中。

湛庐阅读 App：与最聪明的人共同进化

我们现在推出全新的湛庐阅读 App，它将成为您在书本之外，践行终身学习的场所。

- 不用考虑“读什么”。这里汇集了湛庐所有纸质书、电子书、有声书和各种阅读服务。
- 可以学习“怎么读”。我们提供包括课程、精读班和讲书在内的全方位阅读解决方案。
- 谁来领读？您能最先了解到作者、译者、专家等大咖的前沿洞见，他们是高质量思想的源泉。
- 与谁共读？您将加入优秀的读者和终身学习者的行列，他们对阅读和学习具有持久的热情和源源不断的动力。

在湛庐阅读App首页，编辑为您精选了经典书目和优质音视频内容，每天早、中、晚更新，满足您不间断的阅读需求。

【特别专题】【主题书单】【人物特写】等原创专栏，提供专业、深度的解读和选书参考，回应社会议题，是您了解湛庐近千位重要作者思想的独家渠道。

在每本图书的详情页，您将通过深度导读栏目【专家视点】【深度访谈】和【书评】读懂、读透一本好书。

通过这个不设限的学习平台，您在任何时间、任何地点都能获得有价值的思想，并通过阅读实现终身学习。我们邀您共建一个与最聪明的人共同进化的社区，使其成为先进思想交汇的聚集地，这正是我们的使命和价值所在。